KB036974

다니구치 케이谷口 けぃ(1972.7.14~2015.12.21)

위: 소꿉친구 구니베 리에(國部りえ(안쪽)의 피아노 발표회에서 연탄곡을 연주하고 있다. 구니베가 기억하는 케이는 독서를 좋아하는 아이였다.

아래: 혼자 힘으로 생활을 꾸려 나가던 대학시절 휴일이면 자전거 여행을 하며 지냈다. 일본 국내는 물론이고 모로코와 뉴질랜드에서도 자전거 여행을 했다.

위: 인간의 생사에 대해 깊이 생각하게 된 오키나와沖繩 여행
아래: 여성만의 팀으로 해외 어드벤처 레이스에 참가

위: 괌 익스트림 어드벤처 레이스에서 지도를 읽으며 아이디어를 짜내고 있다.
아래: 나가노와 니가타에서 열린 총 거리 260킬로미터의 엑스트레일 어드벤처 레이스에도 참가

중앙아메리카 코스타리카의 숲에서 야간 레이스 도중 촬영했다.

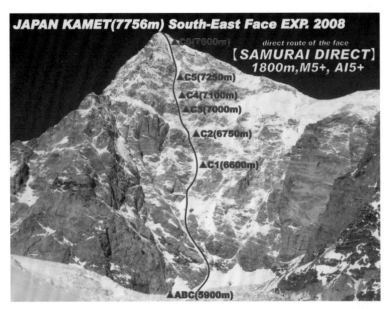

JAPAN KAMET(7756m) South-East Face EXP. 2008

▲C6(7600m)

direct route of the face
【SAMURAI DIRECT】
1800m,M5+, AI5+

▲C5(7250m)

▲C4(7100m)

▲C3(7000m)

▲C2(6750m)

▲C1(6600m)

▲ABC(5900m)

위: 2008년 히라이데 카즈야平出和也와 함께 미답의 카메트Kamet(7,756m) 남동벽 등반 당시 두 사람
이 오른 등반선
아래: 이때의 카메트 남동벽 초등 기록으로 황금피켈상을 여성 최초로 받게 되었다.

카메트 남동벽. 등반 도중 극한상황에서 케이가 보고 있었던 것은….

2005년 인도 시블링Shivling(6,543m) 북벽 신루트 초등

위: 파키스탄 라일라피크Laila Peak(6,096m) 동벽 신루트 초등
아래: 2011년 티베트 나이모나니Naimona'nyi(7,694m) 남벽 초등

해보지 않으면 알 수 없다는 자세로 언제나 거대한 벽과 마주했다.

2015년 네팔 판드라Pandra(6,850m) 동벽은 미완의 작품이 되었다.

뛰어난 등반기술로 벽이라고 하는 캔버스에 자신의 라인을 잇달아 그려왔다.

위: 동계시즌 마무리를 위해 쓰루기다케劍岳의 쓰루기 능선劍尾根을 올랐다. 이 가파르고 험한 능선 위에서 새로운 만남이 이루어졌다.
아래: 스키를 사용해 앞으로 더욱 자신의 세계를 넓혀갈 생각이었다.

사람과의 만남을 언제나 즐거워했으며 자신을 산을 오르는 여행자라고 말하곤 했다.

太陽의 한 조각

太陽의 한 조각

오이시 아키히로 지음 김영도 옮김

하루재클럽

목차

험준한 바위와 얼음의 벽. 거기를 절제되고 차분한 몸놀림으로, 작은 몸매의 다니구치 케이숑口けい가 올라갔다. 그 모습은 에너지로 가득 차 있었다. 내가 뒤따라 올라가면 그녀는 언제나 웃는 얼굴이었다. 발밑으로 깊게 펼쳐진 검은 골짜기가 그녀의 맑고 밝은 모습과 선명한 대조를 이루었다.

시즈오카靜岡 지방에서 가업으로 작은 회사를 운영하고 있는 나에게, 겨울시즌 주말마다 케이를 따라 등반을 하러 가는 것은 별천지와 같았으며 내 생활을 윤택하게 해주었다. 그녀와의 등반은 언제나 체력과 기력을 그야말로 다 짜내야 했지만, 무서운 벽과 어떤 악천후에도 그녀와 같이 있으면 언제나 안심되었다. 나를 그렇게 만들어주는 절대적으로 강한 힘이 케이에게는 있었다.

그래서 더욱, 2,000미터도 안 되는 구로다케黑岳에서 그녀가 실종되었다는 것이 도저히 믿어지지 않았다.

클라이머로서 강인했던 그녀를 알려야겠다는 소박한 마음에 나는 원고를 쓰기 시작했다.

'산악계의 오스카상'이라고 알려져 있는 황금피켈상을 받은 여성은 이 세상에서 다니구치 케이뿐이다. 나는 세계의 거벽을 무대로 삼았던 그녀의 활약상을 널리 문자로 남겨야 한다고 생각했다. 많은 등산가가 동경했던 그 화려한 등반들. 그것을 성취했고, 재능이 넘쳐흘렀던 케이의 청춘을 빛으로 가득한 책 한 권으로 쓰고 싶었다.

그런데 그 구상은 간단하게 무너졌다.

어릴 적 친구들은 케이가 움직이기를 싫어하고 방에서 나오지 않았다고 했으며, 산에서 그녀를 어머니처럼 따르던 산 후배들조차도 케이는 야무지지 못했다고 말했다. 고교시절의 친구는 그녀가 지나치게 섬세했다는 이야기도 했다.

함께 산을 오르며 내가 케이에게서 보았던 것은 도대체 무엇이란 말인가?

케이는 태어날 때부터 강인한 사람이 아니었다. 많은 사람의 증언에서 크게 느낀 것은 케이도 결국은 우리와 같이 보잘 것 없는 하나의 인간으로, 그저 열심히 살았을 뿐이라는 것이었다.

케이는 자신의 나약함과 한계에 정면으로 부딪치며 행동했던 것이다. 설령 일이 뜻대로 되지 않았을 때도 혼신의 노력을 기울여 밀려나거나 흔들리지 않았다. 그렇게 했기 때문에 그녀는 자신만의 에너지를 뿜어낼 수가 있었고, 사람들이 그녀에게 매료되었으리라.

케이에게 중요했던 것은 정상에 오르는 것이 아니라, 자신을 극복하고 앞으로 나아가는 행위 바로 그것이었음이 틀림없다. 등산만이 아니라 고교시절의 여행과 대학 때의 자취생활, 자전거 여행과 탐험 등, 이 모든 행동이 자기 자신을 극복하고 새로운 자기가 되려는 '모험'이었던 것이다.

따라서 이 책은 등반기록뿐 아니라 케이의 마음의 궤적을 좇는 것이 되었다. 또한 그 과정에서 그녀와 마음이 통했던 친구들의 정열과도 마주하게 되었다. 나는 결국 그런 기운에 힘을 얻고 취재의 길을 이어나갔다.

나는 동계 벽 등반에서 제대로 하지 못했던 케이의 파트너 역할을 이것으로라도 만회해보려는 심정으로 펜을 들었다. 이제는 케이도 그 밝고 맑은 얼굴로 드디어 파트너가 되었다고 손을 잡아주리라 믿는다.

이 책에 들어 있는 케이와 그녀의 친구들의 증언이 자신을 변화시키고 새로운 목표를 향해서 한 걸음씩 내딛으려고 하는 모든 사람에게 힘이 되었으면 한다.

긴 시간 인터뷰에 응해준 케이의 친구들, 자료를 제공해주신 케이의 부친 다니구치 쇼부谷口尙武 씨, 출판의 기회를 마련해주신 하기와라 히로시萩原浩司 씨, 글을 손봐주신 야마모토 슈지山本修二 씨 그리고 이 책에 관계한 모든 분들에게 다시 감사드리고 싶다. 글에서 경칭은 생략하기로 했다.

오이시 아키히로大石明弘

제1장

크리스마스이브에

두 번째 이별

2015년 섣달의 그날, 지바千葉의 하늘은 더없이 맑고 푸르렀다. 창문으로 내리쬐는 햇볕은 강하고 따뜻하게 느껴졌다. 이런 날에도 홋카이도의 산은 온통 눈에 덮이고, 엄동설한 속에 있으리라.

다니구치 케이谷口けい의 아버지는 그것까지는 상상할 수 있었다. 그러나 이런 설산에서 딸인 케이가 조난당했다고는 도저히 믿어지지 않았다. 전화기 저쪽에서 케이가 다이세츠산大雪山 국립공원의 구로다케黑岳(1,984m) 정상 부근에서 추락 실종됐다고 하는 사람의 말을 아버지는 그저 정신 나간 듯 듣고 있었다.

히말라야의 거벽을 오르내리던 딸이다 보니 만에 하나라도 사고가 있을 수 있다는 각오가 없지는 않았다. 그런데 설마 홋카이도의 산에서 실종된다고는…. 그것은 고사하고 이번에는 아버지로서 딸이 홋카이도에 간 것도 모르고 있었다.

전화를 받은 것은 12월 21일, 케이는 25일부터 아프리카 대류의 최고봉 킬리만자로(5,895m)에 투어가이드로 가기로 되어 있었다. 케이는 해마다 연말연시에 북 알프스의 어려운 동계 벽 등반을 가곤 했다. 여기에 비하면 올해는 손쉬운 킬리만자로라고 해서 아버지는 안심하고 있었다. 게다가 출국 전날인 24일에는 지바현千葉県 아비코시我孫子市에 있는 아버지 집에서 같이 크리스마스 파티를 하려는 참이었다.

무슨 착오가 아닐까, 그러길 바라며 아버지는 홋카이도에 갈 준비를 했다. 그런데 같이 갔던 일행이 현지 수색대와 함께 다음 날인 22일 아침, 케이를 정상 700미터 아래에서 발견했다.

아버지는 딸이 따르던 등산가 토비타 가즈오飛田和夫[1], 데라사와 레이코寺澤玲子[2]와 함께 22일 오후 아사히카와旭川 공항에 도착했다. 현장에서의 전화로는 심폐 정지라고 했지만, 아버지가 생각할 때 케이는 추락하면서 즉사한 것 같았다.

그날 밤, 아버지는 아사히카와 경찰서에서 딸의 얼굴을 볼 수 있었다. 700미터의 암벽을 추락했는데도, 얼굴에는 거의 상처가 없었고, 편안한 표정이었다. 검시에 시간이 걸려서, 집으로 운구하려면 앞으로 여러 날이 걸리겠다는 이야기가 있었다. 그러나 아버지의 간청으로 23일 오후에 시신을 인도받을 수 있었다. 그리고 삿포로의 장의사와 이야기가 잘되어, 저녁 항공편에 집으로 운구할 수 있었다. 24일 밤새도록 친지와 많은 동료들이 모였다.

장례를 치르는 동안 아버지의 눈에는 들어오지 않았겠지만, 그날 거리는 크리스마스의 조명으로 눈부시게 밝았다. 훗날 어느 친구는 이렇게 말했다.

"크리스마스에 밤샘이라니, 끝까지 케이다웠습니다."

슬픔 속에서도 케이의 아버지는 그 말이 맞다고 생각했다. 그야말로 그토록 빛나게 43년의 인생을 달려온 케이에게 어울리는 날이었다.

돌이켜보면, 아버지에게는 딸 케이와의 '이별'이 두 번째였다. 첫 번째는 케이가 18살이던 해 여름이었다. 딸이 미국에서 1년간 고교 유학을 마치고 돌아왔을 때 대학에 가려고 집에서 공부할 줄 알았는데, 딸은 돌아오자마자 말도 없이 행선지도 알리지 않은 채 집을 나갔다.

그러고 나서 3개월 뒤에 편지가 왔는데, 편지에는 케이가 고등학교에서 느낀 답답함과 앞으로의 결의 등이 적혀 있었다. 그 '이별'의 편지를 아버지는 소중히 보관했고, 그 후에도 이따금 읽고 또 읽었다. 대학수험 모의고사 논술 답안지 양식의 편지지에는 케이의 독특한 둥근 글씨가 꽉 차 있었다. 내용은 이러했다.

저에게는 최근에 많은 변화가 있었습니다. 제가 생각해도 많이 달라졌다고 느낍니다. 실은 철이 들며 생각해온, 마음 깊이 자리 잡고 있던 것들이 이제야 눈에 보이게 된 듯합니다. 이국異國에서 보낸 1년보다 귀국 후 3개월 동안 저는 정말로 여러 가지를 생각하게 되었습니다. 이런 저런 사람들과 만나고 여러 일들을 해보면서 저 자신도 모르게 많은 것들이 달라지고 있다는 생각이 들었습니다.

고교시절은 행복했습니다. 매일이 평화롭고, 언제나 친구들이 있었으며, 아침에 학교에 갔다가 저녁에 돌아오면 그만이었습니다. 시험을 앞두고는 열심히 공부했습니다. 무엇 때문에? 낙제점이 싫어서? 좋은 성적을 위해서? 고가네고교小金高校에서 3년을 마치게 되면 메이지대학 정도는 추천을 받을지도 모릅니다.

그러나 학교로는 돌아가고 싶지 않았습니다. 그러길 잘했다고 지금도 생각합니다. 다시는 고교생이 되고 싶지 않습니다. 그런 답답한 세상에서 살고 싶지 않았습니다. 어째서 학생들은 저렇게 천진난만하게 웃으며 지낼 수가 있을까요?

보통이라는 말이 무엇인가 생각해보았습니다. 보통으로 산다는 것이란 어떤 것일까요? 고가네 고교생이라면 좋은 대학에 가서 좋은 직장을 구하는 것이 보통입니다. 그래서 올해 졸업생 중 M군 하나가 전문학교에 들어갔다고 그렇게 소문이 자자했습니다. 그런데 중학교를 졸업하고도 자기 인생을 열심히 살고 있는 사람들이 보면, 대학 가려고 미친 듯이 공부하는 사람들은 어딘가 잘못된 것이고, 도대체 무엇이 즐거워서 그렇게 공부하고 있는 것일까 할 것입니다. 정말 자기가 바라는 것이 있어서 그렇게 힘들게 공부한다면 또 모르겠습니다.

대학에서 4년간 편히 지내기 위해서 지금 이 소중한 시간을 의미 없는 공부로 보낸다는 것은 바보스러운 일입니다. 도대체 무엇 때문에 살고 있는지 진지하게 생각해보기나 했을까. 자기가 인간이라는 것을 생각이나 해보았을까. 이 지구에 살고 있는 것은 인간만이 아니라는 것을, 그리고 인간의 본성이라든가 등등에 대해 생각이나 하고 있는 것일까요.

… 이제 결정을 내리고 싶습니다. 저는 시험을 안 보겠어요. 즉 보통의 수험생같이 대학에 가려고 죽을힘을 다해 공부하는 그런 삶은 택하고 싶지 않습니다. 초등학교 다닐 때 엄마가 책상에 붙어 있는 것만이 공부가 아니라고 말씀하셨습니다. 책상에서 공부하는 것도 중요하지만 보다 더 근본적인, 인간적이라고 할까, 이 지구 위에 살고 있는 자로서 그런 공부가 하고 싶습니다.

대학에 가서 직장을 잡는 것만이 잘 사는 인생이라고 할 수는 없지 않겠습니까? 그런 것에 유혹을 받기도 하지만, 일직선으로 강을 내려가기보다는 강의 흐름을 따라 구불구불 이리저리 굽어가며 전진하는 것도 재미있습니다. 실패할지도 모르고 좌절할 수도 있을 것입니다. 그러나 그래도 그런 삶의 길이 제 마음에 듭니다.

편지에는 어디로 간다는 말이 없었다. "앞으로 케이는 어떻게 될까?" 걱정하는 아내 마사코표子에게 아버지는 "걱정 안 해도 돼요. 잘 해나갈 거요."라고 말했다. 그저 의연한 가장의 모습을 보이려고 그런 것은 아니었다. 케이라면 정말로 무엇인가 목표를 찾아 자기 인생을 헤쳐 나갈 수 있으리라는 확신이 아버지에게 있었던 것이다.

그로부터 3년이 지난 어느 날 케이로부터 편지와 성적표가 왔는데, 거기에는 메이지대학 문학부 사학지리학과에 입학해서 1년을 잘 마쳤다고 쓰여 있었다.

그렇다면 대학에 찾아가서 만날 수도 있겠으나 부모는 그렇게 하지 않았다. 자립해서 혼자 살아가는 것이 딸의 결단이었기 때문이다. 그러는 동안 세월이 흘렀다. 다만 그 무렵 고교생이었던 케이의 동생 하야토隼가 케이의 아파트에 이따금 가곤 했는데, 잘 지내고 있는 것 같았다.

아버지가 딸과 다시 만난 것은 그녀가 대학 3학년이던 해 여름이었다. 와카야마和歌山 항구 도시에 혼자 부임한 아버지에게 마치 아무 일도 없었던 듯이 느닷없이 딸이 자전거로 찾아왔다. 4년 만에 보는 딸 케이였다.

메이지대학의 사이클링 클럽 회원과 기이반도紀伊半島로 1주일간 합숙에 들어가는데, 그때까지 2~3일 아버지와 같이 있고 싶어서 찾아왔던 것이다. 케이는 마치 지난주에 만났던 것처럼 자연스러운 태도였다. 아버지는 죄송하다는 말 같은 것은 기대도 하지 않았다. 그보다 아버지가 놀란 것은 반짝반짝 빛나 보이는 케이의 얼굴이었는데, 그전에는 볼 수 없었던 모습이었다. 케이는 밝은 얼굴로 아버지를 당당하게 바라보고 있었다. 대학생이 되어 자전거를 비롯해서 하고 싶은 것을 찾았구나 하고 아버지는 생각했다.

그날 밤 두 사람은 가까운 항구에 있는 식당에서 넙치와 도미 생선회를 먹으며 많은 이야기를 했다. 그물로 잡은 것보다 낚시로 낚은 것이 살이 단단해서 맛이 좋다는 둥 별로 실없는 이야기들이었다. 아버지에게는 어떤 이야기보다 케이의 발랄한 얼굴이 마냥 인상적이었다. 그 얼굴을 보며 아버지는 딸이 드디어 자기의 길을 가기 시작했다고 생각했다.

케이가 떠나는 날 아침에 많은 비가 왔다. 아버지는 "하루 더 있다 가지."라고 했으나, 케이는 친구들이 기다린다며 자전거를 타고 그 빗속을 웃는 얼굴로 내달렸다. 딸의 뒷모습을 보며 아버지는 케이가 이제부터는 더욱 먼 세상으로 달려가겠지 하고 생각했다.

그러한 직관은 현실이 되었다. 케이는 1998년 대학을 졸업하고 큰 광고회사에 취직했는데, 주말이면 어드벤처 레이스와 등산으로 시간을 보냈다. 회사는 3년을 근무하고 그만두었는데, 그때가 2001년이었다. 그리고 바로 북미대륙 최고봉인 데날리Denali(6,193m)를 등정했고, 가을에는 뉴질랜드로 가서 에코챌린지라는 어드벤처 레이스에서 11위라는 기록을 남겼다. 케이는 그 보고회에 부모님을 초대했는데, 단상에서 그 극렬했던 경주를 즐거운 기분으로 이야기하는 딸의 모습은 더욱 빛나 보였다. 자신의 '길'을 찾은 케이의 기세氣勢에는 오직 가속만 있을 뿐이었다.

이듬해인 2002년, 케이는 노구치 겐野口健[3]이 대장을 맡은 에베레스트 청소 등반대의 대원이 되었다. 그때부터 해마다 히말라야로의 원정이 이어졌다. 2008년에는 카메트Kamet(7,756m) 남동벽을 초등했는데, 이 기록으로 케이는 등산계에서 세계적으로 권위 있는 황금피켈상을 여성 최초로 받게 되었다.

히말라야의 미답벽에 도전하는 것은 극한의 위험과 마주하는 것을 말한다. 아버지는 그렇게 이해하고 있었다. 원정을 앞두고 언제나 장도를 기원하는 뜻으로 부모와 케이 세 식구가 저녁을 같이 했는데, 그때마다 그들은 마음속으로 무사하기를 기원했다. 그러면서도 마음 한편에 거벽 등반에서는 최악의 상태도 있기 마련이라는 생각도 없지 않았다.

그런데 그런 일이 하필이면 구로다케에서 일어나다니…. 이것이야말로 '이별'이 아닐 수가 없었다. 자전거로 느닷없이 나타났던 그날처럼 케이가 돌아오는 날이 다시는 없을 터였다.

아버지는 케이의 비석을 히말라야의 돌로 만들 생각이었다. 그런데 히말라야에서 돌을 가져올 방법이 없어서 최종적으로 북유럽산 돌을 썼다. 아버지는 또 비석에 산 그림을 새기고 싶었으며, 그 그림은 카메트 아니면 에베레스트로 할 생각이었다. 그런데 케이의 형제가 앞으로 가족의 묘가 될 것이니 가족의 산이라 할 쓰쿠바산筑波山이 좋겠다고 해서 생각이 달라졌다.

집에서 전차와 버스로 2시간 거리에 있는 쓰쿠바산은 가족 전체가 여러 차례 오른 산이었다. 아버지는 산에 핀 야생화의 사진을 찍는 것을 좋아했다. 쓰쿠바산 정상 부근에는 야생화가 만발하여 사진 찍기에 좋은 시기가 있다. 아버지가 한손에 카메라를 들고 초등학생인 케이에게 "같이 갈까?" 물으면, 케이는 언제나 "가요."라고 대답했다. 이렇게 해서 아버지와 딸은 쓰쿠바산에 여러 번 올랐다.

케이가 죽고 나서 아버지는 "케이의 인생을 상징하고 있는 어떤 일화가 있는가?"라는 질문을 자주 받았는데, 어느 하나도 내놓을 수가 없었다. 아버지에게는 케이 인생의 모든 순간이 다 의미 있다고 생각되었던 것이다. 그러면서도 아버지의 마음에는 케이와 둘이서 오른 쓰쿠바산이 가장 선명한 기억으로 자리 잡고 있었다.

'일본백명산日本百名山'의 하나로 알려져 있는 쓰쿠바산은 날씨가 좋은 주말이면 많은 등산객들로 붐빈다. 아버지와 딸은 사람이 많은 길로는 가지 말자며 짐승이나 다닐 만한 길로 하산한 적도 있었다. 쓰쿠바산 정도의 산은 내려가다 보면 어딘가는 길이 있으리라고 아버지는 생각했다. 그런데 도중에 짐승이 다니는 길도 없어지고, 덤불 속을 헤치는 하산이 되더라도 케이는 말없이 아버지를 따라갔다. 뿐만 아니라 미끄러지기 쉬운 곳에서도 거의 넘어지지 않고 내려갔다. 이렇게 해서 어찌어찌 산 밑으로 내려왔는데, 거기는 한 번도 간 적이 없는 외딴 마을이었다.

이런 추억이 있는 쓰쿠바산의 모습이 비석에 새겨졌다. 데가누마手賀沼 호수가 내려다보이는 언덕 위 묘소에 비석이 세워지고, 2017년 3월 26일 봉안식이 있었다.

인생에 '만일에…'는 없는데, 아버지에게는 케이가 첫 체험이었다. 쓰쿠바산에 가지 않았더라면 본격적인 등산은 하지 않았을 것이고 조난당하는 일도 없었을지 모른다. 그러나 아버지 쇼부는 딸 케이를 쓰쿠바산에 데리고 간 일을 조금도 후회하지 않았다.

"자기가 하고 싶은 것을 찾아서 거기에 몰두할 수 있었던 인생은 좋은 인생이었다고 생각한다."

산소에 온 케이의 친구들에게 아버지는 그렇게 말했다.

이 책을 쓰고 있는 나 자신은 케이가 히말라야에 가기 전부터 그녀와 알고 지내는 사이였다. 그리고 조난 전 수년간 그녀에게 고산등반을 배우고 있었다.

내가 산소에 갔을 때 발아래로 푸른 밭이 펼쳐지고 경운기가 천천히 움직이고 있었다. 저 멀리 데가누마의 잔잔한 수면이 보이고, 보트가 여러 척 떠 있었다. 호수 저쪽은 좌우로 숲이 둘러있는 주택지였으며 평화로운 풍경이었다. 일본과는 문화가 다른 나라들을 여행하고, 바위와 얼음의 벽에서 궁극의 한계에 도전하던 케이였다. 그렇게 에너지가 넘치던 그녀가 이 맑고 맑은 곳에 잠들어 있다는 것이 믿어지지 않았다.

그 후 나는 아버지 쇼부의 집을 찾아갔다. 묘지에서 집까지 차로 15분 거리였다. 그런데 70대 후반인 케이 아버지는 거기를 거의 하루도 빼놓지 않고 자전거로 오가고 있었다. 쇼부는 건강하고 날씬한 몸매였다.

나는 벽에 걸린 케이의 사진을 보며 조용히 그녀의 아버지와 이야기했다. 세계의 산들을 돌아다닌 사진 속에 가족과 쓰쿠바산에 오르는 낡은 사진 한 장이 있었다. 케이가 중학생일 때의 사진 같았다. 빛이 바랜 사진이었지만 그때의 케이의 모습에는 그녀를 상징하는 독특한 밝은 모습이 없었다. 그것을 알아챘던지 아버지 쇼부가 이렇게 말했다.

"그 무렵의 케이는 에너지를 채우고 있는 듯이 보였지요. 앞으로 무엇인가 할 것 같은 예감이 들었어요."

아버지의 예감은 맞았다. 케이는 어른이 되어 넓은 세계로 나갔다. 그야말로 그동안 채워두었던 에너지가 폭발이나 하듯…. 쇼부는 더듬더듬 이야기를 이어갔다.

"어른이 되어 여기저기 가게 됐을 때 걱정이 되기도 했지만, 그렇다고 어떻게 할 수도 없지 않습니까. 산에서는 추락이나 눈사태 같은 것이 일어나기 마련이라고 각오는 하고 있었지요. 다만 구로다케에서 그렇게 될 줄 누가 알았겠습니까. 순간 긴장이 풀렸는지…"

그것은 그날 케이의 동료 누구나가 느꼈던 것이다. 그러나 아버지 쇼부가 이어서 한 말은 뜻밖이었다.

"혹시… 운명은 아니었을까 하고 생각하기도 했답니다. 가끔 그런 생각이 들지만, 딸이 세상에 나갔을 때는 벌써 어떤 사명이 주어진 듯이 보였어요. 등산계 최고 수준까지 갔는데, 여학생을 히말라야에 데려가 충분히 지도하지 못했는지는 몰라도 일단 자기의 사명은 그런 대로 다한 셈이죠. 그래서 이제 돌아오라고 해서 하늘로 간 것이 아닌가 하는 생각도 들고…. 슬프기도 하지만 요즘은 외경심도 느끼고 있답니다."

나는 뭐라고 마땅히 할 말을 찾지 못해서 대화를 이렇게 받았다.

"그렇게 생각하는 아버지도 많지 않을 겁니다."

"아마 그럴지도 모르지요. 보통은 그렇게 생각하지 않겠지만, 그저 슬픔에 잠겨 있으면서도 케이가 그러고만 있으면 안 된다고 아빠를 타이르는 것 같았어요. 묘소를 만들고 나서 점차 그런 생각이 났답니다."

쇼부의 말대로 케이가 주어진 '운명'에 따라 행동했다면, 거기에는 틀림없이 어떤 '의미'가 있었으리라. 그것은 무엇이었을까.

벽의 사진 아래에 놓여 있는 앨범을 펼쳐보았다. 남국의 바다를 배경으로 자전거를 타고 가는 장면, 어드벤처 레이스의 래프팅에서 격류를 헤쳐 나가고 있을 때의 한 순간, 갈색의 티베트 고원을 배경으로 설산을 오르고 있는 모습이 거기 있었다. 야생화를 바라보는 그 눈빛…. 어느 사진이나 케이는 발랄한 표정이었다.

그때 느닷없이 케이가 즐겨 쓰는 '셰어'니 '공유'니 하는 말이 생각났다.

"이 장비는 셰어하면 돼요!"

"서로의 클라이밍 스타일을 공유해서 좀 더 멋진 스타일을 만들어 가자!"

이런 식으로 말하던 일이 여러 번 있었다. 아버지 쇼부의 방에 가득히 담긴 딸 케이의 궤적을 많은 사람들과 '공유'하고 싶었다. 그렇게 되면 누군가 그녀가 가졌던 '운명'의 의미를 알게 될지도….

케이의 모험을 글로 꾸며보고 싶었다. 그 이야기를 아버지 쇼부에게 전했더니, 케이가 남긴 노트와 메모 등을 빌려주었다.

나는 케이의 친구들 이야기도 듣고 싶었다. 쇼부의 집을 나오니 하늘에는 별들이 빛을 발하고 있었다.

"하겠다고 했으니, 꼭 해봐요."

어디선가 밝고 강한 케이의 목소리가 들려오는 것 같았다.

에베레스트 청소 등반

티베트의 초오유(8,188m)를 나는 대학 4학년 때 히라이데 카즈
야平出和也⁴와 같이 올랐다. 귀국 직후인 2001년 11월 알피니스
트 노구치 겐이 우리를 위해 보고회를 마련해주었다. 당시 노구
치는 28세로 벌써 에베레스트 청소 활동에 두 번이나 참가하는
등 환경 운동가로도 알려져 있었다.

　일본의 산에서도 청소나 환경교육 활동을 벌이고 있던 노구
치는 현장에서 역동적인 어드벤처 레이서들과 활동을 같이하
고 있었다. 그들과 같은 어드벤처 레이서였던 케이를 나는 그
보고회에 초청했는데, 그때 케이는 노구치보다 1년 위인 29세
였다.

　노구치는 이 보고회를 계기로 케이와 함께 산에 가게 되었
다.

　그리고 처음 간 산이 기타야쓰가다케北八ヶ岳 산맥에 있는 봄
날의 덴구다케天狗岳였다. 그곳에서 노구치는 텔레비전 프로그

램의 현지 로케를 하게 되어 있었고, 케이는 짐을 나르는 아르바이트로 참가했다. 15년 전의 그 산행에 대해 노구치에게 물어보았다.

"아직도 기억이 뚜렷해요. 케이의 첫인상은 강렬했으니까."

노구치는 당시의 일을 잘 기억하고 있었다.

텔레비전 프로그램의 디렉터가 제안한 그 기획은 번화한 도심의 역 앞에서 시작하는데, 당시 '코갸르ㄱ갸ㄹ'라고 불리던 고교생들에게 말을 걸어 노구치와 같이 2박 3일 잔설이 남아 있는 기타야쓰가다케에 데리고 간다는 이야기였다. 버라이어티 프로그램에서 흔히 볼 수 있는 시나리오에 노구치는 처음부터 좋지 않은 예감이 들었지만, 당시 그는 아직 초보자였기 때문에 디렉터의 제안을 거절할 수가 없었다. 그런데 그의 예감은 그대로 적중했다.

"귀찮게 굴지 말고, 어서 쓰레기나 주우러 가요."

얼굴을 거무스름하게 메이크업 한 여학생들은 노구치에게 불만을 토로했다. 한없이 조용한 숲속에서 희게 물들인 장발이 어색하게 보였다.

노구치는 일본 각지에 환경학교를 열고 있어서 학생들과 산에 가는 일에 익숙했다. 그런데 그때의 참가자들은 자진해서 온 젊은이들이어서, 억지로 끌고 온 이번 기획의 출연자들과는 전혀 달랐다. '성질이 삐뚤어진 여고생이 산에 오르면 어떻게 달라지는가', 그것이 디렉터가 생각하고 있는 테마였다. 그런데 산에서 걷는 방법이나 요령을 가르쳐주려고 해도 당장 귀찮다는 반응이 나오니, 노구치는 처음부터 이번 일이 내키지 않았다.

"저것들이 뭐라고 내가 이런 일까지 해야 합니까?"

노구치는 이렇게 스태프에게 불평을 털어놓았는데, 고교생들 쪽에서도 불평이 덜하지는 않았다고 한다.

"도대체 무슨 이야기인지 알 수가 없어! 알피니스트? 그게 뭔데? 이런 산에나 끌고 오고…. 하나도 고맙지 않네요."

카메라가 꺼지면 노구치는 여학생들과 조금 떨어져 다시 걷기 시작했다. 이때 뒤에서 촬영 장비를 들고 걸어오던 케이가 굳이 노구치에게 다가와 차분한 목소리로 이렇게 말했다.

"겐 씨, 저 여학생들이 저런 생각을 한다는 것 자체가 그들의 메시지이고, 어른들에 대한 하나의 반항 같은 것이니 그것이 무엇이든지 받아줘야 해요."

이때 케이의 이야기는 그 후 노구치의 기억에 오래 남게 되는데, 화가 머리 꼭대기까지 치밀어 오른 채 걷고 있던 그는 왠지 케이에게 어머니 같은 데가 있다는 생각이 들었다.

첫날 로케가 끝나고 그들은 산장에 머물렀다. 케이는 여학생들과 하늘의 별을 본다고 밖으로 나갔다. 그리고 돌아와서 그들과 밤늦도록 이야기했다.

다음 날 여학생들이 여전히 노구치를 야유하고 있었지만, 쉴 때마다 케이는 그들과 웃어가며 대화를 했다. 그러고도 그녀는 여전히 밤늦도록 밖에서 서로 이야기하고 있는 것 같았다.

덴구다케 등정 장면 등 주요 촬영을 끝낸 디렉터는 마지막 날

에는 거의 카메라를 돌리지 않았다. 할 일이 없는 케이와 여학생들은 함께 웃고 떠들며 산을 내려갔다. 마지막 목적지인 시부노유澁ノ湯 온천에 내려왔을 때 고교생들의 얼굴은 활기가 넘치고 모두 밝았다.

도쿄로 돌아오는 차 안에서 케이가 다시 강한 어조로 노구치에게 말했다.

"이 기획은 처음부터 그녀들을 불량학생이라고 전제하고 시작했죠. 그러나 그 여고생들은 지극히 평범한 젊은이들로 좋은 아이들이었습니다. 나쁜 데가 하나도 없었어요."

그 후 영상이 편집되고 〈야쓰가다케八ヶ岳의 숲과 노구치, 간구로ガングロ의 여고생들을 새롭게 변화시키다〉라는 제목으로 방송되었다. 노구치는 얼굴이 간지러웠다. 여학생들을 치유한 것은 자기가 아니라 화면에도 나오지 않은 케이였기 때문이다.

상대를 알아봐주고 빛나게 하는 케이의 힘을 노구치는 그때부터 느끼고 있었다. 그는 지금 그때의 일이 생각났던 것이다.

"그것이 그녀의 매력이었지요. 케이는 누구에게나 그렇게 대했어요. 히말라야에서도 셰르파들이 케이를 대하는 태도가 남달랐어요. 그녀는 언제나 싹싹하게 말을 하고 상대방 이야기도 잘 들어주었는데, 그래서 모든 사람이 마음을 터놓았을 것입니다. 나 같은 인간은 남의 이야기를 들어줄 줄 모르다 보니 셰르파들도 무슨 이야기나 케이에게 털어놓았으며, 나중에는 그녀에게 끌려 기분이 밝아지곤 했습니다. 나는 그것이 케이의 재능이며, 언제나 멋지고 대단하다는 생각이 들었습니다."

노구치는 케이가 죽을 때까지 그것이 케이의 천성이라 생각하고 있었는데, 고교생이었을 때에 그녀에게도 번민과 갈등 같은 것이 있었을 거라고는 짐작도 하지 못하는 것 같았다.

이때의 야쓰가다케 등산이 계기가 되어 노구치가 주도한 2002년과 2003년의 에베레스트 청소 활동에 케이가 참가하게 되었다. 그 첫 해에 케이는 베이스캠프 매니저 일을 맡았지만, 다음해에는 7,000미터를 넘어선 고소까지 진출하게 되었다. 그때 케이의 나이 30세로, 히말라야 등산은 처음이었으나 언제나 아무렇지도 않은 표정이었다. 악천후로 베이스캠프에 머무는 날이 많았지만, 노구치가 마음을 정하고 떠날 때에는 늘 케이도 따라나섰다.

"겐 씨, 이렇게 출발해서 얼마나 좋은지 몰라요. 베이스캠프에만 있으니까 지루해서 못 견디겠어요. 2캠프까지 오르고 싶어요!" 하며 케이는 밝은 표정으로 말을 걸어 왔다.

케이는 텐트 치는 일은 물론이고 대원들의 혈중 산소포화도를 기록하는 한편 기상예보를 분석하는 등 등산이 잘 진행되도록 늘 한 걸음 앞서 행동했다. 등산이 끝난 뒤 카트만두에서 기자회견을 하게 되어 있었는데, 그때의 자료도 케이가 영문으로 정리해주었다. 그전에 노구치는 커뮤니케이션 능력이 있는 대원은 사무적인 면에서 부족한 것이 많다고 생각했는데, 케이는 그 모든 일을 할 수가 있었으며, 게다가 육체노동까지 해냈던 것이다.

한편 케이는 남달리 엄한 데도 있었다. 특히 위험이 따르는 곳에서 더욱 그랬는데, 대원 가운데 크램폰 착용에 문제가 있으면 즉시 지적해 시정토록 했다. 하던 일에 익숙한 셰르파들은 귀찮게 여기고 적당히 넘어가는 일이 흔했다. 그들은 압도적으로 등산 경험이 많다 보니 언제나 자기만 믿고 나돌아다니지만 어쩌다 케이의 눈에 걸리면 "제대로 해요."라고 지적을 받았다. 대장인 노구치도 예외가 아니어서 여러 차례 경고를 받았다. "그렇게까지 하지 않아도…"라는 말이 입에서 나오다가도 케이의 말이 맞기 때문에 대꾸를 할 수가 없었다.

2003년의 에베레스트는 노구치에게 네 번째 청소 등반이었다. 그리고 그 네 번 동안 '등정'은 하지 않기로 하고 있었다. '청소'라는 기본 방침에서 벗어나기 때문이었다. 이때 케이는 네팔 쪽에서 7,000미터 고소 부근까지 청소를 하고 있었는데, 거기서 바라보면 바위와 눈의 경사면이 푸른 하늘에 빨려 들어가는 것 같았다. 그리고 그 정상은 해발 8,848미터의 세계 최고봉이었다.

"올라가면 안 되게 되어 있어요? 그러면 여기서부터는 한 걸음도 안 되겠네요?" 하고 케이가 노구치에게 물었다.

"이번엔 오를 수가 없어요."

당연히 거센 반론이 따를 줄 알고 노구치가 이렇게 말했는데, 뜻밖에도 "그렇겠죠." 하고 케이는 혼자 중얼거렸다. 여느 때와 다르게 힘없는 반응이었는데, 그 모습에서 오히려 노구치는 정상에 대한 케이의 갈망을 느낄 수 있었다. 그런데 이때의 케이의 모습이 노구치에게는 의외였다. 노구치는 케이를 '등산가'로 보지 않고 '어드벤처 레이서'로 보았기 때문이었다.

노구치 주변의 여성 등산가들은 산에 인생을 걸고 있었다. 버는 돈은 모두 다음 산행을 위한 것이었다. 복장도 신경을 쓰지 않다 보니 거리에서 보면 눈에 띄지 않았고, 한 번 산에 들어가면 비장함이 얼굴에 묻어났다.

한편 케이도 확실히 간소한 생활을 하고 있었다. 그녀의 아파트는 화장실이 공용이고 욕실도 없는 목조 건물에 다다미 넉 장 반 넓이의 한 칸이었다. 옷도 별로 없었지만, 방안은 나름대로 멋지게 꾸미고 있었다. 거리에서도 등산복 차림이지만 색깔이 언제나 제법이었다. 별 것 아닌 액세서리가 조금도 값싸게 보이지 않았다. 자연스러운 갈색 쇼트커트 머리를 한 그녀의 얼굴은 언제나 웃고 있었으며, 산에서도 대화를 즐기고 조금의 비장함도 없었다.

그러한 케이에게서 '여성 등산가'라는 이미지가 떠오르지 않았기 때문에 에베레스트 정상을 바라보는 그녀의 표정이 노구치에게는 의외일 수밖에 없었다.

그런데 그런 표정은 그때뿐이었다. 베이스캠프로 돌아오자 케이는 대원들과 쉬지 않고 웃으며 이야기했다. 셰르파들이 사용하는 식당에도 들어가서 시간이 가는 줄 모르고 이야기꽃을 피웠다. 야쓰가다케에서 케이가 대화하는 모습을 보아온 노구치는 그녀의 타고난 밝음에는 그 이면에 남다른 경험이 있다는 것을 느꼈다.

노구치는 뜻밖에도 어느 날 저녁식사 때 그에 대한 해답을 들을 수 있었다. 그것은 너무나도 충격적인 이야기였다.

"대학시절 한때 카바레클럽(캬바쿠라)에서 아르바이트를 한 일이 있었습니다."

케이는 기업의 사장이나 간부들인 고객들에게 단골로 지명을 받는 일이 가끔 있었다.

"하늘거리는 흰 드레스를 걸치고 있으면 되니까요…."

근육과 알통이 있는 몸에 드레스는 맞지 않았을 것이다. 그런데 노구치는 케이가 이런 일에서 지명 받게 되는 이유를 알고 있었다. 카바레클럽에서 갑자기 자전거로 모험하던 이야기가 나오면, 사장들은 깜짝 놀라 흥미를 가지게 될 것이다. 게다가 깡술을 마시는 불건전한 카바레 여성이 아닌, 햇빛과 잘 어울리는 건강한 여자의 말이기 때문이다. 그러한 새로운 세계의 이야기에 사람들이 끌려 들어가지 않을 수가 없다. 그렇게 그런 자리에 자주 가게 되었다 하니 케이가 그 자리에서 항상 모험 이야기만 했을 것 같지는 않다는 것이 노구치의 생각이었다.

케이의 대화 능력이 높은 이유는 바로 그 카바레에서와 같은 경험에서 오는 것이라고 노구치는 굳게 믿었다.

"그럴 리가 있겠어요?"

대원이었던 요시무라 사다스미義村貞純는 노구치의 추리를 극구 부정했다. 그리고 베이스캠프 때의 이야기를 회상하며 이렇게 말했다.

"카바레에서 일을 하지 않았다는 이야기는 아니고, 시급이 좋은 카바레에서 일하려고 한 것은 사실이지만, 정식으로 일했는지 모르겠어요. 카바레 수준의 저급한 대화에 익숙해질 정도로 긴 기간은 아니었다고 봐요."

그 무렵, 요시무라와 케이는 청소 활동뿐만 아니라 '노구치 환경학교'의 일도 하며, 일본 각 지역 현장에서 학생들과 어울렸다. 그리고 케이는 기업의 야외연수 기획과 진행 일을 맡기도 했다. 그런 리더로서의 경험이 원래 가지고 있던 대화 능력을 더욱 높여 갔으리라는 것이 요시무라의 생각이었다.

카바레의 이야기는 그렇지 않아도 대화 능력이 있는 케이가 노구치를 즐겁게 해주려고 꾸민 이야기였는지도 모른다. 그런데 이 이야기의 진위 여부와 관계없이 노구치는 자기 이야기가 틀림없다고 확신하는 분위기였다.

"내가 사장이라도 확실히 케이를 지명했을 겁니다."

청소 등반으로 온 회원의 '등정'을 금하고 있는 노구치이지만, 정상에 오르고 싶어 하는 셰르파가 나오면 그 도전을 지원할 생각도 없지 않았다. 셰르파는 돈 때문에 에베레스트에 오지만, 그런 이들 가운데 순수하게 등산을 생각하는 사람이 있다면 알피니스트로서 노구치도 그런 경우에 반대할 생각은 없었다.

그런데 뜻밖에 그런 셰르파가 있었다. 펨바 도르제Pemba Dorje[6]였다. 그는 베이스캠프에 올라오자 반드시 정상에 가겠다고 선언했다. 돈벌이를 목적으로 일하는 가운데 그런 꿈을 가지고 있다는 것을 그것만으로도 남달리 돋보이는 일이었다. 비로소 그 모습을 케이가 지켜보았다.

언제나 활기에 넘치고 눈이 반짝거리는 케이를 일본인 회원인 다즈케 히데키田附秀起는 진심으로 사랑하고 있었다. 그는 등산 중에 나오는 배설물을 흙이 있는 데까지 가져가서 버리는 '인분대장'을 자청하고 여기 합류했다. 대원 가운데 가장 험하고 더러운 일을 하는 그였지만, 기회만 되면 케이를 사랑한다고 여러 차례 마음을 털어놓았다. 그럴 때마다 케이는 "그래, 그래. 고산병이 왔나 봐요. 배설물 치우는 일을 나도 도울게요."라고 말하며, 상대방 이야기를 가볍게 넘기곤 했다. 케이의 눈에는 셰르파 펨바밖에 보이지 않았다.

다즈케 대원은 당시를 이렇게 회상했다.

"정말 분했어요. 그때 케이는 오로지 펨바에게만 마음이 가 있었어요. 너무 분했지만 세계 최고봉을 눈앞에 두고 내가 펨바를 넘어설 수는 없었으니까…."

그리고 펨바는 다즈케를 넘어서는 정도가 아니라 전 세계 등산가들을 놀라게 하는 기록을 세우게 된다. 그는 반드시 정상에 서겠다며 베이스캠프를 뒤로 하고, 놀랍게도 8시간 10분이라는 경이로운 시간에 정상까지 달렸다. 이것을 본 케이의 마음은 흥분 그 자체였다.

에베레스트 청소가 끝날 무렵, 케이는 노구치에게 펨바를 일본에 데리고 가겠다는 말을 꺼냈다.

그런데 펨바는 여권도 없었고, 게다가 처자식이 있는 몸이라

네팔을 떠나 일본에 간다는 것은 쉬운 일이 아니었다. 그러나 행정과 대화 능력이 뛰어났던 케이에게 그런 일은 어떻게 해서라도 해결 못할 바는 아니었다. 에베레스트에서 내려오자 케이는 펨바의 집으로 가서 그의 아내와 만났다.

그 놀라운 추진력에 노구치는 그대로 보고 있을 수가 없어서, 펨바는 히말라야에 있을 때 빛이 나며 도쿄에 데리고 가면 케이에게 의존할 수밖에 없는 전혀 다른 펨바가 된다는 것을 알아야 한다고 그녀를 설득하려 했다. 그러한 노구치도 케이를 이해 못하는 것은 아니었다. 왜냐하면 그 자신도 일찍이 셰르파 여성과 살아본 일이 있기 때문이었다. 그런데 그 여자는 여권을 낼 수가 없어 결국 일본에 오지 못하게 되고, 두 나라 사이 거리도 있다 보니 그들의 결혼 생활은 그것으로 끝이 났다. 그러한 경험자의 조언도 있어서 케이는 펨바를 일본으로 데리고 올 생각을 포기하게 되었다.

이런 에피소드도 있었지만, 노구치로서는 일본인과 셰르파가 서로 화합하여 에베레스트에서 활동할 수 있었던 것이 정말 기뻤다. 2003년을 마지막으로 노구치는 에베레스트 청소 활동을 끝냈다. 이 4년 동안 회수한 쓰레기는 총 7.7톤이었다. 그것을 그는 이렇게 기록했다.

이 4년 동안이 힘들지 않았다고는 할 수 없겠으나, 그런 가운데 일을 끝낼 수 있었던 것은 그 속에도 즐거움이 있었기 때문이다. … 쓰레기를 상대로 친구들과 목숨을 내걸다시피 한 이 4년간은 평생 잊지 못할 것이다. 이제 그런 일을 마감하니 어딘가 서운한 생각이 든다.

———

이렇게 해서 에베레스트 청소 등반의 막은 내렸지만, 히말라야를 둘러싼 그들의 이야기는 그대로 이어졌다. 그 후 노구치를 대장으로 한 등반대에서 케이와 펨바는 마나슬루와 에베레스트의 정상에 서게 된다.

제2장

어드벤처 레이스

일본 여성 돌풍

2003년 에베레스트 청소 등반에서 돌아온 후 다니구치 케이는 여성만으로 팀을 꾸려 해외 어드벤처 레이스 참가를 준비하기 시작했다.

어드벤처 레이스는 여성대원 참가가 필수였다. 다시 말해서 남성들로만 이루어진 팀 편성은 인정되지 않았다. 그래서 체력이 떨어지는 여성을 남성이 어떻게 데리고 가는가가 그 레이스의 관전 포인트였다. 짐을 가볍게 해주기도 하고, 자전거로 달릴 때는 남성대원이 여성대원의 자전거를 로프로 끌고 가기도 하는 것이다.

이런 어드벤처 레이스에서 여성만으로 팀을 편성하는 일은 국내 대회에서도 드문데, 하물며 해외 대회에서는 여태껏 없던 일이었다. 그런데 이러한 케이의 아이디어에 바로 세 사람이 모였다. 팀의 이름은 '야마토 나데시코大和撫子[7] 돌풍'이었다.

훗날 등산과 오지탐험 등을 케이와 같이하게 되는 후시미 유키코伏見幸希子는 이 세 사람보다 조금 늦게 팀에 합류했다. 그러나 후시미는 2~3년 전에 이미 어드벤처 레이스를 시작해서 케이와 몇 차례 그런 대회에서 만나기도 했다. 케이의 팀에 합류하고 한밤중에 달리면서 두 사람은 처음으로 서로 많은 이야기를 하게 되었다. 그런데 그때에 대한 후시미의 기억은 노구치 겐이 케이의 첫인상을 강렬하게 기억하고 있는 것과는 사뭇 달랐다.

"글쎄요, 그다지 기억나는 게 없네요. 동경의 대상으로서의 모습이랄까, 그런 것들을 케이에게서 전혀 보지 못했습니다. 그렇다 보니 그 유명한 케이와 한 팀이 됐다는 감동 같은 것도 별로 없었어요."

당시 케이는 이미 세계적인 대회인 에코 챌린지에서 11위를 하고, 일본 최고 대회인 이즈伊豆 어드벤처 레이스에서 우승하는 등 레이서로서 최고 수준의 실적을 가지고 있었다. 카리스마적 권위를 뽐내도 이상할 것이 없는 위치였던 것이다.

그러나 후시미가 기억하는 케이의 모습은 그런 것과는 거리가 있었다.

"산을 좋아하는 동료의 모습이었을 뿐 권위적인 모습은 전혀 보지 못했습니다."

다만 케이가 여성만의 팀으로 해외 레이스에 나가겠다고 말을 꺼내고 구체적으로 움직이기 시작했을 때 후시미는 자신에게는 없는 훌륭한 행동력이라고 생각했다. 그리고 케이의 마음도 깊이 이해하게 되었다. 남녀 혼성일 때 흔히 여성은 사력을 다해 남성을 따라가게 된다. 그러다 보니 지도를 볼 여유도 없고, 여성의 무거운 짐을 남성이 나누어서 진다는 것도 부자연스럽다. 결국 자기 일은 자기가 하는 수밖에 없다. 이렇게 너무나 당연한 일이 당연하지 않은 양 취급될 때 후시미는 언제나 못마땅했다. 그런데 팀 전원이 여성이 되면 각자 자기 책임을 지게 되고 남에게 기대는 일이 있을 수 없다. 스스로 지도를 읽고 그때그때 상황에 따라 자기 아이디어를 짜내야 한다. 대원들이 자기 실력을 충분히 발휘할 수 있는 여성만의 팀은 정말로 매력적이었다.

그런데 사이타마현埼玉県 산하 기관에서 근무하는 후시미는 결국 시간을 낼 수가 없어서 케이의 첫 해외 레이스인 2003년 '괌 익스트림 어드벤처 레이스'에는 참가하지 못했다.

이때 참가한 네 명은 정글 속에서 자지도 쉬지도 못하는 고통과 싸우며, 3위라는 성적을 내고 돌아왔다. 과격한 레이스임은 틀림없었는데, 그들의 이야기는 그저 즐겁기만 했다. 그때 사진을 보면 흙과 땀으로 뒤범벅이 된 유니폼으로 뛰면서도 네 사람의 얼굴에는 웃음이 만연했다. 이것을 보고 후시미는 자신도 꼭 해봐야겠다는 마음을 먹게 되었다.

그래서 어느 날 음식점에서 케이가 다음에 있을 코스타리카 대회에 가고 싶은데 가려는 사람이 있을지 모르겠다고 하자 바로 손을 든 사람이 후시미였다.

코스타리카로

코스타리카라는 나라는 잘 알지 못했다. 케이 일행은 그래서 마음이 더욱 끌렸다. 2004년 열린 센트럴퍼시픽 챌린지라는 그 대회에는 후시미와 케이, 그리고 그 전해에 '괌 익스트림 어드벤처 레이스'에 나갔던 카타오카 유키코片岡由起子[8]와 호소야 하루나細谷はるな[9]가 참가하게 되었다. 해외에 일기 시작한 일본 여성팀의 인기를 의식한 아웃도어 잡지는 '여성들만의 팀'이라는 데 초점을 두어 소개했다. 그러나 케이 일행은 그런 일에 별로 신경을 쓰지 않았을 뿐만 아니라, 굳이 남성들보다 앞서겠다는 생각도 없었다. 그저 같은 수준의 친구들이 서로 각자의 장점을 발휘하며 어디까지 해낼 수 있을까가 중요했다.

"이 멤버로 가는 데까지 가보자! 처음 가는 코스타리카를 그대로 즐기면 그만이지."

케이가 이렇게 말하자, 후시미는 100퍼센트 찬성했다.

코스타리카 대회는 제대로 운영되고 있다고 할 수 없었다. 대회 주최 측에서 숲에는 독사가 있을 것 같으니 조심하라고 했다. 그래서 안전하게 걸을 수 있는 인공 수로를 따라갔더니 다른 팀에서 거기는 악어가 있다고 큰 소리로 알려주었다.

조금 뒤 원시림을 빠져나와 야자수가 있는 거대한 농원으로 들어갔다. 이제 안전하겠다고 생각했는데, 그 농장은 너무 넓고 커서 가도 가도 그 풍경이 그 풍경이었다. 길찾기가 원시림보다 더 어려웠다.

자연만이 아니라 문화도 전혀 달랐다. 레이스 운영 스태프는 그야말로 라틴적이었다. 손으로 그린 지도는 현지 사람들이 보기에도 시원찮을 만큼 조잡한 것이었다. 간신히 도달한 농원 한가운데 체크포인트가 있었는데, 거기에 아무런 표식도 없었다. 후에 알고 보니 대회 임원이 그 장소를 잘못 알고 있었던 것이다. 게다가 보급 지점에는 있어야 할 그들의 장비조차 준비되어 있지 않았다.

"이런 일이 일본에서 있었더라면 참가자들의 불만이 터져 나왔겠지만, 케이는 여기는 그럴 수도 있지 않겠는가 하고 이해했어요. 이런 준비 부족과 불찰마저도 어드벤처 레이스의 하나로 생각했겠지요. 있어야 할 장비가 없었을 때 케이는 '아아, 없네요!' 하고 그저 웃었습니다. 심각함이라곤 전혀 없었어요."

후시미가 보여준 레이스 중의 사진에는 웃는 얼굴뿐이었다.

"가다가 지점이 잘못된 것을 알면 케이는 그것을 바로 다음 행동에 반영하고 처리하는 솜씨가 대단했습니다. 어째서 장비가 없냐며 이미 저질러진 일에 대해 새삼 불만을 터뜨리는 행동 따위는 하지 않았죠. 언제나 현실을 받아들이고 곧바로 다음 행동에 들어갔어요. 그 포용 범위가 정말로 넓었습니다. 문제가 생기면 그 즉시 새로운 선택과 실행으로, 그런 일을 즐거운 마음으로 해나갔습니다."

가혹한 자연 환경에서 육체적으로 어려움이 계속되는 어드벤처 레이스이다 보니 자기 감정을 제어하지 못하고 스스로 화부터 내는 레이서도 있을 법한데, 그런 일은 없었을까?

"없었어요, 전혀. 이렇게 말하면 마치 낙천주의자 같기도 하고, 그것이 좋은 일인지 그렇지 않은지 잘 모르겠어요."

레이스의 종반에는 래프팅이 이어졌다. 이 구간은 현지 가이드의 지원을 받기로 되어 있었으며, 이런 경우 득점에 영향이 있었다. 이때 케이는 해보기도 전에 감점이라니, 우리끼리 해치우자고 자기가 노를 잡겠다며 나섰다.

강은 그야말로 물살이 세고 거칠었다. 이런 때 강의 물살보다 빨리 나가면 문제없다는 것이 케이의 생각이었다.

그리하여 전원이 전력을 다해 배를 내몰았다. 모두가 하나되어 합친 힘과 케이의 놀라운 노 잡는 솜씨로 그들은 격류 속을 뚫고 나갔다. 그러다가 배가 뒤집혀 모두 격류에 쓸려나가기도 했지만, 마침내 체크포인트에 도달했다.

그 후 거리 한가운데를 달려 종착점에 다다랐는데, 제한 시간이 분명치 않다는 잡음이 있어서 순위가 결정되지 못했다. 그러나 주최 측에서는 일본 여성 팀에 감투상을 수여했다.

레이스의 결과에 대해 케이는 말이 없었다. 그 대신 케이는 코스타리카를 좀 더 즐기고 돌아가기 위해 다음 날 한 번 더 래프팅을 하러 가자고 말했다. 후시미는 놀랐다. 세상에, 다시 래프팅을 하러 가자니. 게다가 다음 날은 그들이 귀국하는 날이었다. 비행기는 밤에 출발할 테니, 낮 시간에 래프팅을 한 번 더 하려면 할 수는 있었다. 레이스에서는 시간제한을 넘어서면 완주를 못 하는 데 그치지만, 비행기는 시간에 늦으면 그야말로 치명적이다. 뿐만 아니라 돌아가면 바로 다음 날 직장에 출근해야 했다.

"그래서 레이스 이상으로 전력을 다해 노를 저었습니다."

그들은 결국 다시 한번 래프팅을 마치고 바로 공항으로 달려갔다. 그럭저럭 탑승 시간에는 지장이 없었다. 비행기에서 후시미는 점점 멀어지는 코스타리카 거리의 불빛을 내려다보며 이 멤버들과는 할 수 있는 데까지 해보았다는 만족감에 사로잡혔다.

"그 대회는 모두가 힘을 합쳐서 끝까지 즐긴 기분이었어요. 그것은 케이가 있었기 때문에 가능했죠. 그녀는 무슨 일을 하든 즐거움을 스스로 만들어내는 그런 사람이었어요."

그 후 케이는 매년 히말라야를 찾았다. 따라서 어드벤처 레이스의 기회는 자연스레 줄어들었다.

등산기술을 몸에 익힌 케이는 2012년 프랑스 몽블랑 등반에 후시미와 레이스 친구 둘을 끌어들였다. 1786년 몽블랑을 초등한 미셸 가브리엘 파카르Michel-Gabriel Paccard와 자크 발마 Jacques Balmat는 산록마을 샤모니의 교회 앞에서 그 산행의 첫 발을 내디뎠다고 전해지고 있다. 지금은 표고 3,800미터 정도의 에귀 뒤 미디Aiguille du Midi 정상까지 케이블카를 운영하고 있어서, 도로에서부터 걸어갈 필요가 없다. 그러나 케이와 유키코 등은 200년 전 초등 때와 같이 그 교회 앞에서 등산을 시작했다. 그야말로 케이다운, 그대로 산을 즐기는 등산이었는데, 이에 대해 후시미는 이렇게 회상했다.

"등산 계획을 세울 때의 기준은 그 계획이 매력적인가, 그렇지 않은가였는데, 케이는 그 선을 긋는 기준이 늘 명확했습니다. 옆에서 볼 때 저는 그냥 멋지다가 아니라, 이렇게 하면 재미있겠다고 생각하곤 했습니다. 결과만 생각했다면 그렇게 하지 않았을 것이라고 생각해요. 그래서 케이가 우리 같은 사람들과 같이 즐길 수 있지 않았나 싶습니다."

몽블랑은 결국 정상까지 오르지 못했다. 그러나 일반적인 케이블카를 이용하는 것보다 확실히 즐거운 산행이었다.

"하여간 케이는 무엇이든 같이 하면 즐거운 사람이었어요. 나뿐만 아니라 다른 친구들도 그렇게 생각했을 거예요."

분명히 후시미도 끝까지 그랬을 것이다. 그러나 케이는 여성으로서 처음 황금피켈상을 받으면서 실력 있는 클라이머로 널리 알려지게 되었다.

"그런데도 케이는 자기는 클라이머가 아니라고 했어요. 그럼 뭐냐고 물으면 '나그네라고나 할까.'라며 산을 오르는 나그네처

럼 말했어요. 그럴지도 모르겠는데, 그렇다면 잡지나 TV 등을
통해 케이를 아는 사람들은 그 뜻을 제대로 알 수 있을지 모르
겠어요."

후시미는 상냥한 표정으로 말을 이었다.

"그런데 케이야말로 진짜 나그네라는 생각을 하게 됐어요.
늘 어디 있는지 모르니까. 어쩌다 전화하게 되면 지금 나리타
공항에 도착했다며 내일 만나자고 하는 식이거나, 사람들이 모
여 있는 음식점에 느닷없이 나타나기도 했어요. 뿐만 아니라 불
현듯 '오늘 산에 가지 않을래?' 하고 연락이 와요. 자주 만나는
편이 아닌데 언제나 가까이 있는 것 같이 느껴졌어요."

케이가 여전히 그렇게 가까이에서 지켜봐주고 있다고 느낀
다면 우리는 계속해서 모든 것을 즐겁게 해나가야 하지 않을까
물었더니, 후시미는 가벼운 웃음과 함께 대답했다.

"그렇군요. 마냥 놀고만 있을 수야 없겠지요."

제3장

첫 히말라야 등정

골든피크

코스타리카의 어드벤처 레이스에 참가했던 2004년, 다니구치 케이는 카라코람의 골든피크Golden Peak(7,027m)와 라일라피크 Laila Peak(6,096m)를 연속 등반했다. 그때의 파트너는 그 후에 무 즈타그아타Muztagh Atah(7,546m), 시블링Shivling(6,543m), 카메트 Kamet(7,756m), 가우리샹카르Gauri Shankar(7,145m), 나이모나니 Naimona'nyi(7,694m)[10], 시스파레Shispare(7,611m)라는 어려운 봉우리들에서 같이 등반한 히라이데 카즈야平出和也였다.

히라이데는 1979년생으로 케이보다 도카이대학東海大學 산악부 7년 후배인 클라이머였다. 앞에서도 언급했지만 나와 히라이데는 대학 4학년 때 티베트의 초오유를 등정하고 보고회를 가졌는데, 그 자리에 케이가 왔었다. 그런데 그 후 케이와 히라이데는 2년 반 동안 서로 연락을 하지 못했다. 그사이 케이는 2002년과 2003년 연속으로 노구치 겐의 에베레스트 청소 등반에 참가했고, 히라이데는 카라코람에 두 번이나 갔다.

히라이데는 학생시절 티베트의 산을 경험했지만 파키스탄 북부 산악지대의 카라코람은 처음이었다. 그는 이렇게 미지의 산악지대에서 누구에게도 의지하지 않는 원초적인 등반을 통해 클라이머로서 크게 성장하고 싶었다.

히라이데는 카라코람에 관한 자료를 모으고 등반기록 등을 지도에 적었다. A3 규격의 지도를 이어붙이면 다다미 한 장 정도의 크기가 됐는데, 그 지도를 가지고 2002년 여름 그는 혼자 파키스탄으로 정찰을 갔다. 훈자에서 트레킹을 시작하자 바로 하늘을 찌르는 듯한 암봉과 암벽이 계속 이어졌다. 지금까지 자료나 지도로 상상하던 세계와는 그 스케일이 달라서 그는 기가 죽다시피 했다.

이때 히라이데는 산록 여기저기에 있는 마을들을 돌아다니며, 두 달에 걸친 트레킹을 하다가 골든피크(일명 스판틱Spantik)를 발견했다. '황금 기둥'이라고 불리는 대암벽이 정상에서부터 아래로 내리뻗어 있는 이 산은 저녁햇살을 받으면 금빛으로 물들기 때문에 '골든피크'라고 불리는데, 바로 이름 그대로였다. 이 모습을 본 순간부터 그곳은 히라이데의 목표가 되었다.

그런데 파키스탄에서는 어떤 식으로 등반을 해야 하는지 히라이데로서는 그 노하우를 전혀 알 수 없었다. 그래서 그 이듬해인 2003년 토비타 가즈오飛田和夫와 데라사와 레이코寺澤玲子가 이끄는 쿤양키쉬Kunyang Chhish(7,852m)" 등반대에 참가하게 되었다.

토비타와 데라사와는 히라이데가 2002년 카라코람 정찰 트레킹을 갔을 때 우연히 비행기에서 만나 같이 이야기했었는데, 그때 히라이데는 자기가 만든 지도를 가지고 있었다. 그런데 그 지도에 기록된 등반기록이나 산에 관한 정보는 카라코람에 정통한 두 사람이 보기에 너무나 엉터리였다. 그렇지만 히라이데의 열정에 감탄한 그들은 결국 훗날 쿤양키쉬 등반에 같이 가게 됐던 것이다.

그런데 그들이 붙은 서릉은 하단부가 어렵고 거대했다. 따라서 등반에 시간이 걸리고, 능선 위에 있는 6,000미터의 미답봉까지 가는 데 한 달이나 걸렸다. 게다가 그 앞은 눈사태 위험이 있어서 등정 가능성도 없었다. 이때 히라이데는 등반기술에서부터 입산허가 취득이며 산까지의 어프로치, 그리고 베이스캠프 설치까지 파키스탄 원정에 필요한 많은 것을 배우게 되었다.

해가 바뀌고 2004년이 밝자 드디어 히라이데는 골든피크를 향해 걸음을 내디디기 시작했다. 그는 골든피크 사진을 A4 크기로 확대해 클리어파일에 넣어 들고 다녔다. 쿤양키쉬 등반 이후 원정을 보내준다는 조건으로 등산용구 판매점인 이시이ろ#스포츠에서 일하고 있던 그는 알파인 클라이머가 점포에 찾아올 때마다 그 파일을 보여주고 꼬드겼다.

"그런 때는 매장의 상품보다 내가 계획하고 있는 원정 홍보에 더 열을 냈던 것인지도 모르죠."

그러나 파트너는 나타나지 않았다. 그래서 나중에는 토비타에게 같이 가자고 애원하다시피 했다. 그러자 토비타에게서 "같이 가요. 꼭 오릅시다!"라는 답이 돌아왔다. 토비타는 20대 중반의 히라이데가 내뿜는 산에 대한 열정에 말려든 격이었다.

이렇게 되어 출발이 한 달 뒤로 다가온 어느 날 케이가 홀연히 나타났다. 초오유 등정보고회 이후의 일이었다. 히라이데는 케이에게 파일을 보여주었다. 그때 히라이데는 이미 토비타와 둘이 가기로 되어 있어서 케이를 원정에 끌어들일 생각이 없었다. 다만 자기의 계획을 알리고 싶었을 뿐이었다. 그런데 파일의 사진을 보고 있던 케이는 고개를 들어 히라이데를 정면으로 바라보며 이렇게 말했다.

"나도 여기 가고 싶다. 같이 가자."

파일에 들어 있는 골든피크 사진에는 등반 예정 루트가 그려져 있었는데, 케이는 클라이머로서 그 베리에이션 루트variation route에 마음이 갔던 것일까.

"아마도 케이는 그 루트보다 자기가 모르는 세계라는 데 마음이 더 갔을 거예요. 파키스탄은 이슬람의 나라이기도 하고, 여성이 혼자 여행하는 것 자체가 위험한 곳인데, 케이는 등산 이전에 파키스탄이라는 나라 자체에 관심이 있었다고 생각돼요."

케이는 그 후 서둘러 원정을 준비했다. 그 일을 데라사와 레이코가 도와주었다. 데라사와와는 도쿄도산악연맹 조난대책위원회 집회에서 한 번 만난 적이 있었지만, 차분하게 이야기해본 것은 그때가 처음이었다.

"잘 부탁해요."

케이는 쾌활한 소리로 이렇게 데라사와에게 첫인사를 했었다. 그때 데라사와가 케이에게 받은 인상은 누구나 알고 있던 씩씩한 케이가 아니었다. 데라사와는 케이에게서 1993년에 호켄다케宝劍岳(2,932m)에서 추락사한 가사마츠 미와코笠松美和子[12]의 이미지를 떠올렸다.

가사마츠는 1982년 그랑드조라스Grandes Jorasses 북벽 워커 스퍼Walker Spur를 야마노이 다에코山野井妙子[13]와 여성으로서 동계 초등을 성취했던 일류 클라이머였다. 가사마츠는 극기심이 강한 것으로도 유명했으며, 데라사와도 가사마츠를 '주말의 다니가와다케谷川岳 등반을 위해 월요일부터 크램폰의 발톱을 가는 클라이머'로 기억하고 있었다.

당시 데라사와는 가사마츠와 여러 차례 같이 산에 갔는데, 가사마츠에게는 얼핏 어두운 그늘이 있어 보였지만 겉으로는 억지로라도 밝은 척을 하고 있었다. 그런 가사마츠와 활달한 케이. 겉으로는 정반대인 듯싶은데 이 둘은 어딘가 비슷한 데가 있었다. 그것은 둘 다 극한의 산을 노리고 있다는 데서 오는 것이 아닌가 싶었다. 데라사와는 이렇게 말한다.

"가사마츠는 굉장히 긴장한 가운데 살고 있는 반면, 케이는 아주 명랑하면서도 진지했습니다. 그런 점이 가사마츠와 오버랩 되어 보였던 것 같아요. 케이가 억지로 밝게 보이려고 한 것은 아니었겠지만, 어딘가 공허함 같은 것이 보였는데, 그때는 그 공허함이 무엇인지 잘 몰랐습니다. 그런 그녀를 보고 이렇게 말하기는 좀 어폐가 있겠지만, 보고도 모른 척 하기가 그랬어요. 그때 나는 같이 원정에 나서지 않았지만, 히라이데를 잘 알고 있어서 그와 파트너가 되면 괜찮겠다고 안심했습니다."

히라이데는 케이에게서 그런 공허함을 느끼지 못한 채 파키스탄으로 갔다. 그런데 이렇게 데라사와가 가졌던 첫인상과는 정반대로, 케이는 두 달에 걸친 그 여정을 아무 문제없이 활달하게 소화했던 것이다.

파키스탄의 수도 이슬라마바드에 도착한 것은 여름이 시작되는 2004년 6월 상순이었는데, 케이는 입국하자마자 바로 이슬람 여성이 쓰는 숄을 사왔다. 그리고 토비타나 히라이데보다 언제나 앞장서 거리로 나가 현지 주민밖에 가지 않는 그런 허름한 시장에서 싸구려 과일과 주스 따위를 사들고 돌아오곤 했다. 케이는 토비타와 히라이데에게 그것들을 나눠주며 마치 평생 마실 것을 한 번에 먹는 기분이라고 말했다. 그런 날 케이의 일기에는 이런 글이 있었다.

태양이 눈부시다. 그 태양이 얼마나 은혜로운지 모른다. 과일이 정말 맛있다.

베이스캠프로 가는 동안 울타르Ultar(7,388m), 디란Diran(7,266m), 라카포시Rakaposhi(7,788m) 등 카라코람의 연봉이 이어서 나타났다. 케이는 주위에 펼쳐지고 있는 얼음과 바위의 일대 장관壯觀에서 눈을 뗄 수가 없었다.

베이스캠프까지의 여정 대부분은 걷기 힘든 너덜지대였다. 이런 데를 종일 걷고 나서도 케이는 책을 읽거나 일본의 친구들에게 편지를 쓰며 시간을 보냈다. 당시의 일기에는 자기 본래의 페이스를 찾은 것이 그대로 나타나 있었다.

에베레스트를 청소할 때와는 달리 모두가 내 시간이니 마음이 한가롭다. 이렇게 책을 읽을 수가 있는 것도 오랜만이다.

케이는 이 원정 이전부터 『산과계곡山と溪谷』 2003년 10월호 〈어드벤처 리포츠ADVENTURE REPORTS 독자가 만드는 모험기록집〉이라는 코너에 다음과 같이 글을 실었다.

—

나는 산이 좋다. 산을 걷는 것만으로도 행복하다. 산에 가면 마음이 아름답고 깨끗해진다. 무엇인가 내 속에 개운치 않은 것이 있을 때 산에 가면 좋다. 산에서 나 자신과 마주하면 기분이 좋다.

—

베이스캠프까지 이어지는 산길에서 케이는 자기 자신과 마주하기 시작한 셈이다. 문장은 이렇게 계속된다.

—

나는 그저 걷고 있을 뿐인데, 그런 산에서 자연과 함께 심각한 그 무엇을 보게 되었다. 심각할 정도로 내 모습이 잘 보였으며, 그때부터는 필요한 것이 보이기 시작했다. 나약한 자신에게 억눌릴 것인가 아니면 그런 나약한 나를 넘어서 강한 나로 우뚝 서게 될 것인가. 여기에 큰 갈림길이 있다. 대지 위에서 벌어지는 자기 자신과의 싸움.

—

베이스캠프 이후부터는 알파인 클라이머가 아니면 발을 내디디지 못하는 심각한 세계다. 그녀가 말하는 '자기 자신과의 싸움'이 바로 그 심각한 세계인 골든피크에서 벌어질 참이었다.

베이스캠프에 도착하니 스페인 등반대가 있었는데, 그들은 히라이데와 같은 북서릉을 목표로 하고 있었다. 당시 케이의 일기에는 이렇게 적혀 있었다.

> 스스로 루트를 뚫고 오르는 것이 즐겁고 바람직하지만, 어쩔 수 없이 같은 길을 가게 된 이상, 서로 각자의 페이스와 스타일로 즐겁게 오르면 그만이다.

그런데 연일 계속되는 악천후에 스페인 팀은 일찌감치 철수하고 말았다. 그러나 케이의 팀은 날씨가 좋아지지 않는 가운데 공격에 나섰다.

1캠프 앞의 눈 상태가 시간에 따라 굳는 듯하더니, 어느 순간 허리까지 깊어지기도 했다. 그러다가 수분이 적어 수월하게 지나가는 듯하다가 발을 디디는 순간 쑥 빠졌다. 케이는 한숨을 쉬었다.

"1보 전진 2보 후퇴네…."

표고 약 6,000미터를 넘어서자 빙벽등반이 기다리고 있었다. 이제 손도 발도 한계에 온 듯했는데 여하튼 리지를 올라 쳐서 넓은 설원으로 나왔다. 그리고 그곳에 2캠프를 설치했다.

그때까지 토비타 가즈오는 위통을 느끼며 견뎠는데, 결국 2캠프에서 악화되어 저녁도 못 먹었다. 이튿날이 공격인데 토비타는 반드시 등정할 수 있을 거라며 두 사람을 격려하고 자기는 캠프에 남았다. 등반을 시작할 무렵에는 토비타가 히라이데와 함께 등반을 끝내버리면 어떻게 하나 걱정하던 케이였는데, 이제는 이렇게 상황이 바뀌게 되었다.

하늘은 구름에 덮이고 공격하기 좋은 날씨라고 할 수가 없었다. 그러나 이상하게도 골든피크 쪽 하늘은 한 점의 구름도 없이 맑았다. 케이와 히라이데는 희박한 공기에 허덕이며 세 걸음마다 멈춰서곤 했다. 그러나 평편한 눈의 사면은 그저 단조롭기만 하고 어려운 곳은 더 이상 없었다.

구름이 피어오르는 설원을 끝까지 오르자 더 오를 데가 없었다. 표고 7,027미터 정상이었다. 케이에게는 첫 히말라야 정상이었으며, 북서릉 초등이기도 했다. 그 후부터 이어지게 되는 케이와 히라이데의 모험의 첫발치고는 예상외로 싱거운 시작이었다.

그런데 그것은 그때뿐이었다. 주위의 구름이 골든피크로 몰려오더니 하산을 시작하자 바로 화이트아웃이 발생했다. 오를 때 그토록 단조로웠던 눈의 사면은 길을 찾기가 어려울 정도로 막막한 하얀 공간으로 변하고 말았다. 그런 속을 두 사람은 뚫고 내려갈 수밖에 없었다. 약 6,500미터 부근까지 내려오자, 희미한 어둠 속에서 부지직하는 소리가 났다. 눈사태의 전주인가? 그들은 이제 죽었다 싶은 생각으로 한껏 긴장한 가운데 2캠프로 내려왔다.

지쳤다 하고 있을 때가 아니었다. 그저 한 걸음이라도 발을 더 내디뎌야 했다. 이런 데서 죽을 수는 없다고 생각했을 때 시야가 열리며 2캠프가 나타났다. 16시에 교신. 그 후 무서운 눈보라와 우레. 머리로 전기를 느꼈다. 정말 무서웠다.

케이는 이렇게 메모를 남겼다. 그들이 처했던 상황과는 정반대로 문장은 부드러웠다. 이렇게 천진난만한 케이 옆에서 토비타는 위의 통증으로 고생하고 있었다.

이튿날 현수하강용 확보물로 눈에 묻은 스노바가 시원치 않았다. 케이는 자기 체중으로 그 확보물이 더 단단하게 고정되리라 생각하고 거기에 매달렸다. 그 당시의 일기가 재미있다.

스노바에 의지해 현수하강을 하자 스노바가 빠져버렸다. 그렇다고 다시 설치할 수도 없어 결국 클라이밍 다운했다. 그런데 다음 현수하강 때는 그 스노바가 단단히 제 구실을 해주었으니… (^^)

히라이데에 따르면 케이는 어떤 일이 벌어져도 언제나 밝았다고 한다. 산은 '자기 자신과의 싸움'이라고 케이는 쓰고 있었는데, 히라이데가 보는 한 그녀의 골든피크는 '싸움'이 아니라 '즐거움' 그 자체였다.

연속등정

베이스캠프로 돌아오니 일대가 야생화 꽃밭과 푸른 초원으로 바뀌고 있었다. 4일밖에 되지 않았는데 세월이 많이 흐른 기분이었다. 베이스캠프에서 올려다보이는 산들은 여기저기 눈사태가 일고 있었다. 그러나 이제 안전지대에 있으니 걱정은 없었다. 저녁은 텐트 밖에서 골든피크를 바라보며 즐길 수 있었다.

다음 날 아침 베이스캠프를 철수할 때의 이야기가 케이의 일기에 적혀 있다.

오늘 아침에도 골든피크는 빛나고 있었다. 여기를 떠나기가 싫었다. 돌아보고 또 돌아보며 그 모습을 그리워했다. 여기 올 때 날씨가 흐린 탓에 보이지 않았던 골든피크가 지금은 어디서 돌아보아도 햇빛에 빛나고 있었다. 멀어질수록 바위기둥도 우리가 오른 리지도 푸른 하늘에 솟아 있었다. 그저 멋지기만 했다. 반하는 기분이었다. 돌아볼수록 눈을 뗄 수가 없었다.

훈자 마을에 도착한 7월 14일은 케이의 생일이었다. 히라이데는 케이크와 꽃다발로 축하했다. 등반을 끝냈다는 홀가분함에 느긋한 하루를 보낼 법도 한데, 두 사람은 가까운 암장에 등반하러 갔다. 마을에 있을 때는 어딘가 나른한 듯했지만, 바위에 붙으니 그런 기분은 전혀 없었다.

"역시 오르는 재미 이상은 없네." 케이가 말했다. 그리고 유쾌하게 덧붙였다.

"하나 더 오르고 일본으로 돌아가자."

이때 '하나 더'라는 것은 히라이데가 막연히 계획하고 있던 라일라피크를 가리킨다. 케이는 '골든피크가 일찍 끝났으니 한 번 해볼까?' 하는 가벼운 기분인 것 같았다. 그런데 그림엽서에서 본 그 산은 하늘을 찌를 듯 뾰족해서 히라이데는 자신들이 오르기 좋은 산인지 불안감이 없지 않았다. 그런 그의 마음을 들여다본 듯 케이가 말했다.

"오를 수 있지 않을까? 아무도 오른 적이 없는 루트로 7,000미터 봉도 올랐으니까. 그보다 1,000미터 낮다면 그다지 어렵지 않겠지!"

이 말을 들은 히라이데는 지금이 등반하기 좋은 찬스일지도 모르겠다는 생각이 들었다. 위의 통증이 여전했으므로 토비타는 두 사람과 이쯤에서 헤어지기로 했다. 나중에 알게 된 사실이지만, 토비타는 스트레스로 인한 위궤양을 앓고 있었다. 아마도 히말라야 등산의 초급자 두 사람을 일본으로 무사히 돌아가게 해야겠다는 중압감이 원인이 된 듯했다.

그런데 바로 그 무렵, 데라사와 레이코도 이시카와 노부요시 石川信義[14]와 함께 파키스탄에 와 있었다. 이시카와는 1965년 도쿄대학 쿤양키쉬 등반대 부대장 겸 등반대장이었는데, 그 원정에서 대원 하나를 눈사태로 잃었다. 데라사와는 이때 이시카와를 에스코트해서 쿤양키쉬가 보이는 데까지 조문차 갔다가 돌아오는 길이었다. 토비타는 데라사와와 이시카와를 훈자에서 기다렸다가 합류하게 되었다. 마침 데라사와가 있어서 히라이데와 케이는 마음 편하게 라일라피크로 출발할 수 있었다.

베이스캠프에서 올려다본 라일라피크는 험준한 사면이 밑에서 위까지 쭉 뻗어 있었다. 롤러코스터의 급경사 같은 부분이 오랜 세월 동안 하늘을 향해 뻗어 있었을 것이다. 이런 곳에서 실족하면 그대로 끝이었다. 아무리 쳐다봐도 도중에 쉴 만한 곳이 눈에 띄지 않았다. 둘은 루트에 대해 이야기를 나누었는데 '위험한데…'라는 말밖에 나오지 않았다.

그래도 출발하는 날 아침이 되자 그들은 어떻게 할지 서로 의사를 물을 것도 없이, 갈 길을 가려는 결연한 자세로 텐트를 정리하고 걷기 시작했다. 이제 파트너도, 산도, 날씨도 모두가 뜻을 같이하는 듯한 느낌이었다. 이미 골든피크에서 고소순응이 되어 있다 보니 발걸음도 가벼웠다. 그들은 경쾌한 스피드로 사면을 올라갔다.

그러자 세락지대가 나타났는데, 그것은 빙하에서 튕겨 나온 거대한 얼음덩어리였다. 그 크기는 학교의 체육관 정도로, 금방이라도 무너질 듯 위태로워 보였다. 그리하여 그 밑을 지나가는 것은 그들에게 러시안룰렛과 다름없었다.

뒤에 나오지만, 이 두 사람은 그 후의 원정에서 두 번이나 세락의 위험으로 철수한 일이 있었다. 그런데 이때 그들은 오히려 그 세락의 위험을 무시하기라도 하듯 달리다시피 하여 그곳을 지나갔다.

"빨리 걸어가요!"

히라이데가 이렇게 말하자 케이가 물었다.

"그러다가 심장이 터지면 어떻게 하지? 천천히 걸어가다 죽는 것과 빨리 가서 심장이 터지는 것 중 어느 쪽이 나을까?"

"빨리 걷다가 심장이 터져서 죽기는 싫어요."

이런 이야기를 하는 동안 그들은 위험구간을 지나, 다음 날 아침 등정했다. 라일라피크 정상은 좁았다. 간신히 앉았을 때 눈앞으로 360도의 전망이 펼쳐졌다.

"지구란 정말 넓구나!" 케이가 말했다. 감청색 하늘과 끝도 없이 이어지는 봉우리들. 케이의 얼굴은 즐거움으로 가득했다. 이때의 광경을 히라이데는 평생 잊지 못했다.

다음 날 저녁 두 사람은 베이스캠프로 돌아왔다. 현지 스태프가 차를 끓이고 주먹밥에 살구와 야채 등을 내놓았다. 이런 성찬을 앞에 놓고 히라이데가 케이에게 물었다.

"이번 원정에서 가장 힘들었던 곳은 어디에요?"

"힘들었던 곳이 있었던가…." 케이가 말을 이었다.

"특별하게 힘든 곳은 없었지만, 출발 전이라든가, 한 걸음씩 내디딜 때는 무척 겁이 났지. 하지만 막상 출발하고 나면 공포 같은 것은 사라지고 없었어. 하여간 한 발이라도 실족하면 그것으로 끝장인 산이어서 내 손과 발에 모든 것을 맡기다시피 했지. 큰소리치는 것 같지만, 목숨을 걸고 오를 만한 멋진 산이었잖아. 덕분에 손과 발이 무척 고생은 했지만…."

두 사람은 이렇게 해서 카라코람 고봉을 연속해서 두 개나 올랐다. 대규모 원정대에 끼지 않고 자신들의 힘으로 해낸 등반이어서 그 만족감은 더욱 컸다. 히라이데는 당시를 이렇게 회상한다.

"아무도 오르지 않은 곳을 오르고 싶다는 목표는 나와 케이가 같았다고 생각해요. 그리고 고소순응이라든가 등반기술의 수준도 서로 비슷했어요. 그래서 같은 목표에서 서로 감동했던 것 같아요. 한쪽이 보다 뛰어났더라면 그때는 그 사람이 가이드 역할을 해야 했겠죠."

그 골든피크 이후, 두 사람은 계속해서 같은 페이스로 한 걸음 한 걸음 전진해 나갔다. 산 하나를 오르고 나면 한층 수준 높은 산도 오를 수 있지 않겠는가 생각하곤 하면서 차근차근 앞으로 나아간 것이 결국 등산에서 좋은 결과를 가져왔던 것 같다.

파키스탄의 수도 이슬라마바드에 돌아오자 그들은 산 포스터와 그림엽서를 샀는데, 거기에는 매력적인 산 사진들이 들어 있었다. 이제 안전한 거리에 내려왔다는 안도감에 잠기면서도 그들은 벌써 다음 모험을 꿈꾸고 있었다.

해가 지자 거리에는 많은 노점이 문을 열고 사람들로 북적거렸다. 두 사람은 꼬치구이 집을 세 곳이나 갔다. 케이는 그날 밤 일기에 이렇게 썼다.

> 오랜만에 맛있는 고기를 먹었다. 좀 과식한 듯하지만 기분이 좋다.
> 오늘 밤은 모처럼 침대에서 푹 쉬게 되었다.

제4장

초·중등학교 시절

책의 세계로

에베레스트 청소 등반을 두 번 다녀오고 나서 골든피크와 라일라피크를 연속 등정한 것이 다니구치 케이에게는 히말라야 클라이머로서의 시작인 셈이었다. 그런데 고향인 지바현 아비코시我孫子市의 동급생들은 케이가 그런 과격한 등반을 하고 있다는 것을 상상도 하지 못했다. 고교생이 될 때까지 케이는 독서와 요리를 즐기는 평범한 여자에 지나지 않았기 때문이다.

초등학교와 중학교를 같이 다닌 동창생 요부코 미호코呼子美穗子는 지금 아비코시역 부근에서 미용실을 하고 있는데, 케이는 집에 돌아오면 요부코에게 머리를 손질하러 가곤 했다.

이때 케이는 등반을 시작했다고 요부코에게 이야기하면서도 위험한 등반 이야기는 하지 않았다. 요부코는 노구치 겐이 기타야쓰가다케北八ヶ岳에 오르는 장면이 TV의 맥주 선전에 나왔을 때 그 한구석에 케이가 있는 것을 보고 "저거 케이 아니야? 어떻게 저 유명한 등산가와 같이 있지?" 하고 놀랐을 정도였다.

곧 케이가 실력 있는 클라이머라는 것을 알고 요부코는 너무 기뻐서 동급생에게 케이에 대한 이야기를 했다. 그런데 이야기를 들은 동급생의 반응은 "운동 같은 것을 하지 않던 케이가 어떻게?" 정도가 아니라 "케이? 그러고 보니 그런 애가 있었지." 하는 정도였다.

도대체 케이는 초등학교와 중학교 시절 어떤 학생이었을까?

"학급에서 가장 인기가 있어 언제나 중심적인 그룹을 1군이라고 하면, 나와 케이는 2군 아니면 3군 정도에 드는 그런 애였어요. 빛나는 1군과는 너무 먼 그룹이었죠."

요부코는 미용사답게 머리 손질이 자연스럽고 예뻤다. 두 아이의 엄마이면서 여학생처럼 젊어 보이는 그녀가 그렇게 말하는 것이 어떻게 보면 뜻밖이었다.

"그래서 케이와는 늘 가까이 지내고 있었어요."

그 무렵 1군의 아이들은 체커스CHECKERS[15]를 중심으로 연예계 이야기를 즐겨했다. 케이와 요부코가 초등학교 5학년이던 1984년, 체커스는 대히트 곡 「눈물의 리퀘스트」를 내놓아 무섭게 인기몰이를 하고 있었다. 그밖에도 당시에는 마쓰다 세이코松田聖子, 나카모리 아키나中森明菜, 곤도 마사히코近藤真彦 등이 밤마다 인기 가요를 부르는 전성기였다. 학교에서도 그 가수들의 흉내로 학급 분위기가 들끓곤 했다.

그런데 케이와 요부코는 이런 데 전혀 흥미를 느끼지 못했고, 그들 속에 끼어들지도 않았다. 둘은 학급에서도 키가 작은 편이어서, 작은 쪽으로 다섯 번째 안에 들었다. 수업 중에도 솔선해서 발표하는 일이 거의 없었으며, 3군의 친구들 속에서도 케이는 그다지 눈에 띄지 않았다고 한다.

그러던 케이가 훗날 성인이 되어 어드벤처 레이스나 클라이머들의 모임에서 누구보다도 많이 발언하고, 언제나 새로운 방향으로 사람들을 인도해 나가기 시작했다. 뿐만 아니라 일반인을 대상으로 한 강연회에서 케이는 밝은 음성으로 청중의 마음을 사로잡았다. 그런 케이가 어려서 3군에 들어 있었다니….

같이 친한 그룹이었던 기자와 히로코木澤弘子와는 체육을 싫어한다는 핑계로 점심시간에도 밖에 나가지 않고 도서관에서 시간을 보내곤 했다.

6학년이 되면서 몇 명이 한 조가 되어 학교생활에서 이것저것을 나누어 분담하게 되었다. 케이와 요부코와 기자와 셋은 한 조가 되어 1학년생을 돌보는 일에 지원했는데, 인기 있는 1군 애들도 이 일을 하겠다고 손을 들었다. 그때 가위·바위·보로 결정을 했으면 기억에 남을 일도 없었을 테지만, 이런 방법은 케이와 친구들의 마음에 들지 않았다. 그래서 투표가 진행되었고 결국 1군이 뽑히고 케이 등은 제외되었다. 게다가 케이와 친구들에게는 화장실 청소가 맡겨졌으니 정말 비참한 신세가 된 셈이다. 아무리 생각해도 화장실 청소 따위를 좋아하는 학생은 있을 리가 없을 것 같은데, 케이는 그 일을 즐거워했다. 더러운 변기가 자기 때문에 깨끗하게 되는 것이 기뻤던 것이다. 이런 케이의 모습을 보고 요부코도 감동을 받았다.

"그때는 1학년을 맡지 못해 서운한 마음이 화장실 청소에 공을 들이게 한 것 같았어요."

결국 그들은 자신들의 손으로 변기가 깨끗해진 것을 보고 서로 웃었다. 케이는 쉬는 시간에도 변기가 더러워지지 않는지 신경을 쓸 정도였다. 이토록 무슨 일이나 적극적으로 나서고 즐기는 그런 힘이 케이에게는 벌써부터 있었던 것 같다.

케이는 1학년을 돌보고 싶은 마음처럼 정말로 어린애나 동물을 귀여워했다. 그녀는 집에서 유기견을 기르면서 수의사가 되고 싶다고 말한 적도 있었다. 그리고 여섯 살 밑의 동생을 데리고 보육원에 오가는 일도 케이가 도맡다시피 했다.

"누나가 엄마 노릇을 했어요." 케이의 동생이 말했다.

어머니 마사코는 디스플레이 디자이너로 많은 점포의 진열장 디자인 일을 하고 있었다. 아버지 쇼부는 도쿄대학 법학부를 나와 대기업인 철강 제조회사에 근무하다 보니 부모님 두 분 다 바쁜 나날을 보내고 있었다. 어머니 마사코는 늘 늦은 시간에 돌아와서 저녁 준비는 거의 케이가 맡다시피 했다. 오빠가 있었는데, 아버지처럼 대기업에 취직하고 싶어서 그는 주로 밖에서 공부를 했다. 그 사이 케이는 동생과 어떻게 지냈을까? 동생은 이렇게 말했다.

"창피한 얘긴데, 나는 여자 옷을 걸치고 놀았어요. 누나 친구들이 놀러 오면 그런 나를 귀엽다고 했지요. 여자 차림이 어째서 즐거웠는지 모르겠는데, 하여간 누나와 나는 그러면서 잘 놀았어요. 그런데 형은 이따금 싸움을 걸어오기도 해서, 형과는 좋은 사이가 아니었습니다."

그렇다고 케이가 오빠에게 대들거나 한 일은 없었는데, 친구들과는 싸우기도 했던 것 같다. 요부코하고도 다툰 적이 있으나, 케이는 언제나 끝까지 싸움을 고집하는 일은 없었다. 그러다 보니 케이는 싸워도 얼마 안 가서 마음이 풀렸다.

그러한 케이의 성격을 투영하다시피 하는 그림이 그녀에게는 많았다. 미술시간에 그린 그림이 그 지방 콩쿠르에 출품되기도 했다. 그 재능은 어머니 마사코로부터 이어받은 듯하다고 요부코는 말했다. 그 무렵 케이의 집에는 어머니 마사코가 취미로 그린 커다란 유화 한 폭이 있었는데, 디스플레이 디자이너인 어머니는 그림 그리는 재능도 있었던 것이다.

한편 마사코가 꾸민 집은 2층 중간이 복잡한 구조여서 보통 집과는 분위기가 달랐다. 이런 데서 살면 사람의 감성도 자연스럽게 달라지기 쉬운 그런 개성 있는 집이었다.

어느 날 미술시간에 요부코는 교정의 꽃을 그리고 있는 케이 옆에 앉아 있었다. 꽃이 햇빛을 받아 예쁘게 피어 있었다. 그러자 선생님이 다가와 "너희 둘은 언제나 붙어 있니?" 하시며 좀 떨어지라고 했다. 초등학생인 케이는 아무 말도 하지 않았다.

그런데 5~6학년을 이어서 같은 선생님이 반을 맡았는데, 그 선생님은 착실하고 꼼꼼해서 어딘가 부자연스러운 데가 있었다. 그 무렵 학교 전체의 분위가 그랬다. 교문에 걸린 국기며 교기와 지방기 모두의 모습이 그것을 말하고 있었다. 그리고 그 깃발들을 내릴 때 학생들은 그 방향을 보고 바로 서 있어야 했다. 학생들은 매일 아침저녁으로 두 번씩 인형처럼 서 있어야 했으며, 그 순간은 교정 전체가 조용했다.

그러한 학교생활에서 케이는 꾸중들을 일이 없었다. 그런 기미가 보이면 케이는 벌써 그 자리에 없었다. 반항하는 태도는 없었지만 그렇다고 케이에게 기성세대에 대한 반항심 같은 것이 아예 없었던 것은 아니었다. 요부코는 어른들은 자기를 믿어주지 않아서 싫다는 얘기를 케이에게서 들은 적이 있었다. 또한 케이는 가끔 어른들이 자기의 삶을 이러니저러니 간섭하는 것이 싫다고도 이야기했다.

요부코는 처음에 이러한 케이의 말이 학교에 대한 것인 줄 알았는데, 어느 날 벌어진 작은 사건을 통해 그것이 케이의 엄마에 대한 이야기라고 생각하게 되었다.

케이가 초등학교 6학년인 1985년의 이야기였다. 집에서 전차로 1시간 거리에 있는 이바라키현茨城県의 후쿠바연구학원도시에서 만국박람회인 '국제과학기술박람회'가 열렸다. 그 박람회에서는 48개국과 37개의 국제기구가 협력해서 최첨단 과학과 예술 그리고 세계의 자연을 소개하고 있었다.

이때 케이와 요부코는 아침 일찍 만국박람회에 갔다. 학교라는 좁은 세상밖에 모르던 그들에게 그것은 너무나 큰 자극이었다. 어느새 하루가 지나 늦은 오후가 되었다. 당시 둘은 영어회화학원에 다니고 있어서 박람회에서 바로 학원으로 갈 생각이었다. 그런데 만국박람회에 정신을 쏟다 보니 중간에 자리를 뜨고 싶지 않았다. 그래서 둘은 각자 자신의 어머니에게 전화로 학원을 쉬겠다고 연락했다. 그때 요부코의 어머니는 그러라고 허락을 했는데, 케이의 어머니는 달랐다. 학원에 꼭 가야 한다는 어머니 말씀에 케이는 서로 떨어지기가 싫어 요부코와 학원에 같이 가게 되었다.

그런데 요부코에게 충격적이었던 것은 꿈과 같은 만국박람회에서 현실로 돌아간 것이 아니었다. 그것은 바로 그날 밤 케이가 집으로 돌아가 어머니로부터 들은 이야기였다.

"이시야마石山(요부코의 이전 성)는 유혹에 빠지기 쉬운 아이다. 같이 어울리다가는 너도 잘못될 수 있으니 앞으로는 이시야마와 놀지 말아라."

그 후부터 둘은 조금 멀어지게 되었다. 그러나 처음부터 서로 마음이 맞을 정도로 좋은 사이여서 둘은 얼마 안 가 다시 어울렸는데, 이런 일로 요부코는 케이가 학교에서뿐만 아니라 집에서도 자유롭지 않다고 생각하게 되었다.

그러던 어느 날 도서실에서 요부코는 케이에게서 책 한 권을 추천받았다. 그 책은 아스트리드 린드그렌Astrid Lindgren[16]의 동화 『말괄량이 삐삐』였다. 어릴 때 이야기이다 보니 아직까지 기억에 남는 것은 별로 없지만, 요부코가 그 책을 잊지 않고 있는 것은 그 내용이 케이가 살아온 것과 비슷했기 때문이었다. 부모를 잃은 아홉 살 소녀 삐삐가 자유분방하게 살아가는 이야기를 다룬 책인데, 몸가짐은 얌전하지 않지만 굳세고 밝은 주인공이 모든 것을 버리고 모험의 길을 떠난다는 이야기가 어딘가 모르게 케이를 떠올리게 한 것이다.

초등학교 시절의 케이는 그 책 속에 빠져들어 언젠가는 자기도 넓은 세상으로 모험을 찾아 떠나고 싶다고 생각했을 것 같았다.

그 무렵 동생 하야토隼도 미하엘 엔데Michael Ende[17]의 『끝없는 이야기』를 케이로부터 선물 받았다. 현실세계에서 구박만 받던 소년이 책과 만나 '하고 싶은 일을 하라'는 말에 힘을 얻고 모험의 세계로 나가는데, 그러면서 점점 원래의 현실세계를 잊어버린다는 이야기였다.

"두꺼운 책으로 당시 1학년이었던 나에게는 어려웠어요. 그래도 용기를 내서 끝까지 읽고 무척 마음에 들었었는데, 어쩌다 그 책이 없어지고 다시는 보이지 않았어요. 그런데 케이의 유품을 정리하던 중 그녀의 방에서 그 책을 찾았습니다. 누나는 처음부터 자신의 책이라고 생각했을 수도 있어요."

점심시간에 케이와 도서관에서 시간을 보내던 기자와木澤도 "하여간 책을 즐기던 애였어요." 하고 케이를 회상했다. 케이는 기자와의 집에서 마음에 드는 책이 눈에 띄면 '독서카드'를 만들고 빌려가곤 했다고 한다. 기자와와 요부코는 케이로부터 이런저런 책에서 그 내용의 감동적인 장면 이야기를 듣곤 했다. 케이는 언제나 자기들로서는 생각지도 못했던 관점으로 그 내용들을 파악하고 있었다. 그러한 케이가 학교에서 쓴 시라든가 공작물 그리고 그림은 누구의 작품과도 다른 독특한 것이었다. 그 상상력은 책을 통해서 길러진 것 같았다.

언젠가 기자와는 노란 가죽 천으로 만든 작은 주머니를 케이로부터 하나 얻었다. 회색빛의 개미가 새겨져 있었고, 나팔 액

세서리가 달려 있었다. 나팔을 달아준 것은 기자와가 학교에서 나팔을 불었기 때문이었다. 바느질 솜씨가 치밀했으며 제법 시간이 걸린 그런 물건이었다.

학급에서 그다지 눈에 띄지는 않았으나 케이의 존재는 요부코와 기자와의 학교생활을 더욱 빛나게 해주었던 것이 틀림없었다.

학교에서 반은 달랐으나 구니베 리에國部りえ는 케이에게 유일한 1군 친구였다. 그녀와는 집이 옆이어서 유치원 시절부터 친구였다.

"케이는 놀고 나면 바로 집에 가서 책을 읽곤 했어요."

구니베는 요부코나 기자와와 같이 책을 좋아하던 케이의 에피소드를 이야기했다. 그런데 그런 어려서의 이야기에는 요부코의 주장과 다른 데도 있었다.

"처음 유치원에서 만났을 때는 아주 괄괄하고 말괄량이였어요."

케이가 구니베의 옆집으로 이사 왔을 때는 네 살이었는데, 그때까지 케이는 1년간 아버지를 따라 미국에 가 있었다. 케이는 앞으로 호주에서 살고 싶다며, 코알라를 데리고 놀고 싶다고도 했다. 구니베로서는 생각한 적도 없는 꿈같은 이야기였다.

당시 구니베의 집은 뜰이 넓었고, 할아버지가 취미로 염소와 공작새를 기르고 있었다. 그래서 이런 가축과 놀고 나무에 오르기도 하며 둘은 잘 어울렸다. 뜰의 한쪽은 데가누마手賀沼 호수공원 방향으로 절벽인 데가 있어서 놀기에 위험한 점도 있었다. 두 집은 가운데가 공터여서 거기를 실로 연결해서 전화놀이도 했다. 고학년 때와 달리 어릴 때의 케이는 배짱이 있었고 천진난만했다. 구니베가 놀자고 한 약속을 지키지 않으면 전화로 "거짓말쟁이!"라고 쏘아붙이고 전화기를 내던지기도 했다.

초등학교에 들어가서부터 둘은 줄넘기와 조깅 같은 것을 했다. 케이는 처음부터 운동이 싫었던 것은 아니었다.

"그 무렵 케이는 정말 잘 놀았어요. 우리 둘은 말괄량이였으니까요. 그러던 케이였는데 어느새 얌전해졌어요."

멋을 부리고 활발한 구니베는 학급의 인기를 독차지하고 친구들이 늘어났는데, 케이는 3학년에 올라가면서부터 자기와 뜻이 맞는 친구들하고만 어울리게 되었다.

구니베와 케이는 같은 피아노 교실에도 다녔다. 발표회 때에는 둘이 비슷한 옷차림으로 단상에 서기도 했다. 그런데 원래 케이는 연습 때부터 별로 마음이 없다 보니, 케이가 할 것을 구니베가 먼저 하기도 했다. 5학년 여름방학에는 둘이 YMCA 캠프에도 같이 갔는데, 그때 케이가 어떻게 지냈는지 구니베의 기억에는 없었다.

"케이는 초등학교 고학년이 되면서 나와는 다른 것을 보게 됐던 것 같아요. 자기가 하고 싶은 것을 하고 있었는지 모르죠. 나는 그저 멍청한 보통 애가 되고…. 케이는 자기의 갈 길을 생각하며 책을 읽어도 그 속에서 자기와 같은 그런 사람을 찾고 있었던 게 아닌가 싶어요."

케이는 얌전해졌지만 여름방학에 구니베와 만나면 오랜만에 신나게 이야기하기도 했다. 아버지와 산에 갔던 이야기였다.

"구름이 손에 잡힐 듯한 곳까지 높이 올라갔어. 조금만 더 오르면 말이야."

케이는 그렇게 발랄했다. 그때까지 산에 오른 적이 없던 구니베로서는 케이가 어째서 그토록 즐거워하는지 그 이유를 이해할 수가 없었다.

홈 메이킹부

케이는 적극적으로 자기가 하고 싶은 것을 찾는 편인데, 그녀가 들어간 중학교는 그런 개성을 받아들이는 학교가 아니었다.

교정에는 큰 돌에 '忍耐인내'라는 두 글자가 딱딱한 필치로 적혀 있었다. 남학생은 머리를 빡빡 깎았고, 여학생은 앞머리가 눈썹까지 내려와서는 안 되었다. 양말도 치마의 길이도 엄격하게 정해져 있었으며, 매일 아침 교문에서 교사가 그것을 체크하고 있었다.

그런 학교에서 케이와 구니베는 수예부에 들어갔는데, 실은 수예보다는 요리를 더 좋아했다. 그런데 그 수예부가 어느새 '홈 메이킹부'로 이름이 바뀌었다. 그러자 케이는 요부코에게 이렇게 말했다.

"홈 메이킹이라면 요리도 하게 되겠지."

그런데 그토록 규율이 엄격한 중학교에서 왜 특별활동부의 이름을 외래어인 홈 메이킹으로 하고 활동 내용까지 바꾸었을까? 농구부에 들어간 요부코는 그것이 이상했다. 다만 요부코로서는 케이가 홈 메이킹부의 활동에서 친구들과 즐거운 시간을 보낼 것으로 생각하고 있었다.

그런데 사실은 그렇지 않았다. 구니베의 말로는 1학년이 10명도 안 되는 작은 부에서도 케이는 눈에 띄지 않았다. 세월이 흘러, 같은 부에 있는 동급생으로 케이가 부의 활동을 한 것을 완전히 잊고 있는 사람이 있을 정도였다. 부의 이름이 바뀐 것은 참신한 발상을 가진 담임선생의 힘이 작용했던 것 같다.

"그런데 케이는 그 선생을 좋아하지 않았어요. 늘 늦게 와서 자기 일만 하고 있는 것 같은 분위기고, 서로 떠들고 있던 우리와는 거리가 있었답니다."

한번은 요부코가 케이가 재봉한 스커트를 받은 적이 있었는데, 디자인이 독특했다. 아이들이 휴일에는 당시 유행한 아이돌 idol 흉내를 낸 옷을 입었지만, 요부코는 케이가 준 치마를 좋아했다. 밸런타인데이에는 쿠키를 구워주기도 했는데, 그 맛은 전문 케이크점 것보다 좋았다.

그 무렵 패션에 눈을 뜨고 있던 구니베는 머리에 스트레이트 파마를 했다. 이것을 자랑했더니 케이는 신통한 반응을 보이지 않았다. 케이는 어렸을 때 구니베의 머리 스타일을 언제나 예쁘다고 했었기 때문에 요부코는 이렇게 달라진 케이를 이상하게 느끼지 않을 수 없었다.

쓰쿠바 만국박람회가 있고 나서 요부코는 케이를 따라 에코스ECHOES[18] 라이브 공연에 갔다. 요부코로서는 전혀 모르는 밴

드였는데, 케이는 에코스를 무척 좋아했다. 에코스의 히트곡인 〈무서운 아이들〉도 그 열기에 찬 공연장에서 선보였는데, 그 산문적인 가사에는 '바리케이트Barricade'나 '클로젯Klosett' 같은 당시 학교의 통제에 대한 은근한 야유의 말들이 들어가 있었다.

요부코는 당시를 이렇게 회상했다.

"케이에게는 지금의 자기가 아닌, 보다 자유로운 자아自我를 갖고 싶다는 간절한 소망이 있었던 것 같아요."

2008년 카메트 등반으로 황금피켈상을 받았을 때 케이는 많은 잡지와 신문에 소개됐다. 요부코는 고향 사람들이나 미용실 손님들에게 그것을 보여주었다. 그런데 큰 관심을 보이는 사람은 별로 없었다.

그 기사에는 케이가 이 지역에서 자랐다는 이야기가 빠져 있는 데다가, 다른 많은 기사에도 그저 와카야마和歌山 태생이라고만 나와 있었다. 케이는 고향 아비코我孫子에 대한 이야기를 의도적으로 숨기고 있었다. 이것은 어머니에 대한 반항이랄까, 부모에게 의지하지 않고 어디까지나 자기 힘으로 할 수 있다는 생각에서 비롯된 것이 아닌가 싶었다. 그런 마음을 케이는 대학을 나온 뒤에도 굳게 가지고 있었던 것 같았다.

"아비코 출신이라고 했으면 고향 사람들도 기뻐했을 텐데, 아무도 모르니 서운했어요."

구니베는 어른이 되고 나서 한동안 케이와 소원한 사이가 되었는데, 어느 날 페이스북을 통해 연락이 왔다. 히말라야의 베이스캠프에서 모차르트의 〈터키행진곡〉을 듣고 있다는 것이었다. 그 곡은 초등학교 시절 구니베가 피아노 발표회 때 연주한 곡이었다. 이후 여러 차례 메시지를 서로 주고받다가 구니베는 케이에게 고향 이야기를 해주고 싶다는 생각을 하기도 했다. 그런데 요코하마 한가운데서 어린애를 돌보고 있는 구니베에게 케이의 고향인 아비코는 그리 쉽게 갈 수 있는 곳이 아니었다. 뿐만 아니라 케이는 고향에 자주 오지도 않았는데, 끝내 홋카이도에서 사라지고 말았다.

"중학교 시절, 케이는 주위의 관심 밖에 멀리 있는 존재가 아니었습니다. 다만 번데기같이 겉돌았을 뿐이었죠. 나야말로 아무도 쳐다보지 않았지만 케이는 제법 강했어요. 그녀는 번데기가 껍질을 뚫고 나와 넓은 세상으로 날아가는 듯했죠. 유치원에서 케이는 언제나 새로운 장난을 찾아 혼자 즐기곤 했습니다. 그래서 나는 히말라야에서도 케이 같으면 무언가 남다르게 활동하리라 믿었고, 아무런 걱정도 하지 않고 그저 안심하고 있었어요."

케이가 죽은 후 구니베는 애들을 데리고 주말 캠프 같은 짧은 나들이를 하게 되었다고 한다. 요코하마와 같은 대도시에 살며, 자연과 거리가 있는 생활을 하고 있는 구니베가 인터뷰에서 캠프 이야기를 하는 것이 나에게는 의외였다. 어째서 느닷없이 그런 나들이를 하게 되었는가 묻자 구니베는 이렇게 말했다.

"지금까지는 산이나 바다는 갈 곳이 아니라고 생각했는데, 케이의 히말라야 이야기를 듣고 나니 어디나 같은 지구인데 즐기지 않으면 그만큼 손해라는 생각이 들었어요."

바다와 멀리 떨어진 산에서 자다가 바다에 해가 떠오르는 것을 보았을 때나, 사람이 없는 바닷가를 드라이브 할 때 구니베는 이런 생각을 했다고 한다.

"사람은 못 갈 데가 없지요. 여기 아니고 다른 데서도 살 수 있다고까지 생각했어요. 그동안은 지금처럼 살면서 중간 정도만 유지하면 된다고 생각했는데, 이건 아니라고 깨닫게 되었어요. 자기만의 세상을 찾아가고 있던 케이야말로 정말 누구보다도 강한 인간이었어요. 이제 캠핑을 하고 있으면 대화를 나누고 싶은 사람이 케이밖에 없지 않은가 할 정도인데, 그런 케이가 없으니…. 만일 살아 있어서 같이 캠핑이나 나들이를 할 수 있으면 얼마나 좋았을까요."

제5장

극한의 벽에서
8,000미터 봉우리로

드래곤 리지

골든피크 등반 이후인 2005년, 33세의 다니구치 케이와 26세의 히라이데 카즈야는 다시 히말라야로 갔다.

베테랑 클라이머로부터 "너희들의 계획은 절대로 무리다."라고 여러 차례 우려의 말을 들었는데, 그들의 계획은 인도의 강고트리 산군에 있는 시블링Shivling(6,543m)[19]을 북벽 신루트로 노린다는 야심찬 것이었다. 그렇다고 그들이 신루트를 하려고 처음부터 철저한 계획을 세웠던 것도 아니었다.

"인도의 시블링 같은 데는 어때요?"

히라이데가 지나가는 말로 이렇게 말한 것이 시작이었다. 그런데 케이는 『히말라야 알파인스타일』[20](산과계곡사, 1996)이라는 번역서를 통해 그 산에 대해 이미 알고 있었다.

케이는 바로 답변을 보냈다.

"『히말라야 알파인스타일』에 나오는 시블링이네. 그 산이라면 한 번 가보고 싶다."

둘이 목표로 한 것은 그 북벽으로, 수년 전 독일의 일류 클라이머인 토마스 후버Thomas Huber[21]가 초등하면서 알려졌다. 히라이데와 케이는 후버와는 다른 루트를 가려고 했는데, 북벽은 어디나 어렵다는 생각이 들었다. 이러한 이야기를 들은 일본의 등산가들은 모두 그들의 계획이 무모하다고 보았다.

"케이는 여러 방면에서 이야기를 듣고 있었던 것 같은데, 나보고 직접 무모하다고 한 사람은 별로 없었어요. 선배들이 문제시하고 있는 것은 알았지만, 그들은 우리가 단계를 밟지 않고 그저 경솔하게 산을 생각하고 있는 줄 알았던 것 같아요."

그런데 히라이데는 실제로 그렇게 가벼운 마음을 갖고 있지 않았을까.

"바로 그 전해에 7,000미터급인 골든피크를 올랐기 때문에 6,000미터급의 라일라피크를 오를 수가 있었어요. 그와 같이 다음 해에도 6,000미터의 시블링을 오르는 데 7,000미터에 대한 고소순응이 필요하다고 생각했습니다. 그리고 실제로 시블링 등반 직전에 7,000미터급인 무즈타그아타에 갔어요. 거기를 베리에이션 루트로 오르는 데 성공했습니다. 그리고 바로 이어진 6,000미터의 시블링은 라인이 어려워도 가능하리라고 생각했지요. 말하자면 우리는 이것이 단계를 밟는 것이 아닌가, 했답니다."

그렇긴 하지만 그래도 불안하지 않았는지 물었더니, 그 점을 해소시켜준 것이 케이였다고 히라이데는 당시를 회상했다.

"케이는 언제나 그런 것은 해보기 전에는 모른다는 태도였습

니다. 가지도 않고 기권하는 것보다 가서 자기 힘으로 할 수 있
겠는가 판단하면 된다는 거죠. 이런 사고방식을 케이가 나에게
가르쳐준 것 같아요. 실력이 붙어서 가느니, 우선 가서 어디까
지 가능한지 해보면 된다, 케이는 언제나 그런 식이었습니다."

그렇기는 한데 시블링 벽은 일단 붙고 나면 오르기도 후퇴하
기도 쉽지 않다. 다시 말해서 그 벽은 '시험'해보는 데가 아니고
처음부터 생명을 걸고 붙는 곳이 아닐까?

"그래서 우리가 그렇게 고생하고 동상에 걸렸던 것이죠. 기
분 내고 달라붙었다가. 지금 생각하니 등반기술이 부족했던 것
같습니다. 동상에 걸려 내려와서야 역시 무모했다는 것을 알았
어요."

2005년 여름 히라이데와 케이는 사토 요시유키佐藤佳幸와 하야
시 츠바사林翼 두 친구를 데리고 중국의 신장 위구르 자치구에
있는 무즈타그아타(7,546m)에 갔다. 6,000미터 봉우리인 시블
링을 시등하기 위해 예정대로 7,000미터 봉우리에 오르기로
했던 것이다. 히라이데는 당연히 고소순응 계획을 이야기했는
데, 목적하고 있는 산보다 높은 산을 고소순응을 위해 오른다는
방법은 일반적인 것이 아니고, 거의 그가 창조하다시피 한 작전
이었다.

무즈타그아타 바로 앞에 중국 서쪽 끝에 있는 신비의 호수 카
라쿨Karakul이 있다. 초목이 없는 황량한 바위사막지대에 깊고
푸른 넓은 호수인데, 여기를 지나면 각국의 원정대가 모이는 베

이스캠프가 있다.

　히라에데와 케이는 이 산의 베리에이션 루트인 드래곤 리지 Dragon Ridge(동릉)를 목표로 하고 있었으며, 우선 일반 루트로 사토와 하야시 두 사람과 같이 오를 계획이었다. 그런데 고산병으로 몸 상태가 좋지 않아, 사토와 하야시는 최종 캠프 부근에서 하산하고, 히라이데와 케이도 정상을 코앞에 두고 화이트아웃으로 후퇴하게 되었다.

　그들이 베이스캠프에 돌아오자 다음 날 날씨가 청명해졌다. 그리고 그날 독일 등반대가 스키로 불과 10시간 40분이라는 놀라운 시간에 베이스캠프에서 정상까지 왕복했다. 이것을 보고 케이는 너무 놀라 일기에 다음과 같이 썼다.

　설마 이렇게 오르내리리라고는 미처 생각하지 못했는데, 베이스 캠프로 달리다시피 셋이 내려오는 것을 보고 그들 몸에서 100퍼센트 인간이 뿜어내는 광채를 느꼈다. 그야말로 믿어지지 않는 기록이었다. 우리는 오르지도 못했는데, 그저 존경스러웠다. 그들이 내려왔을 때 나는 그들의 표정에 반했다. 더도 말고 덜도 말고 멋졌다. 그 순간 세상 그 누구보다도 멋있었다. 또한 그들로부터 큰 용기를 얻게 되어 고마웠다. 나 혼자 초라하게 있을 수는 없지 않은가. 어떤 일이 있더라도 우리는 올라야 한다. 우리는 우리답게 올라야겠다.

　이밖에 스페인 등반대 아홉 명도 등정을 하고 내려왔다. 이 서릉이라는 일반 루트의 국제 캠프 같은 곳에 와보고 나는 의외로 많은 것을 배웠다. 인종도 인종이고, 스타일도 목적도 모두 제각각 인데, 그들은 그들대로 도전이 있었다. 그중 어느 것이 대단하다고 할 것도 없으며, 자기 식으로 도전하고 성공하는 것이 제일 멋지다. 게다가 조난자까지 3캠프로 끌어내린 것은 독일 등반대였다. 그러니 그들이 더욱 돋보였다. 그들을 보니 자기 생각만 하는 슈퍼맨이 아니고 제대로 여유를 가지고 자기와 싸우고 있구나 하는 생각까지 들었다. 나도 이런 인간이 되어야겠다.

국내에서는 물론이고 세계 여기저기에서 이런 멋진 생명체들과 마주칠 때마다 나는 감동했다. 그래서 내가 여행을 즐기는지도 모르겠다. 이런 사람들로부터 무엇인가 내 것으로 얻으려고 나는 이렇게 나돌아다니는지도 모른다.

며칠 뒤 케이는 히라이데와 함께 드래곤 리지로 갔다. 노말 코스와 달리, 거기에는 사람의 흔적이 전혀 없었다. 티베트 끝자락에 있는 산중의 오지였다.

"어때요? 동릉에서 겁나지 않았어요?"

이렇게 묻는 히라이데에게 케이의 대답은 간단했다.

"너도 무서웠어? 나도."

케이의 일기를 보자.

무섭냐고 히라이데가 물었는데 내 가슴은 그저 두근두근 뛰었다. 이렇게 단단히 마음을 굳히고 준비하는 것을 나는 좋아한다. 끝까

능선 끝에서부터 오르기 시작하자 이틀 만에 간신히 그 능선 끝이 바라다보이는 데까지 왔다. 능선은 마치 용의 등처럼 구불구불 오르내리고 있었다. 그야말로 드래곤 리지라는 이름 그대로다. 그리고 그 끝은 푸른 하늘에 빨려든 듯이 끝나고 있었다.

"혹시 저기가 정상? 갈 수 있었는데, 가고 말아야지!"

들뜬 어조로 케이는 말했다.

다음 날 그들은 리지에 달라붙었는데, 멀리서는 보이지 않았다. 조그마한 업·다운이 이어지고, 아무리 가도 높아지는 것 같지 않았다. 결국 정상에 선 것은 5일째가 되어서였다. 동릉 초등에 9일이나 걸린 것이다. 그래도 미국 등반대를 생각하면 빠른 편이었다.

하산 후 두 사람은 그것으로 만족감에 잠길 틈이 없었다. 이어서 시블링 북벽이 기다리고 있었기 때문이다.

극한의 시블링

케이와 히라이데 두 사람은 언제 흙더미가 무너져 차가 계곡으로 떨어질지 모르는 그런 험로를 통해 인도의 강고트리 Gangotri(6,672m)로 향했다. 비행기를 이용하지 않은 것은 육로로 가면 사람들의 생활상을 볼 수가 있었기 때문이다. 그리하여 강고트리에서 이틀째 되는 날 비로소 시블링이 보이는 데까지 갔다. 그곳은 갠지스강(2,491km) 원류 지방으로 세상과 떨어진 오지였다. 케이는 시블링이 눈에 들어왔을 때를 일기에 다음과 같이 적었다.

조용하고 멋진 곳이다. 차를 마시고 시블링이 보이는 데까지 걸어 갔다. 구름 속에서 시블링의 모습이 나타났는데, 그것은 뾰족한 모습이었다. 보면 볼수록 겁이 난다.

케이의 '겁이 난다'는 말에는 언제나 부드러운 맛이 있었다. 그리고 그녀는 산만 보고 있지 않았다.

우리는 한가로이 산을 바라보며 걸었다. 구름 한 점 없는 하늘에
시블링이 빛나고 있었다. 우리는 고무크Gaumukh[22]에서 잠시 쉬며
성스러운 갠지스강이 흐르기 시작하는 빙하의 말단을 보러 갔다.
강의 시발점이다. 세상에서 모든 시작은 볼 만하다. 생명의 시작,
사랑이 싹트는 순간, 분수령 등등….

베이스캠프를 세우고 두 사람은 주변 산에서 고소순응을 하며,
위압적인 시블링 북벽을 자세히 관찰했다. 케이는 히라이데에
게 슬쩍 이렇게 말을 던졌다.

"산이 친구가 되어줄 때 오르자."

주변의 산을 오르고, 보는 각도를 바꾸면서 벽의 구체적 모습
이 눈에 들어왔다. 그저 위압적이기만 하던 벽이 조금씩 두 사
람이 오를 수 있는 라인을 보여주었다.

케이는 혼자서도 정찰을 하며 집중력을 높여갔다. 어느 날
오른 곳이 베이비 시블링이라는 표고 5,500미터의 봉우리였
다. 그녀는 그곳에 텐트를 쳤다.

무서울 정도로 가파른 사면의 콜이다. 주위는 겁나는 암벽이지만,
멀리멀리 흰 봉우리들이 이어지는 불가사의한 세계였다. 눈사태
와 빙하가 붕괴되는 소리를 들으며 잠을 청했다. 무서우면서도 행
복했다. 아무도 없는 나 혼자만의 세계이자 동시에 지구에 던져져

있다고 느껴지는 그런 순간이었다.

다음 날은 베이비 시블링 정상에 올랐더니 바로 정면에 시블링이 있었다.

> 벽이 너무 가까이 있어서 무섭다. 북벽은 햇빛이 닿지 않아 더욱 겁이 났다. 오를 벽을 보고 또 보는데 볼수록 무서웠다.

끝은 마음을 결정하는 글귀였다.

> 우리는 오른다. 시작하면 다시 한다는 일은 있을 수 없다. 앞으로 나갈 따름이다. 그러면 못 오를 데가 없다.

베이스캠프에 돌아와 공격까지 3일간 쉬기로 했다. "너희들의 그 등반은 절대로 무리다."라고 하던 선배들의 말이 이따금 두 사람의 머리를 스쳤다. 그러나 그 벽을 바라볼수록 그 등반이 그토록 무모하다는 생각은 점차 사라졌다. 날씨가 좋아지면서, 벽에서 눈이 떨어지고 산이 그들을 받아들이려는 듯이 보였다.

그러나 시블링의 벽은 역시 세계 정상급 클라이머들이 꿈꾸는 벽이다. '붙어보기 전에는 모른다'라는 것이 케이의 신조인데, 그녀는 이제 산이 친구가 되었다고는 하지만, 그것은 너무나 감성적이었다. 객관적으로 자기 자신들의 등반 등급이나 경험 등은 돌아보지 않았을지도 모른다.

"경험이라면 케이에게는 어드벤처 레이스가 가장 큰 것이었다고 생각돼요."

히라이데는 말했다.

"어드벤처 레이스는 불가능하다고 느껴지는 곳을 넘고 또 넘어가지요. 그렇게 적극적으로 대하지 않고서는 불가능한 세계라고 생각합니다. 그런 레이스에서 자기를 극복해왔기 때문에 케이는 산에서도 더욱 적극적으로 행동하게 되었을 겁니다."

만약 히라이데가 케이의 파트너가 아니었다면 시블링에 도전하지 않았을까?

"글쎄요. 시블링만이 아니라 그 후 다른 산도 그래요. 나는 시블링의 베이스캠프에서 마음이 약해졌어요. 어쩌다 세계 톱 클라이머들이나 오는 그런 곳에 오게 됐는데, 이래도 괜찮을까. 그래도 케이는 여전히 해보기 전에는 모른다는 자세였어요. 그래서 우리는 베이스캠프를 떠났던 것입니다."

등반 전에 케이는 오직 '자기와 산'이라는 것만 생각하고 있었다. 남이 뭐라고 하든, 벽의 난이도야 어떻든 그런 것에는 조금도 개의치 않았다. '내가 하고 싶으니 한다', '해보기 전에는 모른다'와 같은 이런 시원시원한 감성은 일반 등산가들의 영감에 자극을 주었다.

대개의 사람들은 산을 깊이 보지 않고 '저 사람이 오르지 못했으니까', '내 등반은 이 정도 수준이니까'와 같은 식으로 생각하는 것이 보통이다. 뿐만 아니라 학력이나 소속 단체에 신경을 쓰기도 한다. 산에서도 사회에서도 남의 이목과 사회적 지위 등을 신경 쓰면서, 자기가 하고 싶은 일을 다 하지 못하는 것이 일반적이다.

그런 일반적인 풍조와 달리 케이는 언제나 '해보기 전에는 모른다'라는 자세를 견지했다. 그래서 히라이데는 케이를 존경했다. 한편 케이도 히라이데의 소소한 이야기에서조차 용기를 얻기도 했다. 공격 전날 일기에는 이렇게 쓰여 있었다.

오후 여러 차례 벽을 보고 또 보았다. 이러고 있노라면 벽과의 거리가 가까워지는 느낌이다. 이런 시간이 좋다. 서로 통하는 것 같으니, 내일은 드디어 해보겠다는 히라이데의 말에 이의가 없다.

2005년 10월 9일, 날이 밝아올 무렵 등반을 시작했다. 짐을 최소한으로 줄여, 1인당 10킬로그램이 넘지 않게 했다. 첫 설벽은 빠르게 올라갔는데, 위로 가면서 속도가 줄었다. 바위의 눈을 하나하나 치우면서 암각에 피켈을 걸고 올라야 했다. 그날은 깔때기 모양을 한 삼각 설전雪田 하단부까지 오르고, 험준한 벽에 텐트를 쳤지만 반은 공중에 뜨다시피 했다.

밤에 한잠도 자지 못한 것은 텐트가 불안해서만은 아니었다. 짐을 줄이다 보니 침낭과 매트리스를 안 가져와서, 침낭커버뿐이었다. 그것의 소재 또한 얄팍한 나일론이어서 따뜻할 리가 없어, 잠자리가 추울 수밖에 없었다. 그러나 이것은 그 험한 벽을 해내기 위해서 감수해야 할 시련이었다.

이틀째 빙설 사면에 붙었는데, 경사는 누그러지지 않고 계속 매우 가팔랐다. 햇빛이 들지 않기 때문에 북벽의 얼음은 굳었고, 크램폰이 잘 먹지 않았다. 두 사람은 이런 조건에서도 낙담하지 않고 고도를 높였다. 그리고 그날 밤은 전날보다 더 험준한 벽에서 바위에 텐트를 매달고, 몸은 하네스(안전벨트)에 매단 채 고통 속에 시간을 보내야 했다. 침낭이 없으니 발끝이 더욱 얼어 왔다.

셋째 날은 믹스mix 지대였다. 조금 튀어나온 바위에 간신히 크램폰을 걸고 넘어서며 나아갔다. 그런 다음 4피치에서 벽을 빠져나와 북서릉으로 올라섰다.

"해가 비친다."

북벽에 붙어서 처음으로 햇살이 케이의 얼굴을 비쳤다.

"정상이 가까워."

히라이데와 케이는 서로 이렇게 말을 했다. 그런데 그것은 착각이었다. 거기서부터도 걱정스러운 능선이 이어지고 있었다. 로프를 풀 수가 없었다. 두 사람은 지칠 대로 지쳐서, 비교적 편편한 곳이 나오자 그곳에 텐트를 치기로 했다.

날씨는 어떻게 될까? 우리는 정상까지 갈 수 있을까? 그러다가 하산도 어렵지 않을까? 그러나 이 북벽을 우리 루트로 오른 것이 무엇보다도 기쁘다. 힘도 많이 들었고 시간도 걸렸으나 새로운 도전을 해냈으니 그저 즐겁다. 역시 하면 할 수가 있다.

케이의 당시 일기다.

다음 날 아침은 경사 60도의 설벽을 피켈 두 개로 출발했다. 출발 전에 피로가 누적되어 몸이 납덩어리처럼 무거웠다. 몸놀림이 느리고 정상이 가까워지지 않았다.

"저기가 정상이 틀림없나?"

두 사람은 그러면서 앞으로 나아갔다. 그러자 드디어 정상에 올라서게 되었다.

"대단하네. 주변의 산들이 모두 뾰족해."

케이가 말했다.

"시블링도 뾰족해요."

히라이데가 대꾸했다.

"탈레이사가르Thalay Sagar도 보인다! 정상은 역시 언제 와도 오길 잘했다는 생각이야."

"북벽은 어땠어요?" 히라이데가 묻자 케이는 울먹거리며 이렇게 말했다.

"북벽은… 나 같은 사람은 오르지 못할 거라는 말을 들었지. 그러니 오르지 못할 것 같았고, 죽을지도 모른다고 일본을 떠날 때 생각했어…. 그렇지만 보기만 해도 좋고, 나니까 해낼 수 있지 않을까 하고 마음을 다잡았는데, 북벽을 직접 보고 나니 확실히 오를 수 있겠다는 마음이 들더라고. 혹시 한스 카머란더 Hans Kammerlander나 토마스 후버Thomas Huber가 오른 그런 루트는 못 올라도 우리니까 오를 수 있는 루트도 있지 않을까 했어. 사실 붙어보니 쉽지 않았지만, 최선을 다했다고 봐. 그래 북벽은 정말 최고였어. 시블링도 최고인데, 같이 오르게 됐으니 정말 감사할 따름이지."

하강은 아주 힘들었다. 한 사람을 로프로 내리고, 다른 사람은 피켈과 크램폰으로 내려가야 했다. 당시 그들은 브이-스레드V-thread라는 효율적인 하강기술을 모르고 있었다.

텐트로 돌아온 것이 오후 3시였다. 그 밑으로 부서지기 쉬운 세락지대가 있어서 거기를 기온이 낮은 이른 시간에 통과하려고, 베이스캠프는 다음날 내려가기로 했다. 그러다 보니 식량과 연료가 바닥나고 없었다. 결국 그들은 아무것도 먹지 못한 채 출발하여 공복과 피로로 판단력이 흐려졌다. 자칫하면 언제 추락할지 모르는 상황이어서 극도로 신경이 쓰였다. 하여간 그러면서 벽을 내려오자 긴장이 풀리면서 여러 번 넘어지며 간신히 베이스캠프까지 걸어갔다.

당시의 사진을 보면, 그들은 굽은 허리가 마치 물을 짜낸 걸레조각 같은 모습이었다. 그러나 눈만은 여전히 살아 있었다.

다음 날 히라이데는 발가락에 이상이 있는 것을 느꼈다. 거무스름하게 부어오르는 심한 동상이었다. 그를 포터가 등에 업고 먼저 하산했다. 그러나 결국 그는 발가락 네 개를 부분적으로 잃게 되었다. 케이는 동상은 면했지만 역시 심한 고통을 겪었다.

나리타 공항에서는 토비타 가즈오와 케이의 아버지 쇼부가 기다리고 있었다. 휠체어를 탄 히라이데는 병원으로 직행하고 케이도 다리를 절고 있었다. 아버지 쇼부는 시블링 등반이 어렵다는 것을 알고 원정 중 소식이 없어 걱정했는데, 하여간 두 사람을 공항에서 만나 무사히 돌아온 것을 기뻐했다.

그리고 수개월을 케이는 요양차 부모님 집에 머물렀다. 시블링 북벽에서 죽음에 임하는 듯한 체험을 했으나, 부모님 집에서도 케이는 산을 단념하는 기색이 전혀 없었다. 케이는 부모에게 시블링 등반에 대해 구체적인 이야기는 하지 않았지만, 그 벽을 오른 것으로 자신감이 생겼다고 여러 번 이야기했다. 아버지도 이제는 그런 위험한 등반은 그만하라는 식의 말은 한마디도 하지 않았다.

"옛날부터 내 말을 들은 적이 없었지. 아무리 반대해도 자기 마음대로 하던 애니까."

쇼부는 케이가 20대 때 다니가와다케谷川岳(1,977m) 동쪽 기슭에 있는 이치노쿠라사와—ノ倉沢[24] 등 일본에서 암벽등반을 시작할 때부터 앞으로 에베레스트나 히말라야의 벽 같은 위험한 곳으로 갈 것을 알고 있었다. 케이의 동생 하야토 역시 모험에 대한 견해가 명확했다.

"그것은 본인이 가치가 있다고 생각해서 하는 일이니, 우리로서는 이해하지 못해도, 그렇게 하면 된다고 생각했습니다."

케이가 집에서 요양하고 있을 때 동생은 해외여행 중이었다. 당시 그는 세계를 방랑하며 세월을 보내고 있었다.

"누나는 고등학교 때 유학을 했지만, 저는 고등학교를 졸업하고 나서야 인도 여행에 나섰습니다. 그때까지 일본에서 금지하고 있던 여행조건이 자유로워져 바로 해외로 나갔는데, 누나도 같은 기분이었을 겁니다. 저는 인도 여행에서 3년 만에 돌아왔고, 그 후에는 돈을 모아 수시로 해외에 나가곤 했어요."

여행에 여행을 이어가던 하야토는 이제 40대의 나이로 접어들었고, 집 근처에서 원예 일을 하고 있다. 그러나 흔히 볼 수 있는 원예가 아니고, 해마다 한 달은 해외를 다니며 채집한 식물을 일본에서 기르는 그런 특수한 원예이다.

"저도 제가 좋아하는 일을 하고 있으면서, 누나와 만났을 때 그것은 위험하니 하지 말라고 할 수가 없었어요. 큰 산에 오르고 상을 받았을 때도 누나는 누나답게 자기 하고 싶은 대로 하고 있구나 생각했을 뿐이었습니다."

자유로운 분위기 속에 살고 있는 하야토에게서 나는 케이의 모습이 오버랩 되었다. 동생은 누나에 대해 많은 말을 하지 않았지만, 케이가 했던 모험의 본질적인 부분을 누구보다도 잘 이해하고 있는 것 같았다.

동상으로 집에 있는 동안 케이는 친구의 집에 가거나 독서로 시간을 보냈다. 그렇게 잠깐 쉬는 사이, 노구치 겐으로부터 마나슬루 원정 이야기를 듣고 케이는 마음이 끌렸다. 그 이야기는 사실 에베레스트 청소 등반을 마치고 나서부터 있었다. 그러나 당시 케이는 가겠다고 하지 않았으며, 지금은 동상이 완치도 되지 않은 상태였다.

전화에서 케이는 쉽게 대답하지 못했다.

"이번에는 에베레스트 때와 같은 멤버로 갈 예정이야. 케이가 등반대장으로서 그들을 돌봐주었으면 좋겠어."

　노구치가 참가를 강하게 요구했다. 그러나 케이는 이 전화에 바로 대답하지 않았다. 그런데 그날 밤, 케이는 아버지에게 마나슬루에 가겠다고 했다. 아버지는 그때도 반대하지 않았다.

등정 50주년의 마나슬루

같은 세대의 등산 애호가와 마찬가지로 마나슬루(8,163m)는 케이의 아버지 쇼부에게도 특별한 산이었다.

제2차 세계대전 직후, 선진국들은 미답의 8천 미터급 고봉 초등을 국가적으로 노리고 있었다. 8천 미터급 고봉들이 하나하나 등정되고 있는 가운데, 일본은 마나슬루를 목표로 정했다. 1952년 이마니시 킨지今西錦司[25]에 의한 정찰을 시작으로 1953년과 1954년 두 번의 실패를 겪고, 1956년 마키 유코槇有恒가 인솔한 제3차 일본산악회 등반대가 마나슬루를 초등했다. 그해는 경제기획청이 경제백서에서 "이미 전후戰後가 아니다."라고 선언한 해이기도 했다. 일본의 경제부흥으로 사회 분위기가 날로 더욱 좋아질 때여서 마나슬루 초등은 큰 뉴스가 되었다. 당시 중학생이었던 쇼부도 극한의 8천 미터급 봉우리에 도전한 사나이들에게 관심을 갖고, 기념우표가 나오자 바로 사러 가기도 했다.

그로부터 세월이 흘러, 이제 노구치 등반대 차례가 온 2006년은 그 초등으로부터 바로 50주년이 되는 해였다.

"8천 미터급 고봉이라는 세계에 케이가 간다는 불안보다는 때가 되었다는 생각이 강했습니다. 마침내 노구치와 만나게 된 이후 그런 생각이 더욱 강하게 들었습니다."

쇼부는 동시에 지난날의 국가적 사업이 이번에는 노구치 등반대라는 개인의 일이 되는 시대의 변화를 새삼 느꼈다. 당시 마나슬루 초등대원인 마키 유코 등 등반대원들은 국가가 후원했던 엘리트들이었다.

그런데 사실 노구치는 '개인'이라기보다 '일본'이라는 생각에서 이 원정에 임하고 있었다. 그 동기는 지난날 4년에 걸친 에베레스트 청소 활동을 마치고, 카트만두에서 기자회견을 하는 곳에서 태동했다. 네팔인 기자가 물었다.

"겐 씨, 네팔에서는 마나슬루를 일본의 산이라고 하는 것을 알고 있습니까?"

마나슬루의 초등이 일본 원정대에 의해 이루어진 것은 물론 알고 있었다. 노구치의 마음을 흔든 것은 다음과 같은 기자의 말이었다.

"이 일본의 산이 오물로 몸살을 앓고 있어요. 일본인으로서 당신은 이 문제를 어떻게 보십니까?"

아버지가 외교관인 노구치는 미국 태생으로 어려서는 아랍에서 살았다. 그러다 보니 모국인 일본에 대한 애착이 강했다. 노구치는 '일본인으로서'라는 말에 민감하지 않을 수 없었다.

그때 노구치는 일본인으로서 마나슬루 정상부터 산록까지 쓰레기를 하나도 남김없이 치우겠다고 말했다. 실은 이때 내면에서 또 하나의 노구치가 냉정하게 "잠깐 기다려요. 에베레스트 쓰레기에도 넌더리가 났는데…."라고 속삭였지만 노구치는 단호하게 말을 이었다.

"에베레스트 청소로 키운 인재와 노하우가 제게는 있어요. 그러니 마나슬루의 쓰레기 회수는 문제가 없습니다."

그때 기자회견을 듣고 있던 케이가 쓴웃음을 지으며 말을 건넸다.

"어떻게 할 생각이에요? 그렇게 말했으니."

"그래, 케이. 마나슬루에서도 잘 부탁해요. 내게 생각이 있으니까."

노구치로부터 가볍게 대답이 돌아왔다. 그러나 느닷없이 꺼낸 마나슬루 청소 등반 이야기에 구체적인 계획이 있을 리가 없었다. 물론 케이도 노구치의 성격을 알다 보니 그때는 그것대로 넘어갔던 것이다.

그 후 노구치는 여러 차례 케이를 꼬드겼지만 번번이 실패했다. 당시 케이의 일기에는 이렇게 적혀 있었다.

마나슬루? 그 무서운 산에 가고 싶지 않다. 목숨이 아깝다. 마나슬루에서 상상되는 것은 눈사태가 그 유명한 고니시 마사쓰쿠小西政繼[26]를 삼켜버린 일이다. 노구치는 그 후로 여러 차례 이야기했으나, 모두 그 자리에서 거절했다. 아직 죽고 싶지 않으니까.

고니시 마사쓰쿠는 1960년~1970년대 산학동지회山學同志會라는 전위적인 산악회를 이끌던 인물로, 국내외 벽 등반에서 여러 모험적인 등반을 해낸 '철의 사나이'였다. 그 불굴의 사나이가 1996년 마나슬루에서 조난당했다. 케이는 그 일로 주저했던 것 같다.

그런데 노구치는 어떻게 해서라도 케이를 끌어들이고 싶었다. 일본의 산 마나슬루의 청소뿐만 아니라 이번에는 등정까지 생각하고 있었기 때문이다. 그래서 자기보다 등반기술이 앞선 케이의 참가는 불가피했다.

노구치에게는 케이를 끌어들일 묘안이 있었다. 그것은 셰르파를 에베레스트 청소대와 같은 멤버로 하는 것이었다. 케이는 에베레스트에서 셰르파들과 아주 친하게 웃으며 지냈다. 그런 그녀로서는 그 셰르파들과 다시 만나는 것을 반기지 않을 수가 없었다.

그런데 그렇게 믿던 셰르파들까지도 국제전화에서 노구치의 참가 요청을 거절했다.

"네팔 국내 사정이 아주 좋지 않으니 이런 때 청소활동 같은 것은 무리입니다."

당시 네팔은 왕실 내의 쿠데타와 네팔 공산당의 테러 등으로 사태가 험악했다.

노구치는 전화로 셰르파들을 설득했다. 낡은 체제가 무너지고 민주화가 시작될 때는 어느 나라든 한동안 혼란스럽다. 그 시기가 지나고 안정된 시대가 오면 환경 의식이 반드시 필요해지는데, 그래서 더욱 청소활동을 벌여야 한다고 그는 역설했다. 결국 에베레스트 때와 같은 셰르파들이 참가하게 되었고, 케이도 드디어 그 팀에 참가할 마음이 생겼다.

그러나 4월 상순 출발 직전까지 케이는 참가를 망설였다. 국내의 산에서 여러 차례 같이 행동했던 마쓰오 요스케松尾洋介가 3월에 다니가와다케에서 조난당한 것이 케이의 마나슬루 행에 제동을 걸었다.

그날 마쓰오는 사귀던 여성 클라이머와 다니가와다케에서 등반을 하고 있었다. 앞에 가던 마쓰오가 이치노쿠라사와一 /倉沢 인근의 얼어붙은 사면에서 추락했다. 뒤따르던 여성 클라이머가 바로 내려갔는데, 마쓰오는 그녀에게 안긴 채 숨을 거두었다. 당시 그의 나이 26세였다.

출국하는 날 탑승 시간이 다되어도 나리타 공항에 케이는 나타나지 않았다. 몸이 달아 기다리고 있는 노구치와 카메라맨 히라가 준平賀淳 앞에 시간이 임박해서 케이가 나타났다. 노구치가 이유를 묻자, 케이는 아침에 다니가와다케까지 다녀왔다며, 이치노쿠라사와 가까이까지 가서 맥주와 꽃을 올리고 왔다고 했다.

노구치는 케이를 원정에 데리고 가는 것이 갑자기 마음에 걸렸다. 그러나 베이스캠프에서 읽을 책을 아직 사지 못했다는 둥 케이의 말투에 안정감이 보여 겨우 안심이 되었다. 그들은 공항 내 서점에서 급히 문고판 책을 사들고 탑승 게이트로 달려갔다. 케이는 당시의 심정을 이렇게 적었다.

소중한 친구를 잃은 것이 지금까지 체험한 적 없는 공포로 내 마음에 다가왔다. 동시에 지난해 입은 발의 동상이 아직 낫지 않은 것이 마음에 걸렸다. 그러나 그런 이유로 마음 한구석에서 가지 말라는 말을 나는 듣지 않았다.

카트만두에 내리니 경계태세가 어마어마하고, 주민들의 외출은 금지되어 있었다. 거리는 총을 든 병사들의 모습이 보일 뿐 조용했다.

생소한 분위기였으나 그런 속에서 케이는 오히려 산에 대한 마음을 더욱 집중할 수 있었다.

천천히 타멜거리로 갔다. 그리고 트레킹 회사에서 셰르파들과도 만났다. 펨바 도르제와 만나는 것도 2년 만이다. 그동안 잘 지냈구나. 잘해보자!

기분은 그런데, 날씨예보는 지속적으로 나빠진다고 했다. 산록의 사마 마을에 도착하자 많은 눈이 내렸다. 몬순의 건기乾期를 노리고 왔는데, 이런 눈은 예상 밖이었다. 베이스캠프에서는 하루의 강설량이 50센티미터를 넘는 날도 있었다. 이런 상태에서는 쓰레기가 문제가 아니었다. 노구치가 이 부근에는 쓰레기가 있을 것이라고 해서 모두 출동했지만, "그 모습은 눈사태의 구조활동을 연상케 했다."

노구치는 훗날 그런 식으로 재미있게 보고서를 썼지만, 현장에서는 그런 농담이 나올 수가 없었다. 2시간도 넘게 파헤쳤는데, 초콜릿 포장지 하나가 나오기도 했다. 쓰레기는 있었겠지만 그것을 회수하는 것이 그렇게 마음대로 되지 않았다. 상황이 그렇다 보니 어쩌다가 셰르파들이 많은 쓰레기를 파냈을 때 그들은 마치 사막에서 우물을 파낸 듯이 기뻐했다고 노구치는 일기에 썼다.

그 무렵 일본에서는 여자 배우 와카무라 마유미若村麻由美가 후지산에서 청소활동을 벌이고 있었다. 이때 오키나와에서 홋카이도에 이르기까지 약 200명이 참가했는데, 마나슬루와 후지산 청소대는 위성으로 TV 중계를 하며 서로의 활동을 알렸다. 마나슬루의 쓰레기 청소는 지지부진했지만 후지산에서는 3톤 이상의 성과를 보였다. 후지산을 깨끗이 하고 싶다는 그들의 기백에 마나슬루의 노구치는 기가 죽다시피 했다.

그런데 케이에게는 그것이 조금도 압박으로 느껴지지 않았다. 쓰레기보다 네팔 사람들과의 교감과 활동이 무엇보다도 가치 있다는 생각을 가지고 있었기 때문에 케이는 쓰레기를 회수하며 즐거운 시간을 보내고 있었다. 이런 모습을 카메라맨 히라가는 열심히 촬영했다.

"나는 네팔 사람들이 굉장히 좋아요. 산에서 같이 지내며 그들이 무슨 생각을 하는지 서로 이야기를 나누는 것이 아주 즐거워요. 쓰레기를 치우고 환경 이야기를 하다 보면, 앞으로 자연과 지구에 이 문제가 어떠한 영향을 미치게 될지 자연스럽게 생각하게 돼요."

"그거야 기약 없는 이야기지."

케이의 말을 옆에서 듣고 있던 노구치가 한마디 했다. 당초 '청소'와 '등정' 두 가지를 염두에 두고 온 그로서는 청소 일로 머리가 아팠다. 그래서 노구치는 케이에게 자기는 정상 공격에서 빠지겠으니 셰르파들과 가라고 말했다. 그러자 케이가 대꾸했다.

"일본인이 아무도 가지 않는데 나 혼자 나서는 것이 무슨 의미가 있을까?"

"그러면 역할을 분담합시다. 청소와 등정으로. 내가 청소를 하고 케이 씨는 등정을 하면 되죠."

그러면서 노구치는 말을 이었다.

"이 등반대는 일본인 등반대인 동시에 네팔인 등반대이기도 해요. 그러니 정상에 두 나라의 깃발을 세우기 바랍니다."

케이는 이 말을 받아서 노구치의 블로그에 기록으로 남겼다.

―

나는 왜 이 산에 왔으며, 무엇 때문에 정상에 서려고 하는가. 그냥 좋아해서 오르는 것과는 다르다. 산은 누구와 어떤 스타일로 오르는가가 중요하다. 50년 전 일본이 처음 올랐을 때와 마찬가지로 마나슬루라는 아름다운 산의 그 정상에 나도 오르고 싶다. 8,163미터라는, 나에게는 아직 미지인 고도에 오르고 싶다. 펨바 도르제와 가지, 이 셰르파 친구들과 정상에 서고 싶다. 그들과 같이 간다면 오를 수 있을 것 같다. 출발 전 카메라맨 히라가 준이 등반에 대한 불안한 심정을 듣고 싶다고 했는데, 대답할 만한 불안이 없다. 이 산에 오기 전과 처음으로 이 산과 만났을 때는 불안감이 많았지만, 지금은 없다. 여느 때처럼 산이 서서히 다가오는 기분이어서 자연스럽게 정상으로 생각이 향하고 있다.

공격조는 펨바와 가지, 케이 이렇게 셋이 되었다. 그들은 공격 전에 베이스캠프에서 1,000미터 밑인 사마 마을로 내려가 휴식을 취하기로 했다. 마을 사람들은 이 좋지 않은 날씨에 등정을 하겠다는 세 사람을 보고 놀랐다.

다음 날은 비가 많이 와서 하루를 쉬었다. 당시의 심정을 케이는 일기에 이렇게 썼다.

우리 셋이면 반드시 오를 수 있겠다는 기분이다. 6,850미터에 오를 때까지 몸에 이상이 없었다. 앞으로 7,500미터 이상은 미지의 세계다. 그러나 펨바 도르제와 있으면 절대 안심. 이런 사람 없다. 그저 정상까지 같이 가고 싶다. 종일 내리던 비가 이따금 폭우로 변하고, 그러다 언제 멎을는지 모른다. 그러나 이렇게 많은 비에 괜찮을까. 하여간 오르려고 왔으니 오르고 싶다.

너무 악천후가 이어져 그들은 하는 수 없이 베이스캠프로 일단 철수했다. 그러나 그들의 마음은 속공전략이었다. 중간 캠프를 그때그때 건너뛰어 2캠프, 4캠프, 정상, 그리고 다시 2캠프에 내려오는 것이다. 베이스캠프의 분위기는 속도를 중시했다.

노구치는 이 안에 반대했다. 그는 캠프마다 모두 계획대로 설치하기를 원했다. 그러나 세 사람은 자기네 안을 고집했으며, 그뿐만 아니라 노구치에게는 비밀로 하고 산소도 쓰지 않고 등정하려고 하고 있었다. 그런 줄도 모르고 노구치는 그들의 출발을 베이스캠프에서 진심으로 격려했다. 날씨는 전날과 달리 아주 청명했다. 케이는 일기에 이렇게 적었다.

> 야, 멋지다! 날씨가 이렇게 좋을 수가. 밤새 바람이 모든 구름을 날려버렸다. 기다리던 쾌청이니 너무나 기쁘다. 자면서 슬그머니 걱정도 되었지만 이 정도 날씨라면 절대 안심이다. 이제는 그저 웃으며 오를 수가 있다. 이렇게 많은 사람들의 환송 속에 출발하게 되어 기분이 그만이다.

그런데 계속 내렸던 눈으로 루트의 상태는 좋지 않았다. 첫날은 그런대로 페이스를 지켜나갔는데, 다음 날은 심설을 헤쳐 나가다 보니 속도가 느렸다. 결국 예정보다 낮은 7,250미터 지점에 최종캠프를 설치하게 되었다.

너무 힘들게 올라와서 공격에는 산소마스크를 쓰기로 했다. 당시 케이의 일기이다.

셋은 서로 낄낄거리며 마스크를 만지작거렸다. 산소 같은 것 귀찮
은데, 사람의 체력에 한계가 있고 우리만의 원정이 아니니 실패할
수는 없지 않은가.

공격 전야였는데, 셋은 현장에서 늦도록 이야기하고 있었다. 일
본어, 네팔어에 영어 등을 섞어가며. 일본을 떠나기 전의 부정
적이었던 긴장감이 어느새 사라졌다.

여기 오기 전과 처음 이 산과 마주했을 때는 마음이 불안하고 도
저히 오를 것 같지 않았다. 그런데 지금은 그런 불안감이 없다. 서
로의 마음이 가까워지고 있는 느낌이다. 그러면서 산이 점점 친근
하게 다가왔다. 이제는 자연스레 정상을 향할 수가 있다.

다음 날 아침 세 사람은 어둠 속을 헤드램프를 비쳐가며 오르기
시작했다. 첫 설벽을 넘어서는 데 시간이 꽤나 걸렸다. 그 후 플
라토라고 하는 곳으로 나왔지만 평탄한 곳은 별로 없었고, 설벽
이 이따금 이어졌다. 주위는 아직 어두웠는데, 위에 보이는 마
나슬루 정상은 아침햇살에 빛나고 있었다.

이날 꼭두새벽부터 무전기 앞에 대기하고 있던 노구치에게
오후 2시 반경 케이의 밝은 목소리가 울렸다.

"등정했어요!"

그 소리는 8,000미터 정상인 것 같지 않을 정도로 차분하고

힘이 있었다. 노구치로서는 자기가 오르지 않고 일본인 대원을 정상에 서게 한 것에 흡족했다.

"맑고 파란 하늘이 멋져요!"

노구치는 무전기에서 나는 소리로 정상의 모습을 상상했다. 그 순간 자기가 그 속에 끼지 못한 것이 얼마나 서운했던지 눈물이 났다.

케이는 마나슬루 등정의 감동을 일기에 이렇게 적었다.

약속한 대로 우리 셋은 정상에 올랐다. 우리 외에는 아무도 없었다. 바람도 불지 않았고 햇볕이 뜨거웠다. 아니, 우리 마음도 뜨거웠다. 일장기와 네팔기가 히말라야 하늘에 빨갛게 빛났다.

그 사이 노구치는 222킬로그램의 쓰레기를 수거했다. 에베레스트 때 7톤 이상의 쓰레기를 수거했던 그에게는 만족스럽지 않은 양이었다. 그러나 즐거운 일도 있었다. 청소활동을 마치고 사마 마을로 내려오자, 그들 일행은 손으로 만든 일장기의 환영을 받았다. 광장에는 마을 사람들이 150명가량 모여 있었다. 많은 인파에 무슨 일이 벌어질까 궁금증이 이는 순간이었다. 마을 사람들은 "일본인이 우리 산을 깨끗이 해주었다. 다음은 우리가 나설 차례다."라고 소리를 높이더니 바로 청소를 시작했다. 그리하여 불과 한나절 사이에 회수된 쓰레기는 5톤이 넘었다.

사마 마을 사람들을 움직인 것은 네팔인과 일본인이 공동으로 마나슬루 청소 등반을 한 결과였을 것이다. 쓰레기에 대한 인식이 사마 마을에도 번져 나갔던 것이다. 이러한 커뮤니케이션을 원활하게 만들어 나간 것은 오직 케이의 힘이었다. 노구치는 그렇게 느꼈다.

에베레스트 무산소 등정 도전

일본으로 돌아온 노구치는 '마나슬루 기금'을 설립했다. 그 기금으로 사마 마을에 학교 등 공공시설을 만들 계획이었다. 모금운동도 활발해지고, 건축가와 디자이너 등 전문가들도 이 계획에 찬동하고 모이기 시작했다. 그런 사회활동이 진행되고 있을 때 노구치가 이따금 떠올린 것은 케이가 마나슬루 정상에서 한 말이었다.

"파란 하늘이 멋져요!"

죽음의 지대라는 표고 8,000미터 지대에 있다고 생각할 수 없는 그 음성은 상쾌하기만 했다. 말은 간단했지만, 거기에는 순전히 모험을 사랑하는 마음이 함축되어 있다고 노구치는 생각했다.

그런데 지금 자신에게 그런 순수성이 있을까? 노구치는 의문스러웠다.

지금까지 여러 해, 후지산과 에베레스트, 마나슬루 등에서 청소 등반을 해왔지만, 노구치는 언제나 사회적 반향 같은 것을 기대하고 있었다. 오로지 산을 깨끗이 하겠다는 생각만 했던 것은 아니다. 그는 에베레스트에서의 쓰레기 회수를 특별한 계기로 삼아 사회의 환경의식을 고취하고 싶었다.

그런데 청소활동은 의외로 여기저기서 반응이 일어났다. 그런 사회적 반응을 노구치는 충분히 실감하고 있었다. 그러나 케이가 정상에서 한 말에는 자신의 활동에 없는 신선함이 있었다.

'내게는 그녀와 같은 모험에 대한 열정이 없는 것이 아닐까? 그래서 그토록 오르고 싶었던 일본인의 산 마나슬루 정상을 간단히 단념했던 것은 아닌가?' 노구치는 자문했다.

사회적 반향 같은 것을 생각하지 않고 오직 모험을 향해 돌진하고 있는 케이의 모습이 노구치의 가슴을 찔렀다. 그리고 그의 머리에 떠오른 것이 10년 전인 1997년의 초모룽마 Chomolungma 실패였다.

초모룽마는 에베레스트의 북쪽 티베트에 있으며, 남쪽 네팔에서는 사가르마타 Sagarmatha로 불린다. 당시 대학 4학년이었던 노구치는 북쪽에서 처음으로 초모룽마에 도전했다. 그러나 경험이 없어서 고소순응에 실패하고, 티베트 고원의 건조한 공기 탓에 심한 기침에 시달렸다. 그럼에도 포기하지 않고 오르려 하다가 끝내 고소에서 악천후를 만나 하산했던 것이다. 돌이켜보면 무모한 등산이었다. 그래도 그때는 지금이라면 믿어지지 않는 열정이 있었다. 날씨도 견디기 힘든 추위의 연속이었는데… 그런 기억들을 더듬다가 알 수 없는 열정이 몸속 깊숙한 곳에서 솟아나기 시작했다. 노구치는 다시 한번 그 초모룽마에 오르고 싶어졌다.

결국 케이의 마나슬루 등정이 노구치를 10년 전 그 순수했던 세계로 돌아가게 한 셈이다.

"다음에는 같이 초모룽마에 가고 싶어요."

노구치는 바로 케이에게 말했다.

"멋지네요. 같이 가요."

케이가 바로 밝게 응답했다.

다음 해인 2007년 4월 라싸Lhasa에서 초모룽마 베이스캠프로 가는 길에는 노구치와 케이 그리고 마나슬루에 함께 갔던 카메라맨 히라가 등이 티베트 고원의 황량한 대지를 차로 달리고 있었다. 10년 전에는 길도 없었던 티베트 고원이 쾌적한 아스팔트 도로로 바뀌어 있었다. 이번에는 셰르파가 8명 참가하고 있었는데, 그중에는 네팔 최초의 여성 등반가이드가 되기를 꿈꾸는 파상 라무Pasang Lhamu도 있었다.

드디어 갈색 대지 저편으로 보석과 같은 하얀 봉우리들이 나타나기 시작했다. 그 가운데 유별나게 큰 산이 초모룽마였다. 노구치는 이제부터 시작될 도전을 기대하면서도 불안을 감추지 못했다. 10년 전에는 경험은 없어도 강한 체력이 있었는데, 33세가 되고 보니 체력이 그대로 남아 있을지 걱정스러웠던 것이다. 그러나 이번에는 기어코 티베트 쪽으로 에베레스트에 올라가겠다고 노구치는 마음을 다졌다.

이런 저런 생각으로 마음이 어수선한 노구치 옆에서 케이는 여전히 셰르파들과 즐거운 마음으로 대화를 하고 있었다. 노구치의 블로그에 케이가 쓴 글을 살펴보면 당시 그녀는 에베레스트라는 산보다 거기 모인 사람들에게 더 관심이 있었던 것 같다.

=

산과 사람. 그 사이에서 태어난 문화를 나는 좋아한다. 내가 산에 있을 때 나는 무엇보다도 이 지구를 느끼며, 노구치와 있을 때는 지구와 그것을 둘러싼 인간 사회에 대해 생각하게 된다. 그러니 굳이 에베레스트가 아니더라도 좋은데, 어쨌든 이번 무대는 여기다. 환경운동을 하는 한 사람으로서 나는 지금 세계에서 가장 높은 산에 왔다. 이제 내가 할 수 있는 데까지 최선을 다하고 싶다.

그리고 미지에 대한 동경.

여기 모인 사람들은 어디서 무엇 때문에 이렇게 모였을까? 그들은 이렇게 높이 솟은 대지를 어떻게 대하려는 것일까? 극한의 추위 속에서 사람은 어떻게 버텨낼 수 있을까?

그리고 여기에 도전.

일본에서조차 별로 보잘 것 없는 내가 네팔 한구석에서 크게 날아보려는 젊은 여성 라무와 함께 정상에 오를 수 있을까?

세계에서 가장 높은 하늘에서는 무엇이 보일까? 거기에는 틀림없이 알리고 싶은 것이 많이 있으리라.

=

케이는 에베레스트에 오는 사람들을 만나보고 싶었는데, 베이스캠프에 도착하자 그러한 기대는 실망감으로 바뀌었다.

"이렇게 사람이 많으니 저하고는 맞지 않아요. 이번이 마지막 에베레스트가 되겠네요."

케이가 노구치에게 말했다.

황량한 대지에 느닷없이 나타난 베이스캠프에는 등반대가 서른 개나 있었다. 캠프사이트도 아닌데 텐트들이 쳐져 있는 모습은 등산 기지가 아니라 얼음 위의 놀이터나 다름없었다.

케이의 마음이 축 처진 듯해서 노구치는 초조해졌다. 그런데 다행히 옆에 필리핀 등반대가 있어서 케이의 기분이 다소 누그러졌다. 알고 보니 그들은 케이와 지난날 무즈타그아타에서 만난 적이 있는 사람들이었다.

"이렇게 다시 만나기도 하니 히말라야는 멋지네요."

케이가 말했다.

노구치 일행은 베이스캠프를 세우고 고소캠프까지 왕복을 반복했다. 희박한 공기 속에서 몸을 적응시켜야 했기 때문이다. 별도 투명하게 보일 것 같은 검푸른 하늘 아래에 바위와 얼음의 꼭대기가 있었다. 그 무질서한 풍경에는 일본의 푸른 산에서 느낄 수 있는 풍요와 힐링이 없었다.

노구치는 자신에게 용기를 북돋우기 위해 가져온 『사하라에서 죽다サハラに死す』라는 문고판을 텐트에서 읽기 시작했다. 그 책은 1975년 낙타로 사하라 사막에 도전한 가미온유 다카시上温湯隆[27]의 일기를 정리한 책이었다. 그는 고등학교를 중퇴하고 세계 방랑에 나섰다. 그리고 사하라 사막 횡단을 목표로 했는데 돌아오지 않았다.

노구치가 처음 이 책을 읽은 것은 고등학생 때였다. 가미온유가 앞으로의 인생을 모색하며 사막에 갔을 때 노구치는 전교생이 기숙사 생활을 하는 영국 소재 일본인 학교에 있었으며, 성적은 최하위였다. 성적이 나빠서 고등학교에 조건부 입학을 했기 때문에 당시 그의 별명은 '가짜'였다. 본인도 이러다가는 안 되겠다 싶었는지 학교공부에 열의를 다했지만 소용없었다.

그러던 어느 날 노구치가 무슨 일 때문에 선배를 때려눕혀 정학을 당하게 되었는데, 바로 그때 우에무라 나오미植村直己의 책『청춘을 산에 걸고青春を山に睹けて』[28]와 만났다. 우에무라는 메이지대학 산악부에서 차분히 자기의 길을 가며 등산을 계속하고, 졸업 후 6대륙 최고봉을 올랐다. 노구치는 그 책을 통해 학교공부는 못해도 등산으로 우에무라처럼 자기 존재의 이유에 대해 알아갈 수 있을지 않을까 하는 희망을 품게 되었다. 그 책은 인생 막장에 다다른 듯한 노구치에게 그야말로 하나의 빛이었다.

노구치는 학교에서도 산에 대해서만 생각하기 일쑤였고, 기숙사에서나 교실에서 공부하는 척하며 모험에 관한 책에만 정신을 팔았다. 이때 반복해 읽었던 책 가운데『사하라에서 죽다』가 있었고, '나는 무엇인가?', '어디로 갈 것인가?' 등의 철학적인 고민을 하며 사하라 사막을 횡단하는 가미온유의 모습에 노구치는 '언젠가 나도'라고 생각하며 책장을 하나 하나 넘겼다.

주위의 학생들은 누구나 일류 대학 그리고 일류 기업에 가려하고 있을 때, 노구치는 앞으로 모험의 세계에서 자신의 존재와 가치를 알아보고 싶어 했다. 무엇인가를 해냈다는 모험의 궤적으로 자신을 표현하고 싶었던 것이다. 『사하라에서 죽다』에서 가미온유는 '모험이란 가능성에 대한 신앙'이라고 말하고 있었다.

베이스캠프에서 그 구절을 다시 읽은 노구치는 고교시절 때와 마찬가지로 여전히 자신이 감동받고 있다는 사실에 놀랐다. 그 시절의 초심을 아직 잊지 않고 있었다니…. 그동안 아직 때가 되지 않아서 그 가능성을 추구하지 못했을 뿐, 무슨 일에나 시공간적 여건이 성숙되어야 하는 것이다. 그러니 단념하지 말고 더욱 모험을 지속해야 하지 않겠는가. 그 기회가 이제 노구치에게 온 것이다.

노구치는 『사하라에서 죽다』를 다 읽고 그 책을 케이에게 주었다. 그녀도 자신처럼 감동하리라 생각하면서. 그런데 그녀에게서 이런 답이 왔다.

"사막 같은 데는 절대로 가고 싶지 않습니다. 지금 여기서 모래에 묻혀 있는 것만 해도 질색인데, 건조하고 바람도 강한 데다 초목도 물도 없으니 절대 무리에요."

노구치는 한 대 얻어맞은 기분이었지만, 괜히 한번 그래 보는 거겠지 하고 대수롭지 않게 생각했다. 케이는 일기에 이렇게 썼다.

걸으며 보이기 시작하는 초모룽마의 모험이란 가능성에 대해 신앙이라고 생각하니 힘이 솟는 기분이다. 그렇다. 이제 모험의 첫발을 내딛게 된다!

이밖에도 가미온유의 영향을 받은 듯한 글이 또 있었다.

> 오랜만에 생각에 잠기는 시간이 생겼다. 앞으로의 내 인생에 대해 8,848미터 정상에 오를 때까지 확실히 해두고 싶다. 세계를 내려다보며, 세계에서 가장 첨예한 길을 확인하고 싶다.

가미온유는 사하라 사막 횡단으로 자아를 발견하고, 인생의 출발점에 서리라고 생각했다. 그에게는 사막이 케이에게는 8,848미터의 정상이었으리라. 그리고 가미온유가 자전거도 차도 타지 않고 '낙타로 횡단하다'라는 아이템으로 자기 한계에 도전했던 것처럼 케이도 스스로 도전할 한계를 설정했다.

"산소통 없이 무산소로 등정하고 싶다."

케이는 동료들에게 그렇게 이야기했다. 산소를 사용하고도 전원 등반이 쉽지 않다고 생각하던 노구치는 고민에 빠졌다. 무산소라면 고소순응 일정도 달라진다. 케이는 역시 『사하라에서 죽다』에 감화되었다고 노구치는 생각했다. 그렇다 하더라도 무산소라니…. 일본인 여성으로 무산소 등정을 해낸 사람은 없다. 노구치가 산소를 사용해서 모두 함께 등정하자고 한마디하려는 찰나, 옆에 있던 펨바가 큰 소리로 말했다.

"케이가 무산소라면 나도 같이 갈게요."

주위에 있던 셰르파들도 모두 동조하고 나섰다. 이제 누가 대장인지 노구치 자신도 모르게 되었다.

케이의 일기에는 '무산소'라는 스타일에 대해 이렇게 적혀 있었다.

> 무조건 무산소라고는 생각하지 않지만, 가능하면 그렇게 하는 것이 보다 자연스럽지 않을까. 다만 그러다가 정신을 잃거나 죽어버리고 싶지는 않다. 무산소가 절대적인 것은 아니다. 미지의 세계이며 8,848미터 지대가 아닌가. 우선 8,000미터 부근까지 가보고 다시 생각하고 싶다. 그렇게 할 수만 있다면.

노구치는 등반대라는 집단 내에서 자기의 의지를 관철하려는 케이에게 신경이 쓰이면서도 『사하라에서 죽다』에 감화를 받은 그녀의 기분을 알 것 같았다.

가미온유는 고교생활을 집어치우고 세계를 방랑하다 사하라 사막 횡단에 눈을 떴다. 케이도 일본의 고교를 중퇴하고 미국 유학의 길을 선택했다. 그리고 자전거 여행, 어드벤처 레이스, 히말라야 모험으로 자기 세계를 넓혀갔다. 그런 케이에게도 고교시절에 가미온유나 노구치와 같이 모험에의 기폭제가 된 어떤 것이 틀림없이 있었을 것이다.

초모룽마는 노구치가 케이와 함께한 원정 가운데 네 번째였다. 노구치는 케이가 가끔 먼 산을 바라보고 멍하니 있는 것을 본 적이 있다. 자기가 앞에 있는데도, 멀리 허공을 보며 무엇인가 생각에 잠겨 있는 눈치였다. 슬픈 눈은 아니었으나 어딘가 고독한 듯한 느낌을 받지 않을 수 없었다. 그때 케이는 모험의 기폭제인 무엇을 생각하고 있었는지도 모른다.

지난날 케이의 생각을 지배했던 그것은 도대체 무엇이었을까?

노구치는 그런 의문을 가지면서도 적극적인 자세로 산을 오르고 있는 케이에게 지난날의 이야기를 캐물을 수 없었다. 지금 케이에게는 오직 초모룽마밖에 없기 때문이다.

노구치 등반대는 순조로운 고소순응으로 5월 15일 등정에 성공했다. 10년 넘게 간직한 꿈을 실현한 것이다. 노구치는 정상에서 "좋았어. 아직 해볼 만해."라고 중얼거렸다. 33세에 학생 때와 같은 체력을 발휘했으니 그럴 만도 했다. 에베레스트보다 높은 곳은 없으나, 모험의 무대는 지구상에 얼마든지 있다. 이때 노구치는 '모험이란 가능성에 대한 신앙'이라는 말의 깊이를 새삼 되새기고 있었다.

그러나 그러한 희열은 그때뿐이었다. 정상에서 다른 일본 원정대와 우연히 만나 같이 하산하는데, 얼마 후 대원 한 명이 의식을 잃고 쓰러졌다. 어떻게든 손을 써야 했는데, 노구치 자신도 산소 부족으로 의식이 몽롱해서 아무것도 할 수 없었다. 그대원은 곧 그 자리에서 죽고 말았다. 노구치가 할 수 있는 것이라고는 죽은 그 대원을 바위가 있는 곳으로 옮기는 것이 전부였다. 시계를 보니 1시간이 지났고, 산소 봄베의 수치가 절반 이하로 급격히 떨어지고 있었다.

무력감이 오더니 노구치는 그 후 몇 차례 쓰러졌다. 그리고 최종캠프에 내려오자 이번에는 위경련이 시작됐다. 노구치는 그대로 텐트 안으로 쓰러졌다.

노구치가 등정한 날 케이는 아직 1캠프에 있었다. 무산소 등정을 노리고 노구치와는 다른 페이스로 오르고 있었던 것이다. 내려오는 노구치를 만난 케이가 다그치듯이 물었다.

"어제 걱정했어요. 정상 바로 밑에서 산소가 떨어졌으면 어떻게 하려고 그랬어요?"

노구치는 케이의 마음 씀씀이에 고마워하면서도, 한편으로는 어딘가 서운했다. 케이는 자기와 달리 무산소로 오르려 하고 있었기 때문이다.

비참한 사고를 눈앞에서 목격한 노구치는 케이가 무리하지 않게 등정하기를 바라는 마음뿐이었다. 그러나 케이를 격려하기에는 노구치가 너무 지쳐 있었다.

케이는 무산소 도전을 앞에 두고 자신의 심정을 이렇게 일기에 적었다.

노구치 등반대에 반발이나 하는 듯한 나만의 무산소 등반이 11시가 지나서 시작되었다. 천천히 걸을 수밖에 없었다. 내려오고 있는 다른 팀의 사람들은 모두 산소를 마시고 있었지만 하나같이 비틀거렸다. 그것을 보니 산소 없이 오르다가 정말 끝장나는 것 아닌가 하는 생각도 없지 않았다. 인간의 가능성은 어디까지일까?

표고 8,300미터의 최종캠프에서 라무와 펨바가 잠깐 눈을 붙이는 사이 케이가 먼저 공격에 나섰다. 펨바가 바로 뒤따라가면서 보니, 케이의 상태가 그리 좋아 보이지 않았다. 핫팩을 주어도 달라지지 않았다. 펨바는 추위에 떨고 있는 케이의 등을 두드리며 격려했다. 퍼스트스텝에서 날이 밝았는데 케이는 여전히 추위에 떨고 있었다. 펨바는 자기와의 등반에서 이런 일이 없었기 때문에 걱정했다. 참다못해 펨바가 물었다.

"케이, 산소가 없어 추운 거예요. 산소 마실래요?"

자기가 믿는 파트너의 따뜻한 한마디에 케이는 주저하지 않고 산소를 마셨다. 그 순간 무산소 등정이라는 꿈은 사라졌지만 몸의 떨림이 멎었다.

세컨드스텝을 넘어설 무렵 아침햇살이 히말라야 골짜기에 비치며 장대한 풍광이 펼쳐졌다. 마칼루Makalu(8,463m)와 로체Lhotse(8,516m)의 고봉이 눈 아래에 있었다.

케이는 셰르파들과 세계 최고봉에 올라섰다. 같이 오른 스물한 살의 라무는 셰르파 여성으로 북릉 초등자가 되었다. 네팔 여성 최초의 등반가이드를 꿈꾸던 라무로서는 커다란 첫 꿈을 이룬 것이다. 펨바는 만국기萬國旗가 부착된 옷을 입고 있었다. 아직 혼란 속에 있는 네팔뿐만이 아니라, 세계의 평화를 호소하는 그의 메시지였다. 케이뿐만 아니라 그들에게도 초모룽마는 새로운 출발점이 되었다. 이 세 사람을 축하라도 하는 듯 히말라야의 산들은 끝이 없이 광활한 세계를 보여주고 있었다. 그리고 그들 위에는 오직 하늘뿐 아무것도 없었다. 한없이 푸르고 짙은 그 하늘은 이것이 바로 우주라는 것을 알리고 있었다.

케이는 노구치의 블로그에 이 세계 최고봉의 등정 이야기를 다음과 같이 써넣었다.

끝났다. 드디어 막이 내렸다.

몸을 누이고 있노라니 머리가 빙빙 돌며 여러 가지 생각이 떠올랐다.

8,000미터 위에서의 산소.

어쩌다 내가 산소를 마셨을까.

왜? 너무 추워서? 의지가 약해서?

소중한 사람들의 지나친 돌봄 때문에?

그토록 나에게 무산소 제안을 하던 펨바의 과보호가 그만 산소를 마시게 했어.

아아, 내 의지가 약했던 거야.

그러나 그 정도의 일로 속상해할 필요가 있을까?

산소를 쓰든 안 쓰든 그게 무슨 문제라고.

그것보다 소중한 사람들과 같이 지낸 시간과 공간이 더 중요한 거지.

어느 높이까지인지, 산소를 썼는지 안 썼는지, 어떻게 올랐는지 누가 알겠어. 거기 사람이 있었다는 게 더 중요한 거지.

누구와 올랐는가?

거기서 어떻게 시간을 보냈는가?

무엇을 보았는가?

무엇을 듣고 무엇을 생각했는가?

그것은 거기에 있던 사람밖에 알 수가 없는 일이며, 생도 사도 고통도 비애도 희열도 이 모든 것이 다 내 것일 뿐.

결코 다시 오지 않을 에베레스트. 올해의 초모룽마에는 별의별 등반대가 와서 여러 가지 인간 군상들과 등반 스타일이 있었지만, 나는 노구치 등반대의 멤버였던 것이 기쁘고, 좋아하는 사람들과 오르게 된 것에 그저 감사하다.

일생에 한 번뿐인 체험이니까.

그 2개월 동안 한없이 터져 나왔던 웃음과 가득했던 애정에 진심으로 고맙다고 말하고 싶다.

즐겁기만 했던 멋진 날들이 끝나가고 있다.

아아, 여기를 떠나고 싶지 않다….

제6장

미국 유학

고등학교 2학년 여름 홋카이도

가미온유 다카시는 고등학교를 중퇴하고 사하라 사막 횡단에 나섰다. 노구치 겐도 고교시절부터 7대륙 최고봉 도전을 시작했다. 그들처럼 자연이라는 무대는 아니었으나, 다니구치 케이도 고등학교 시절 미국 유학이라는 형식으로 바깥 세계로 뛰쳐나갔다.

케이는 고등학교 3학년 여름까지 지바현에서 지냈지만, 그곳에서 미국으로 가게 되는 어떤 동기가 있었던 것 같다.

현재 사이타마현埼玉縣 미사토시三鄕市에서 목공업을 하고 있는 미즈카미 유키水上由貴는 케이와 고등학교 1학년 때 같은 반이었다. 학년이 올라가면서 반은 달라졌지만 늘 붙어다녀서 친구들 사이에 '케이 하면 유키, 유키 하면 케이'라는 소문이 나돌 정도였다.

고가네고교小金高校는 지바현에서 상위에 드는 학교로 교풍은 자유로웠다. 미즈카미는 언니가 같은 학교여서 그 교풍을 알고 있었다. 케이와 같이 교칙이 엄한 중학교에 다니던 미즈카미는 그 교풍에 끌려 진학했는데, 고가네고교의 남학생들은 머리를 빡빡 깎지 않았고, 여학생도 두발 형태에 특별한 제한이 없었다. 또한 체벌도 없는 학교였는데, 그런 신천지에서 미즈카미는 케이를 만났다. 미즈카미가 케이를 보고 받은 첫인상은 어딘가 어두운 느낌이 있는 사람이었다고 한다.

미즈카미의 목공소에서 당시의 케이에 대해 물었더니, 그녀는 기억을 더듬으며 이렇게 말했다.

"다른 애들보다 조용한 편이었습니다. 작은 체격에 침울했고, 하여간 말이 없었죠. 사람들 앞에서 떠드는 그런 애가 아니었어요. 학급에서 눈에 띄게 이야기한 적은 한 번도 없었습니다. 얌전하다기보다는 어두운 느낌이 있었어요."

미즈카미는 사귀기 쉽지 않은 아이라고 느끼면서도 케이와 이야기를 하게 되었다. 막상 대화를 해보니 케이는 어두운 성격이 아니었다. "그런 거 이렇게 이미 정해져 있는 거 아니겠니?", "바보가 아닌데." 같이 케이의 어투는 평소 그렇게 조용한 아이에게서 나올 거라고는 상상하기 힘든 강한 것이었다. 다만, 그 말에는 논리가 정연했고, 상대를 무시하는 기색이 전혀 없었다. 사귈 만한 아이인 것으로 알려지면서 케이에게는 점점 친구들이 많이 생겼다. 그러나 그럼에도 학급에서 중심이 되는 존재는 아니었다.

케이는 산악부에 들어갔지만 얼마 지나지 않아 탈퇴했다. 후에 인터뷰에서 그 이유를 물었더니, 선배와 마음이 맞지도 않았고, 배려도 없어서 한 번 등산을 하고는 나와버렸다고 했다. 미즈카미가 보기에도 케이는 모두가 결정한 것을 그대로 따라가는 것을 별로 좋아하지 않았다. 체육시간에 하는 단체경기 따위는 특히 싫어했다. 케이는 보통의 학생이라면 그대로 따라가기 마련인 고교생활의 틀을 싫어했는데, 미즈카미와는 그런 점이 서로 잘 맞았다.

케이는 공부하는 것을 좋아하는 것 같았으나 학교에서 강요하는 공부는 싫어했다. 정기적으로 있는 시험 같은 것은 귀찮아하는 분위기였다. 특히 수학과 물리에 흥미가 없었다. 시험 직전에 미즈카미에게 수학을 가르쳐달라고 요구하기도 했지만, 미즈카미도 수학을 싫어했다. 그러나 열심히 아는 데까지 가르쳐주면, 케이는 "모르면서 가르치면 스스로 어디를 모르는지 알게 되어 재미있지. 유키는 모르면서 가르치지만 가르치는 방법이 제법이야."라면서 이상한 친근감을 표현하곤 했다. 미즈카미는 케이가 시험을 앞두고도 공부하는 것을 한 번도 본 적이 없었다.

미즈카미는 배드민턴부에 들어가서 방과 후에 열심히 연습을 했는데, 케이는 바로 집으로 가곤 했다. 케이는 집안일을 도와야 했기 때문에 미즈카미에게 둘이 같이 방과 후를 지낸 기억은 거의 없다시피 했다. 케이는 천식을 앓는 동생을 돌보거나 반려견을 데리고 산보를 하기도 했다. 케이는 또한 손재주가 있어서 미즈카미가 부러워하곤 했다. 다만 미즈카미의 모친이 전

업주부이다 보니 케이네처럼 부모가 맞벌이인 가정은 보통일이 아니겠다는 생각도 가끔 들었다.

서클활동도 공부도 하지 않는 케이는 고교시절에 많은 학생들이 즐겨 하는 연애 이야기도 미즈카미와 한 적이 없었다. 좋아하는 남학생도 없었다. 별로 이렇다 할 것이 없었던 케이의 고교생활을 군이 말한다면 미즈카미와 식사하고 같이 여행하는 일이 전부라면 전부였다.

그들은 이따금 맛있는 식당이나 찻집을 찾아 멀리 가기도 했다. 그런 경우 도쿄까지도 간 적이 있었다.

미즈카미는 운동부에 있다 보니 많이 먹는 편이었는데, 케이는 운동도 하지 않고 몸도 호리호리하면서도 이상하게 먹성이 좋았다. 어느 날 두 친구는 세 그릇을 먹으면 무료라는 라면 집에 갔다. 그녀들이 간단히 세 그릇을 해치우자 주인은 포스터에 한마디 써넣고 사인을 하라고 했다. 그래서 '세 그릇 낙승!'이라고 미즈카미가 썼다. 두 사람은 그 후 찻집으로 가서 파르페 parfait를 주문했는데 그것만은 제대로 먹지 못했다. 음식을 남긴 것은 그때가 처음이자 마지막이었다. 그런데 이것이 원통해서 그 후 '코지 코너'라는 가게에 진열된 케이크를 둘이서 다 먹어버리고 나니 그때서야 마음에 걸렸던 것이 해소됐다고 한다.

두 사람에게 고교시절의 여행은 멋진 추억이었다. 고등학교 2학년 여름방학에 열흘간 홋카이도를 일주했는데, 그때의 여행경비는 둘이서 병원 청소와 결혼식 뒤처리 같은 아르바이트를 해서 벌었다. 여행 중 식사는 공원에서 프랑스빵에 오이와 토마토로 했다. 숙박은 유스호스텔을 주로 이용했는데, 거기서 케이는 여러 사람과 마음을 터놓고 이야기했다. 학교라는 정해진 틀 속에 있을 때와 달리 케이의 얼굴에는 활기가 넘쳤다. 미즈카미는 그 무렵 케이와 같이 지내며 봤던 넓고 넓은 라벤더 밭이랑 들판 위를 덮다시피 하던 하늘의 별을 잊을 수가 없었다.

케이는 미국에 가서도 미즈카미와 많은 편지를 주고받았다. 이때 케이는 홋카이도에서 같이 여행하던 생각이 간절하다며, 언젠가 일본으로 돌아가면 그전처럼 같이 여행하고 싶다고 써 보내곤 했다.

두 사람은 2학년 여름방학에도 함께 나흘간 여행을 했다. 그때의 여행지는 나고야와 교토, 나라 등이었다. 당시만 해도 케이는 훗날의 모험 여행은 생각하지도 않았다.

다만 다소 모험 여행이라고 할 수 있었던 것은 둘이 조시시桃子市[29]를 향해 1박 2일로 도네利根강을 따라 자전거로 달렸던 일이다. 그때 자전거가 시원치 않아 속력이 나지 않은 데다 펑크가 자주 나서 시간만 잡아먹었지만, 두 사람은 가는 데까지 가자며 계속 달렸었다. 그러다 날이 어두워지면 강변에서 침낭에 들어가 노숙을 했다. 거기가 어딘지도 모르고 식사도 불편하기 이를 데 없었는데, 이때를 회상하며 케이는 미즈카미에게 '미즈카미라서 그런 여행도 함께 할 수가 있었어.'라고 편지를 썼다.

여행을 하는 동안 그들은 가족이나 앞날의 꿈에 대해 많은 이야기를 나누었다. 두 사람 다 하루 속히 자립하고 싶었으며, 어떻게 하면 그럴 수 있을지에 대한 이야기가 대화의 주를 이루었다. 한 번은 케이가 외과의사가 되고 싶다고 한 적이 있는데, 이때 미즈카미는 "케이는 손재주가 있으니 수술 같은 것은 잘 하겠지만 수학을 못하지 않아?"라고 아픈 데를 찌르기도 했다. 하여간 두 사람은 무엇인가 직업을 가지고 하루 속히 자립하기만을 바랐다. 그래야 삶의 의미가 있고 사는 맛이 날 거라고 진지하게 생각했던 것이다.

케이가 보기에 어른이란 자신의 자립을 방해하는 일밖에 안 하는데, 특히 학교 선생들을 그렇게 보았다.

"어른은 아이들을 믿어주지 않아서 정말 싫어."

케이가 미즈카미에게 자주 했던 말이다. 중학생 때도 케이는 요부코 미호코에게 그런 이야기를 하곤 했다.

이러한 반항의식은 학교 선생뿐만 아니라 부모에 대해서도 있었다.

오빠는 남자니까 할 수 있지만 자기는 여자여서 안 된다고 하시던 부모님의 말씀을 케이는 잊지 못하고 있었다. 그러면서 부모님은 여자라고 케이에게 주로 집안일을 시켰다고 한다.

미국 유학

고등학교 2학년 겨울, 케이는 미국에 유학을 가기로 결정했다. 영어를 몸에 익혀 넓은 세계를 보고 싶다고 케이는 친구들에게 말했다. 그러나 미즈카미만은 어른들에 대한 불만으로 일본을 떠나려는 케이의 속내를 알고 있었다.

케이가 부모에게 미국으로 가겠다고 했을 때 처음엔 당연히 거절당했다. 부모에게 번번이 거절당하는 것이 싫다고 자주 말하던 것을 미즈카미는 기억하고 있었다.

그런데 케이가 실제로 집에서 그토록 속박당하고 있었을까? 유학 이전에 미국에서 홈스테이를 하고 싶다는 케이의 희망을 받아들여, 케이의 부모는 그녀가 1학년 여름에 콜로라도에서 2주간 어느 가정에 머물 수 있게 해준 일이 있다. 미즈카미와 여기저기 여행할 수 있었던 것도 부모의 이해가 있었기 때문에 가능하지 않았을까. 여자는 가정에서 여자답게 살아가는 것을 제일 중요하게 여기는 집에서 그런 자유는 사실상 쉬운 일이 아니었다.

미국 유학에 있어서도 케이의 아버지는 그다지 반대하지 않았다. 다만 아버지는 케이에게 학교에서 추천장을 받아 대학에 입학한 후 휴학을 하고 미국에 가면 어떻겠냐고 제안했다. 사실 아버지 쇼부는 상당히 이해력과 포용력이 있었다.

그러나 케이는 어른의 상상을 넘어서는 자유를 갈구하고 있었던 것 같다. 케이는 무엇에도 구속당하지 않고 오직 자기 능력으로 자기 인생을 만들어가고 싶어 했다. 그런 생각이 고교시절부터 케이에게는 강했다. 그래서 더욱 자기를 속박하려는 것에 대해 필요 이상으로 민감했던 것 같다.

유학 직전까지 케이는 여름방학 동안 그다지 반항하지 않고 잘 지냈다. 그리고 몸을 움츠리고 자기 껍질 속에 파묻혀 있었다. 그러니 부모와 다툰 일도 없고, 선생에게 반항적인 태도를 보인 일도 없었다.

케이는 그러한 자기 껍질에서 빠져나가 자유로운 세상에서 스스로 자기 일을 처리하며 독립된 시간과 공간에서 살고 싶었음에 틀림없다. 케이는 후에 그렇게 자유로운 세상에서 모험을 되풀이하게 되었지만, 미국 유학이 그 서막이 되었던 것이다.

케이는 수험 따위를 강요당하는 공부가 질색이었다. 스스로 알아서 공부하는 것이 훨씬 좋았다. 케이는 영어 공부에 열을 올리고, 유학에 필요한 토플시험에 여러 차례 도전해서 필요한 점수를 받았다. 그리고 마침내 고등학교 3학년 여름부터 1년간 캔자스주의 고등학교에 갈 수 있는 자격을 얻었다.

출국을 앞두고 미즈카미는 친구들을 케이의 집으로 불러 파티를 열었다.

"나 같은 학생이 있었다는 걸 남학생들은 기억조차 못 할 거야."

이 말 그대로 케이는 자기 학급에서 거의 눈에 띄지 않는 존재였지만, 그때 모인 친구들은 케이를 좋아했다. 파티에서 친구들은 잘해보라며 케이를 격려했지만, 케이가 유학 준비를 하고 있을 무렵, 그들은 케이가 없으면 재미없다며 그녀의 유학이 싫다고도 했다. 그러나 미즈카미는 이번이야말로 기회라며 절대로 놓치는 일이 없어야 한다는 생각이었다.

그날 케이와 미즈카미는 친구들이 마련한 음식을 깡그리 먹어치웠다. 그리고 그때의 기분을 그대로 끌고 가자며 그때 모인 그룹을 '엔드리스Endless'라 부르기로 했다.

케이가 유학을 간 캔자스에서 미즈카미 앞으로 한 해에 22통의 항공 우편물이 왔다. 거기에는 홈스테이 이야기와 학교 수업 그리고 같은 반 친구들에 대한 자세한 이야기들이 들어 있었다. 케이는 영어 듣기가 아직 서툴지만 미국 사람들로부터 여러 가지 좋은 영향을 받고 있다고도 했다.

미즈카미가 놀란 것은 케이가 일본에 있을 때와 달리 방과 후에 배드민턴과 크로스컨트리에다가 3.2킬로미터의 마라톤까지 하고 있다는 것이었다. 그리고 주말 육상대회에도 나가고 다른 학교 학생들과도 가까이 지내고 있는 모습이 생생하게 편지 속에 담겨 있었다.

케이는 또한 '캔자스 자전거 횡단BIKE ACROSS KANSAS'이라는 이벤트에 참가해서 8일간 자전거로 캔자스주를 횡단했다. 지평선을 바라보며 매일 100킬로미터의 거리를 때로는 시속 50킬로미터가 넘는 속도로 달렸다. 그때 참가한 여러 나라 사람들과 800킬로미터 이상을 주파했는데, 그때 느꼈던 상쾌함을 케이는 미즈카미에게 편지로 전했다.

그 무렵 '엔드리스' 친구들은 대학 진학 준비에 바빴고, 미즈카미 역시 책상에서 나날을 보냈다. 그런 때 케이로부터 온 편지는 그야말로 자유로운 세계가 아닐 수 없었다. 그런 한편 케이에게도 서서히 가족 생각이 나기 시작했다.

케이는 편지에서 유학 가기 전 『그 얼굴을 다시 한번…!』[30]이라는 책을 읽었던 이야기를 했다. 젊어서 오토바이 사고로 죽은 가수 다카하시 요시아키高橋良明의 생애를 그의 어머니가 쓴 책이었다. 가정적으로 복잡한 환경에서 자라면서도 가족과 화목하게 지내온 다카하시였다. 케이는 그런 그를 보며 자기는 왜 그처럼 하지 못하는지 자괴감에 빠졌다고 했다. 좀 더 부모와 즐겁게 지내고 싶었고, 반항하는 일 없이 살고 싶었지만 그러지 못했다는 것이다. 케이는 미국에서 비로소 가족 생각이 났던 모양이다.

가족에 대한 사랑을 찾지 못하고 살아온 나, 그리고 점점 좋지 못한 쪽으로 가고 있다는 것을 느낀 나는 결국 집을 떠나게 되었다. 말하자면 자유를 찾는다고 유학을 결정했던 셈이다. 새로운 가족이 그리웠던 것이다. 그런데 가족의 사랑을 미국에서도 결국은 찾지 못했다. 그때 비로소 알게 된 것은 내가 엄마를 좋아했다는 사실이었다. 그것은 이전에는 몰랐던 가족에 대한 사랑이었다.

유학이 끝나갈 무렵 케이는 미즈카미에게 이렇게 편지에 썼다.

이제 조금은 나를 알게 되었으니 여기 와서 손해 본 것은 없어. 문화가 다른 곳에서 살아나가기가 그리 쉽지 않다는 것을 알았어… 배운 것은 정말로 많아. 특히 홈스테이를 통해 역시 자기 집이 제일 좋은 것도 알았지. 그런데 얼마 전 아버지 편지를 받고 나니, 아무래도 집에 돌아갈 수가 없겠다는 생각이 들었어. 특별히 왜 그렇다고 쓸 이야기도 없지만, 하여간 집에 돌아가고 싶지 않다는 생각이야.

그러고 나서 한 해가 지나고 난 여름, 재수하고 있는 미즈카미 앞에 나타난 케이는 다른 사람이 되어 있었다. 출국 당시 단발머리였던 케이는 파마머리를 길게 내려뜨리고 있었다. 미국의 화려한 T셔츠를 입은 케이의 얼굴은 보랏빛에 활기가 넘쳤다. 인생 자체를 즐기는 듯 자신감이 충만한 얼굴이었다. 케이는 목소리도 커지고, 자기 생각을 있는 그대로 분명하게 표현했다.

"나 좀 달라졌어. 역시 갔다 오길 잘한 것 같아."

케이가 말했다.

미즈카미가 받았던 편지의 내용대로 케이는 돌아와서 부모와 떨어져 호쿠료세北綾賴에서 혼자 살기 시작했다. 집을 나왔으나 부모로부터의 생활비 보조 따위는 결코 없었다. 결국 케이는 아르바이트로 자기 생활비를 마련하게 되었다. 그리고 한편으로는 미즈카미와 함께 대학 진학 준비를 시작했다. 당시 케이는 원로 고고학자인 요시무라 사쿠지吉村作治[31]를 존경하고 있어서, 요시무라가 있는 와세다대학을 목표로 하고 있었다. 이집트 사막에서 고군분투하며, 미지의 세계를 발굴하는 그 모습에 감동한 듯했다.

그러나 역시 케이는 진학시험에 몰두하는 학생들과는 동화될 수가 없었다.

"어째서 모두 그렇게 같은 길로만 가려고 할까?"

일본의 수험제도에 아무 생각도 없이 끌려가고 있는 젊은이들. 케이는 그 흐름에 끌려 들어가고 싶지 않았다. 결국 케이는 이듬해 대학시험을 포기했다.

아르바이트로 생활하고 있는 케이와 대학에 진학한 미즈카미의 생활환경은 자연스럽게 달라지고 말았다. 그래도 그들의 우정에는 변함이 없어서, 둘은 여름에 같이 캠핑을 하며 이즈칠도伊豆七島[32]의 섬들을 돌아다녔다.

그리고 나서 얼마 후 케이는 교통사고로 오른팔이 골절되는 부상을 당했다. 당시 케이는 장어덮밥집에서 일하고 있었는데, 그 직장에서 쫓겨날 수도 있었다. 이때 미즈카미가 그 식당 주인에게 케이가 감기로 잠시 쉬어야 한다고 거짓말을 하기로 했는데, 실제로 케이는 며칠 쉬고 나서 아르바이트를 다시 시작했다. 부러진 팔로 어떻게 케이가 일을 했는지 미즈카미로서는 끝까지 의문이었다.

집을 나왔으니 케이는 어떻게 해서라도 스스로 살 길을 찾아야 했다. 아무것도 가진 것이 없는 20대의 젊은 여성에게 그런 삶이 녹록치는 않았을 것이다. 그런 고충이 담긴 편지를 미즈카미는 케이로부터 여러 차례 받았다.

그리고 1993년 4월 케이는 메이지대학 문학부 사학지리학과에 들어갔다. 자립해서 집세와 학비, 생활비를 벌고 입학 비용을 저축하며 남모르게 공부한 결과였다.

케이는 대학에 들어가고 나서도 자전거 여행을 계속했으며, 그 후 산의 세계에 입문했다. 미즈카미로서는 그러한 케이와 만날 기회가 점차 줄어들면서, 케이로부터 많은 자극을 받게 되었다.

"주변의 시선이야 어떻든 자기가 하고 싶은 대로 하고 있는 케이에게 많은 것을 배웠어요."

미즈카미가 말했다.

미즈카미는 대학 졸업 후 주방기구를 만드는 회사에서 4년간 영업 일을 하다가 퇴사했다. 그 후 스물여덟 살에 중국에 가서 1년간 공부하며 목공일을 배웠고, 서른두 살에 목공업으로 독립했다. 여성이 목공소를 경영하는 일 자체가 거의 없던 시절이었다. 그런데 이럴 때 케이로부터 편지가 왔다.

"유키는 대단해. 멋져. 내가 뒤에서 응원할게."

미즈카미는 편지를 받고 좋아서 어쩔 줄 몰랐다.

"케이는 언제나 자기가 하고 싶은 일을 하고 있잖아."

이렇게 말하며 미즈카미는 자기 작품을 케이에게 보여주기도 했는데, 그것은 혼자 만들었다고는 믿어지지 않을 정도로 큰 작품이었다. 뿐만 아니라 구석구석까지 섬세하게 제대로 만들어진 가구였다.

"여성이 목공을 한다고 하면 대부분의 사람들은 놀랐고, 때로는 그런 거 법에 어긋나지 않느냐고 말하는 사람도 있었습니다. 하지만 자기가 하고 싶은 일을 하면 그만이라고 생각했어요. 노력을 해서, 실패하든 성공하든 자기 책임이니까 하고 싶은 대로 하는 거죠. 어떻게 보면 이것도 케이와 만난 것이 시작인 셈이에요."

미즈카미는 케이로부터 받은 최고의 선물이라는 말을 내게 알려주었는데, 그것은 케이가 유학 중에 그녀에게 보내준 크리스마스 카드에 적혀 있던 말이었다.

"유키는 정말 남에게 좋은 영향을 줄 수 있는 사람이야. 지금도 기억하고 있는데, 내가 처음 유키와 만났을 때 일기장에 써넣었던 이야기야. 유키라는 사람은 모든 일을 긍정적으로 생각하는 것 같아. 남들이 싫어하는 것도 웃고 넘기면, 결국 모두의 기분이 좋아져."

미즈카미는 그때까지 자기가 그런 사람이라고는 생각한 적이 없었는데, 케이로부터 그런 이야기를 듣고 나서는 그대로 받아들여도 괜찮지 않을까 하는 생각이 들었다.

"오늘의 내가 있는 것은 바로 케이의 그런 말 덕분이에요."

작업 중인 작품들이 놓여 있고, 나무 향기가 은은하게 감돌고 있는 작업장에서 미즈카미는 맑은 음성으로 이렇게 말했다. 나는 그 모습이 케이와 그대로 닮았다고 생각했다.

제7장

여성 최초의 황금피켈상

미답의 카메트 남동벽

2006년에 마나슬루, 2007년에 에베레스트로 히말라야 8,000미터급 산에 2년 연속 등정한 다니구치 케이는 2008년 가을에도 히라이데 카즈야와 히말라야의 벽으로 갔다. 당시 케이는 36세, 히라이데는 29세였다.

2005년 시블링에서 케이는 발에 동상을 입었으나 다행히 발가락은 자르지 않았다. 한편 히라이데는 오른쪽 발가락 네 개의 끝을 잘랐다. 그때 히라이데는 기적적으로 시블링 완등을 했지만, 그것을 마지막으로 산악계에서 사라지는 것이 아니겠는가 하고 생각하는 사람들이 적지 않았다. 그러나 그는 그런 시선 속에서도 담담하게 훈련을 이어나갔다.

그 성과는 시블링으로부터 1년 뒤, 2006년 10월에 있었던 일본 극한 산악 레이스(통칭 하세쓰네컵ハセツネ CUP[3]) 출전으로 이어졌다. 오쿠다마奧多摩의 연봉을 완주하는 트레일러닝 레이스인데, 누적 표고차 4,582미터, 거리로는 71킬로미터나 된다. 또

한 도중에 암장과 철책도 있어, 밤에는 헤드램프 빛으로 달려야 한다. 그런 데를 히라이데는 10시간 반 만에 완주했다. 그 기록은 전년의 시블링 때 자기 기록보다 1시간이나 빨랐다.

히라이데는 경기 중 본인이 직접 기록한 동영상에서 다음과 같이 말했다.

"시블링 이후 1년이 눈 깜짝할 사이에 지나가버렸다."

간단한 이 한 마디 속에 그동안 그가 얼마나 갈등이 심했고, 그것을 극복하기 위해 얼마나 많은 노력을 했는지가 그대로 들어 있었다.

케이는 이 완주의 의미를 단단히 마음에 새기고 몹시 기뻐했다. 그리고 많은 사람에게 "히라이데는 동상을 입었었기 때문에 하세쓰네에서 빨랐던 거에요."라고 말했다. 히라이데는 2008년 7월에 등산가 다케우치 히로타카竹內洋岳[34]와 함께 가셔브룸2봉(8,034m)과 브로드피크(8,051m)를 연속 등정했다. 산 친구들은 이 일련의 고산 등반을 통한 히라이데의 재기를 기뻐했는데, 케이는 그전부터 히라이데의 재기를 믿고 있었다.

그런 히라이데가 다음에 목표로 한 것이 다름 아닌 카메트(7,756m) 남동벽이었다.

히라이데가 카메트를 알게 된 것은 본인의 시블링 등반기록이 『아메리칸 알파인 저널The American Alpine Journal』에 수록되었을 때였다. 그때 그 기록 다음에 실려 있는 것이 미국원정대의 카메트 남동벽 기록이었는데, 그들은 원정 중 남동벽은 10분밖에 보이지 않았다고 했으며, 그래서 벽에 붙어보지도 못하고 철수했다.

그들이 찍은 벽의 사진과 '미답의 카메트 남동벽'이라는 사진 설명에 히라이데의 등반 의욕이 살아났던 것이다.

카메트는 일본에는 잘 알려지지 않은 산이었으나 실은 데라사와 레이코가 오랜 세월 동경해온 산이었다. 카메트는 인도 북부에 있으며 중국의 국경과 가까워서, 외국인의 접근이 제한된 지역에 있는 관계로 단일 외국 등반대가 입산을 신청할 수 없었다. 그런 제한 규정이 언제 해제되었는지는 몰랐지만, 2005년에 미국 단일팀이 도전했던 정보를 얻게 되어, 바로 데라사와도 입산 신청을 해서 결국 2008년 봄에 허가가 떨어졌다. 마침 히라이데도 같은 시기에 카메트 남동벽을 생각하고 있다는 것을 알고 있는 데라사와의 적극적인 협조가 있었다. 이것이 히라이데가 2008년 가을에 카메트를 등반할 수 있게 된 배경이었다.

카메트의 표고는 7,756미터로, 케이가 등정한 마나슬루에 비하면 낮은 산이다. 그러나 케이의 아버지는 당연히 에베레스트보다 훨씬 어려울 것으로 생각했다며 카메트의 벽은 사진만 봐도 시블링보다 더 어려운 등반이 되지 않을까 하고 직감적으로 느꼈다고 했다.

시블링에서 동상을 입은 두 사람은 심신心身이 모두 지쳐서 돌아온 처지였다. 그런데 거기보다 어려운 벽이라고 하면 그것이야말로 넘을 수 없는 선을 넘으려고 하는 것이라고 생각하지 않았을까. 이러한 의문에 케이의 아버지는 이렇게 말했다.

"아니오, 케이로서는 그 길을 가는 수밖에 없지 않을까 생각했어요."

그는 방 안 한쪽을 가리키며 이렇게 말을 이었다.

"어려서부터 집에는 저 접시가 있었는데, 그것을 늘 보며 살아왔으니까 그 영향도 있지 않았을까 싶어요."

선반 위에는 큰 접시 하나가 놓여 있었고, 거기에는 무사노코우지 사네아쓰武者小路実篤[35]의 시가 쓰여 있었다.

이 길보다
나를 잘 나타낼 수 있는 길은 없다.
이 길을 간다.

중·고등학교 시절, 케이는 부모에게 매여 살았다고 생각하고 있었다. 그런데 그녀의 '길'을 따뜻하게 지켜보고 있었던 것은 바로 부모였는지 모른다. 사실 두 사람의 카메트 미답봉 성공 뒤에는 케이 아버지의 응원도 있었던 것이다.

하라이데와 케이가 도전에 나서기 전해인 2008년 봄, 데라사와 레이코와 토비타 가즈오 등반대는 카메트의 노말 루트에 도전하고 있었다. 그러나 새로 맞춘 등산화가 불량인 데다 불운이 겹쳐 그들은 6,100미터 지점에서 후퇴했다. 그해 가을, 남동벽으로 향하려던 히라이데와 케이에 대해 데라사와는 이런 감회를 품고 있었다.

"젊었을 때에도 나는 감히 저 벽에 도전해야겠다는 생각을 가질 수 없었습니다. 히라이데는 최신 장비를 갖추고, 그것을 활용할 기술을 가지고 있었습니다. 그리고 두 사람은 실력이 있고 벽에 도전할 만한 조건을 갖추고 있었어요. 입산 허가는 쉽게 얻었습니다. 옛날 사람들은 운도 실력이라고 말하는데, 나 역시 좋은 의미로 그렇게 말하고 싶습니다. 시대는 바뀌었고, 타이밍도 맞았다고 봅니다. 히말라야에 계속 도전하고 있는 히로시마 산악회의 나고시 미노루名越實도 일찍부터 그 벽을 노리고 있었지만, 케이와 히라이데 두 사람이 간다는 것을 알고 무척 기쁘게 여기고 있었습니다."

2008년 9월 1일 케이와 히라이데는 카메트의 베이스캠프에 진입했다. 그리고 3일에 걸쳐 벽 아래까지 고소순응을 겸한 정찰을 했다. 그때까지 두 사람은 데라사와 등이 찍어온 사진을 보기는 했지만, 벽을 자신들의 눈으로 볼 때까지는 그 등반에 대해 반신반의하는 상태였다.

그런데 그들이 벽을 눈앞에 두고 이렇게 말했다.

"할 수 있겠는데…."

두 사람은 9월 10일부터 다시 고소순응을 위해 노말 루트로 7,200미터까지 올라갔다. 뒤를 돌아보니 옆에 칼랑카Kalanka (6,931m)와 창가방Changabang(6,864m) 등 난다데비Nanda Devi 산군이 눈에 들어왔다. 그때 칼랑카에서는 같은 세대의 일본인 클라이머 사토 유스케佐藤佑介, 이치무라 분류一村文隆, 아마노 카즈

아키天野和明가 북벽 신루트에 도전하고 있었다.

케이는 베이스캠프에 위성전화를 가지고 있었다. 아버지가 인터넷을 검색해서 카메트에서 가장 가까운 마을인 조시마트Joshimath의 기상예보를 위성전화로 알려주고 있었다. 조시마트와 카메트의 기상은 전혀 맞지 않았지만, 이 두 곳의 기상을 며칠 동안 비교한 결과, 케이는 기상 상태를 예측할 수 있었다. 조시마트에서 남서풍이 불면 카메트의 날씨가 좋아지고, 반대로 북풍이 불면 카메트의 기상이 나빠져서 눈이 많이 왔다.

이 같은 현상을 알고 나서 케이는 기상을 보고 공격 날짜를 조정했다. 같은 지역인 칼랑카에 있던 일본인 등반대는 눈보라 속에서 처절한 등반을 강요당하고 있었다. 한편 이 무렵 티베트의 쿨라캉리Kula Kangri(7,528m)[36]에서도 일본 등반대가 도전 중이었는데, 그들은 눈 때문에 가토 요시노부加藤慶信, 아리무라 사토시有村哲史, 나카무라 스스무中村進가 행방불명되는 참사가 있었다. 케이의 아버지는 이 소식을 뉴스를 통해 알고 있었지만 케이에게 알리지 않았다. 케이가 오직 등반에만 열중하기를 바랐던 것이다.

이런 소식을 모르는 히라이데는 눈이 이렇게 오면 등반이 어렵겠다고 생각하고 있었다.

"단념은 언제든 할 수 있으니, 우선 좀 더 기다려보자. 상태를 확인해보고 결정해도 늦지 않아."

케이가 히라이데에게 말했다.

케이는 지난날 시블링에서도 마찬가지였다. 그때 히라이데는 세계 최고의 지상과제가 되어버렸다는 압박감에 사로잡혀 있었다.

"시블링도 카메트의 성공도 나로서는 거의 포기 상태에 있었을 때 케이가 옆에 있어서 이루어진 셈입니다."

이것이 히라이데의 심정이었다.

눈은 한 주일이 지나면서 멎었고, 다시 푸른 하늘이 나타났다.

오늘은 벽이 잘 보인다. 출발지점부터 꼭대기까지. 역시 그 한가운데로 오르고 싶다. 일직선으로 라인을 그리고 싶은데, 할 수 있을 거야. 벽을 바라보고 있을 때 히라이데도 갈 수 있겠다고 말했다.

케이가 그때 쓴 일기이다.

다음에는 무엇?

그동안 쌓인 신설을 헤쳐 나가며, 베이스캠프에서 벽 아래까지 가는 데 이틀이나 걸렸다. 식량은 4일분. 그런데 결과적으로 등반에는 6박 7일이 소요됐다. 하루에 표고차를 100미터밖에 못 올리는 날도 있었다.

"지금 생각하면 그토록 시간을 잡아먹은 것이 바보스럽지만, 당시에는 한 걸음 한 걸음 넘어서는 것이 그저 즐겁고 기뻤습니다. 비박 자체가 육체적인 소모였으나 그럴 수 있다는 것만으로 즐거웠습니다. 이것이야말로 이상적인 등반이 아닌가 싶었습니다."

그때까지 소극적이었던 히라이데가 점차 케이를 이끌어가는 형국이 되었다.

"케이가 좀 힘들어하는 것 같기도 했어요. 카메트 이후, 가우리샹카르나 나이모나니에서는 고소에 강했지만, 카메트 때는 그렇지 못했습니다. 물론 카메트 때를 그렇게 극한상태라 표현

164

하기는 그렇지만, 이따금 내가 케이의 짐을 로프로 끌어올리고 케이는 주마로 오르기도 했어요."

사실 케이는 히라이데가 생각했던 것 이상으로 힘이 들었던 것 같다. 그야말로 극한의 상태였을지도 모른다. 벽에 붙고 나서 3일째 되는 일기의 글에는 힘이 없었다.

두 번째 예상되었던 난관이 생각보다 어려운 듯 앞을 가로막았다. 두 걸음 오르면 힘이 빠졌다. 어떻게 해야 할지 몰랐다. 벽에 붙을 때는 톱을 섰는데, 그것은 첫 피치뿐. 그 후는 주마링으로도 힘이 들었다. 이렇게 올라 무슨 의미가 있을까 싶었다. 굳이 의미를 찾는다면 히라이데의 의지를 실현한다는 것일까. 이처럼 힘들어보기는 처음이라고 생각하는 순간 얼음과 바위 조각이 무너져 내렸다. 이제 안 되겠다 싶어 얼음을 깎아 텐트를 치기로 했다. 텐트에 들어갔을 때가 21시 30분이었다.

지난날 시블링과 에베레스트를 오른 케이였는데, 이제 이렇게 힘들어보기는 처음이라고 했으니 그 말투가 심상치 않았다. 그런데 4일째의 일기에서는 더욱 약해진 모습이 보였다.

오늘은 문제의 난관을 두 피치로 나누어 넘어섰다. 히라이데가 멋지게 해냈다. 그 표고에서 믹스 클라이밍이라니! 새삼 히라이데의 실력에 감탄하는 동시에 내가 얼마나 약한가도 깨닫고….

카메트 남동벽 루트야말로 최고다. 상상 이상으로 곧은 라인으로 올라갔다. 라인도 라인이지만 그것은 바위와 얼음 그리고 다양한 형태의 눈이 있는 루트이다. 특히 첫 번째, 두 번째 난관은 얼음과 바위의 믹스 클라이밍.

이렇게 멋진 곳에서 나는 몸이 마음대로 움직여주지 않았다. 어제부터 짐은 끌어 올려졌고, 난 주마 신세. 말도 안 되지만 별수가 없다. 도대체 오를 수가 없으니. 어쩌다 이렇게 되었을까? 이젠 쓸모가 없으니.

케이는 늘 밝은 얼굴이고 조금도 부정적인 데가 없었는데, 일기에서는 그렇게 약해져 있었다. 자신을 쓸모없다고 하다니, 평소의 케이라면 상상도 할 수 없는 일이었다.

아마도 이때 케이는 정말 극한의 상태까지 갔었는지 모른다. 6일째에 최상부의 바나나처럼 굽은 쿨르와르를 오를 때의 모습이 일기에 나와 있었다.

바나나 쿨르와르 설벽을 정신없이 오르며, 나는 곧 죽을 것만 같았다. 히라이데의 스텝을 따라 오르면서 누군가 또 한 사람이 있다고 느꼈다. 누굴까? 이처럼 힘들어보기는 처음. 혼자는 도저히 못 가겠다 싶었다. 누군가 한 사람이 더 있었기에 그나마….

누군가 한 사람이라는 제3의 인물은 착시현상이었을 것이다.

이 제3의 인물은 옛날 극지 탐험 때 해난사고로 표류하거나 대재앙 때 현장에서 사람이 극한상황에 직면했을 때 나타나는 현상을 말한다. 모습은 보이지 않는데, 틀림없이 누군가가 옆에 있는 것 같은 느낌. 그 제3의 인물이 힘을 안겨주고 구체적으로 지시를 하는 경우도 있다고 한다.

등반의 세계에서는 1985년 가셔브룸4봉 서벽에 도전한 보이테크 쿠르티카Voytek Kurtyka[37]와 로베르트 샤우어Robert Schauer[38]도 이 제3의 인물 같은 것을 목격했다. 그들은 '빛나는 벽'이라고 하는 어려운 곳에서 악천후를 만나 '이런 일은 처음인데 이제는 죽는다'라는 정도의 극한상태에 빠졌다가 기적적으로 생환했다. 그 후 인터뷰에서 쿠르티카는 제3의 인물의 존재에 대해 확실히 현실감이 있었다고 말하고 있다.(1996년 산과계곡사에서 발행한『위험의 저편에Beyond Risk』라는 책에 나온다)

케이도 쿠르티카처럼 그런 제3의 인물을 보았는지도 모른다. 다만 쿠르티카와 다른 것은 파트너인 히라이데가 아직 탈진하지 않고 있었다는 점이다. 히라이데는 그때 환각상태까지는 가지 않았다. 나는 히라이데에게 당시 케이가 환각상태는 아니었는지 직접적으로 묻지 않고 넌지시 짚어보았더니 "케이가 지쳐 있는 것은 분명했지만, 그토록 심각한 상태는 아니었던 것 같습니다."라고 그는 말했다.

분명히 히라이데가 찍은 당시의 동영상에서도 케이는 여전히 웃는 얼굴이었다. 오르는 모습은 느렸지만, 히라이데가 있는 데까지 올라와 하는 말에서는 조금도 절망적인 데가 느껴지지 않았고, "히라이데는 정말 즐기며 오르고 있는 것 같아.", "경치

끝내준다!"와 같은 긍정적인 말이 있었을 뿐, 조금도 비장함이 엿보이지 않았다.

이것이 좀 이상했다. 동영상 속의 밝은 모습과 일기 사이의 그 간극은 무엇일까? 케이는 일기를 꾸며내어 썼을까? 이 일기는 케이가 자기 자신을 위해 쓴 것이었으니, 거짓말을 할 이유가 없다. '제3의 인물 현상'은 사람이 그야말로 극한상황에 처했을 때 나타난다. 그렇게 보면 당시 케이는 일종의 극한상황에 빠졌던 것이 틀림없다.

그런데 케이는 자기를 그렇게 몰고 가는 사람이 아니었다. 그녀는 언제나 그런 상황에서도 자기 자신을 밝은 상태로 유지했다. 카메트 때만이 아니라 노구치 등반대에서도, 일본의 산에서도, 또는 가이드로 손님을 데리고 다닐 때까지도 그녀는 조금도 지친 모습을 보인 적이 없었다. 누구나 케이를 천성이 밝은 사람으로 생각하고 있었다. 그 모습이 언제나 자연스러웠기 때문이다. 하기야 그런 모습으로 보일 수 있도록 얼마나 노력을 했을까. 케이는 힘이 들고 지쳐도 주위 사람들을 즐겁게 해주느라 그런 태도를 고수했는지도 모른다.

이야기를 다소 비약하는 것 같지만, 케이가 고학을 하던 스무 살 무렵, 미즈카미 유키에게 보낸 편지에서 그녀는 자기의 참모습을 보여주고 있었다.

"유키니가 이런 이야기를 해."라며 스스로 자립하는 것의 괴로움과 뜻대로 되지 않는 연애 등에 대해 토로하고 자신의 나약함을 고백하는 편지였다고 한다.

"케이는 사실 보통 여자였어요. 아니 보통 여자 이상으로 섬세했습니다. 자기를 강해 보이게 하려는 면도 있었지만, 나는 케이의 그 모든 것이 마음에 들었답니다."

미즈카미가 말했다.

카메트라는 극도로 어려운 산에서도 히라이데는 케이의 밝은 모습에 용기를 잃지 않았음을 확신했다. 히라이데는 난관을 넘어서는 것이 그렇게 즐거웠다고 하지만 난관을 극복한 이후에도 케이가 밝은 모습을 유지했었는지는 기억하지 못했다.

정상에 올랐을 때 케이가 히라이데에게 던진 말은 "히라이데, 멋져!"라는 한마디였다. 그때 히라이데는 농담조로 "그럼요. 정말 내가 멋진 것 같아요!"라고 말하며 웃었고, 케이도 평상시와 마찬가지로 "멋지다! 멋지다! 멋지다!"를 연발하며 웃었다.

발밑으로 인도 히말라야의 준봉들이 끝도 없이 펼쳐지고 있었다. 베이스캠프에서 폭설에 갇혀 있었을 때에는 상상도 못했던 장면이었다. 그들 두 사람은 골든피크, 시블링 등으로 경험을 쌓아가며 이제 드디어 '7,000미터 미답벽'에 직등 루트를 그었다. 그러나 이렇게 끝없이 이어지는 주봉들을 바라보며, 여기가 '마지막'이라고는 도저히 생각할 수가 없었다.

"다음에는 무엇을 하지?"

케이는 웃으며 히라이데에게 물었다.

"다음에는 무엇을?"

히라이데도 같은 말을 케이에게 던졌다.

이 등반으로 히라이데와 케이, 그리고 눈보라 속에서 칼랑카 북벽을 초등한 아마노 카즈아키天野和明, 이치무라 후미다카一村文隆, 사토 유스케佐藤裕介는 제 17회 황금피켈상을 받았다. 이 상은 등산계의 오스카상이라고 불리는 권위 있는 상이었다.

이때 히라이데와 케이의 수상 이유는 '탐험 정신Spirit of Exploration'이었는데, 아름다운 등반선을 발견하고 완등한 것이 평가됐다. 프랑스 샤모니에서 열린 시상식에 아마노와 사토, 히라이데, 케이 네 사람은 일본 전통복장으로 참가했다. 세계 각국의 미디어가 그들에게 카메라 플래시를 터뜨렸다. 케이는 이 상의 첫 여성 수상자가 되었다.

그런데 케이에게 이 상은 '덤' 같은 것이었다. 상을 목적으로 오른 것이 아니었기 때문이다. 게다가 여성이라고 주목받는 것도 의외였다. 그런 생각을 한 적도 없었기 때문이다. 러시아의 클라이밍 전문 웹사이트 〈Mountain.RU〉의 안나 피우노바 Anna Piunova[39]는 샤모니에서 케이를 취재한 후 그녀의 그런 기분을 정확하게 묘사했다.

———

황금피켈상의 긴 역사에서 여성 최초로 수상자가 된 케이는 산에 갈 때 여성이라는 의식을 하지 않았고, 한 번도 여자라고 스스로 제한하거나 하지 않았다. 자기가 가고 싶은 곳으로 갔고, 언제나 자기 식으로 올라갔으며, 억지 등반이나 불안한 등반이 아닐 때 그녀는 자신의 장점을 극대화할 수 있었다.

———

샤모니에서는 별의별 사람들과 다 만났다. 케이에게는 현지의 클라이머들이 스키를 자유자재로 구사하는 것이 특히 인상적이었다. 일본에서는 클라이밍과 스키는 별개의 것으로 여겨지며, 서로 그 분야가 다르게 발전하고 있었다. 히라이데처럼 두 가지를 모두 상급으로 해내는 사람은 드물었다. 그런데 샤모니에서는 클라이머들의 스키기술이 대단했다. 자기가 가려는 산을 향해 스키로 질주하는 그 모습이 케이에게 강렬하게 와 닿았다.

일본으로 돌아오는 비행기에서 케이는 스키장비에 대해 히라이데에게 계속 물었다. 광활한 설산을 자유로이 달리는 스키를 생각하며 케이는 자기 방의 전시품에 지나지 않을 황금피켈에 대해 깡그리 잊고 있는 듯이 보였다.

제8장

자전거와 문학과 산

메이지대학 사이클리스트 투어링 클럽

다니구치 케이는 황금피켈상으로 일반 사회에도 널리 알려져 교우관계가 갑자기 넓어졌다. 이렇게 되면서 옛날 친구들과도 연락이 잦아졌다.

메이지대학 사이클리스트 투어링 클럽(MCTC)의 OB들이 파티를 열어주었다. 케이는 대학시절 이 클럽에 가입해서 자전거로 일본 각지를 돌아다녔다. 그런데 클럽 멤버들은 등반에 대한 지식이 없다 보니, 황금피켈상이 어떤 상인지 잘 몰랐으며, 다만 케이가 온다고 하니까 사람들은 그저 마시고 수다나 떠는 모임으로 생각하고 모여들었다.

1993년 4월 스무 살에 메이지대학 문학부 사학지리학과에 들어간 케이는 언제나 명랑하고 어떤 부류의 사람들 모임에도 들어가 어울릴 수 있는 사람으로 변해 있었다.

대학 캠퍼스에는 벚꽃이 만발하고 그 꽃잎들이 날리고 있었다. 신입생들은 앞으로 4년간의 대학시절을 즐길 생각에 마음이 부풀어 있었다. 당시는 아직 버블경제의 여유가 있어서 학생들의 옷차림은 화려했으며, 상급생들은 케이를 저마다 자기네 서클에 가입시키려고 했다.

그런 분위기 속에서 반도 사토시坂東諭가 MCTC의 권유를 받고 그 부실에 갔더니 그때 케이가 있었다. 몸집이 작은 케이가 T셔츠에다 구멍 난 청바지를 입고 낡은 배낭을 가지고 있었다.

"베테랑의 아우라를 내뿜고 있었지요."

반도의 케이에 대한 첫인상이었다.

"보자마자, 이 사람은 누구? 선배? 동기? 그런 느낌이었어요. 늘 선배에게 경어를 쓰기는 했지만, 그것이 경어로 들린 적이 없었으니까요."

20세의 발랄한 케이의 얘기를 듣고 싶어서, 나는 "여자 신입부원이니까 애지중지하며 대했겠죠." 하고 말을 건넸더니, 반도는 "애지중지라뇨? 첫날부터 졸업할 때까지 케이를 여학생으로 본 사람은 없었답니다. 케이는 늘 남자들 틈에 끼어 있었으니까요." 하며 웃었다.

그런 케이와 반도는 대학 4년 동안 일본 국내뿐 아니라 뉴질랜드까지도 자전거로 돌아다녔다. 반도는 고교시절 축구부에 있었는데, 그때까지 대학 수험 준비와 축구부 활동으로 보지 못했던 세계가 그리웠던 참이었다.

"승부의 세계가 아닌, 여러 가지 체험을 하고 싶었어요. MCTC에 들어오는 사람들은 대개가 그런 생각을 가지고 있었다고 봄니다."

　테니스 서클이나 이벤트 서클 등 즐거운 모임은 얼마든지 있었지만, MCTC가 찾고 있는 부원은 그런 캐주얼한 캠퍼스 라이프를 즐기는 사람이 아니었다. 일반 학생들의 생활에는 없는 무엇인가를 그들은 찾고 있었다.

　당시 서클에는 100명 정도의 부원이 있었다. 그리고 자전거 여행이라고 해도 사람마다 생각이 달랐다. 주행거리만 생각하고 아스팔트를 달리는 사람, 산이나 숲속을 주로 즐기는 사람, 그런가 하면 관광지를 찾는 사람 등, 부원의 취향은 그야말로 가지각색으로 자유스러운 분위기였다. 이런 속에서 케이는 주말과 긴 방학을 이용해서 숲길과 온천장으로 이어지는 여행을 주로 했다.

　평일 낮에 케이는 자전거로 배달하는 회사 '데이서브Day Serve'에서 아르바이트를 하고, 야간 수업에 나가고 있었다. 여비뿐만 아니라 학비도 자기가 벌고 있어서 케이는 늘 생활이 어려웠다. 부원들은 그러한 케이의 사정을 알고 있었다. 케이가 살고 있는 아파트도 남 보기에 금방이라도 스러질 듯한 목조 건물로, 여대생이 산다고는 상상하기 쉽지 않은 그런 곳이었다. 방안에는 최소한의 생활도구와 책밖에 없었다. 도둑맞을 것도 없었지만 문은 늘 열려 있었다. 그러나 케이는 돈이 없다고 기가 죽은 적은 없었다.

　다른 부원들도 여비 정도는 스스로 벌고 있었으나 생활비와 학비는 부모의 도움을 받는 것이 일반적이었다. 그런 분위기 속에서 케이는 학비와 생활비를 벌어가며 방학기간에는 여행으로 시간을 보냈다. 바로 그런 점에서 남들은 케이를 남다르게 보고 있었다.

부원들이 모여 먹고 마시면 으레 신입 여학생들은 어떤 타입의 남자가 좋은지 질문을 받게 되는데, 케이에게는 그런 일이 처음부터 없었다. 그래도 반도는 한 번은 물어봐야지 하고 질문한 적이 있었다. 그러나 케이는 확실히 이렇다고 잘라 말한 적은 없었다. 그러한 케이와 합숙을 하면, 그녀는 사내 못지않게 자전거로 달려 나가곤 했다고 반도는 말했다.

"아무도 케이를 여자로 보지 않았어요."

합숙에서는 비가 계속 올 경우 옷을 텐트 안에서 말릴 수밖에 없었다. 이때 여자들은 자기 속옷이 사람들의 눈에 잘 띄지 않도록 신경을 쓰지만, 케이는 전혀 그런 일이 없었다. 덜 마른 것은 자전거에 걸어, 달리며 말리기도 했다. 오르막길에서 그러한 케이가 남자 부원들을 제치고 달려가는 것을 보고 어느 부원이 이렇게 말했다.

"그런 일을 당하고 나면 사내 체면이 말이 아니어서, 쟤는 사내라고 터놓고 말하게 됐어요. 그러고 보면, 케이라는 이름은 원래 남자 여자 어느 쪽에도 쓸 수 있는 이름이어서 굳이 케이를 여자라고 생각할 수도 없습니다."

그러한 케이도 한때 같은 대학의 남학생과 사귄 적이 있었다는 이야기를 그녀가 죽고 나서 들었는데, 그것은 큰 충격이었다. 그러나 아무도 그 사실을 제대로 아는 사람이 없고, 그것은 도저히 믿어지지도 않았다.

여자로 보이지 않았지만 케이는 남자들에게 신뢰가 두터웠으며, 당시 MCTC 회원 중에 남자는 80명이 넘었다. 그 속에는 어울리기 힘든 부원도 있기 마련인데, 케이는 많은 부원들이 좋아했다. 그러다 보니 부원 사이에 문제가 생기면 중재 역할로 케이를 불러내기도 했다.

케이는 선배에게도 마음에 안 드는 것이 있으면 자기 의견을 말했다. 다만 그런 경우 상대를 처음부터 부정하지 않고 "이런 건 어떤가요?" 하고 자연스레 접근하기 때문에 케이가 그러니 그런지도 모르겠다는 식으로 선배도 케이의 말을 받아들이곤 했다. 케이는 후배들이 귀찮아하는 일이 있으면 자기가 먼저 나서서 해치우곤 했다.

"정말 싹싹하고, 누구에게나 마음을 터놓았습니다."

반도가 말했다.

다른 부원들도 같은 의견이었다.

"언제나 웃는 얼굴이고, 화내는 얼굴을 보인 적이 없었습니다. 뭐라고 할까, 태양 같은 존재였지요."

케이는 3학년 때 슌다이駿大 지부의 지부장이 되었는데, 그때 케이는 압도적인 리더십으로 서클을 끌고 나갔다.

케이는 3학년 6월에 도쿄로부터 이토이가와系魚川까지 300킬로미터를 달리는 '패스트 런 레이스fast run race'에 참가했다. MCTC 소속 여자로 이 대회에 참가한 사람은 그녀 외에 없었다. 많은 멤버들이 놀라는 가운데에서도 반도만은 케이의 체력을 알고 있어서 그녀가 완주할 것이라고 말했다.

이때 케이의 기록은 '완주' 정도가 아니었다. 많은 남자를 제치고 3등으로 골인했던 것이다. 이 기록은 부원들의 도전 의욕에 불을 질렀다. 그리고 이런 기운을 더욱 몰아붙인 것은 여자들만의 합숙 캠프였다.

반도는 패스트 런 참가 때는 그다지 걱정하지 않았는데, 이 계획은 마음에 걸렸다. 당시 여성들만의 합숙은 전례가 없었기 때문이다. 게다가 케이가 택한 길은 숲속과 산길이 이어지는 코스였다. 지금은 여자들의 등산이나 막영이 별것 아니지만, 당시로서는 상상 밖의 일이었다. 반도는 말했다.

"남자가 있으면 오히려 잡음이라도 생기지 않겠는가 하는 식으로 나온다면 할 말이 없지만, 그래도 남자의 입장에서 보면 걱정되는 것이 많았어요. 휴대전화가 있었던 것도 아니고, 무슨 일이 생겼을 때 긴급히 연락할 길이 전혀 없었으니까요."

케이가 여자 캠프를 계획한 것은 남자 캠프라는 것이 있었기 때문이다. 남성끼리인 경우 2주간이라는 기간에 보통 남녀혼성 합숙 때보다 힘든 코스를 택하게 된다. 그런 남자 캠프가 끝나면 참가했던 멤버들이 한층 야성적으로 변하곤 했다. 그런 모임에 합류해봤던 반도의 말에 따르면 2주간 남자들끼리 있다 보면 역시 보통의 합숙과 맛이 달랐다고 한다.

그런 사나이들의 얼굴을 보고 케이도 '여성 합숙'이 생각났던 모양이다.

"케이에게는 '여자니까'라든가 '남자니까' 하는 말을 버렸으면 좋겠다는 생각이 있었다고 봐요. 특히 여자니까 할 수 없다는 말을 싫어했어요. 후배 여성 부원들에게 남자도 여자도 다른 점이 없다는 것을 깨우치게 하고 싶었을 겁니다."

본격적으로 여자 캠프를 하기 전 주말에 케이는 투어링 멤버들과 리허설을 한 적이 있었다. 그때 우선 케이가 한 일은 출발점에서 남몰래 멤버들의 타이어를 펑크 내고, 브레이크까지 느슨하게 해놓는 것이었다. 아침을 먹고 출발하려고 했을 때 부원들은 모두 놀랐다. 그토록 얌전한 케이가 그런 일을 하리라고는 생각도 못 했던 것이다.

"어떤 일이 있어도 여성의 힘만으로 대응할 수 있도록 하고 싶었겠죠."

반도가 당시를 회상하며 말했다.

"말로 이러니 저러니 하는 것보다 이런 때 실제로 사람들이 움직이게 하는 편이 서로 간에 의사 전달이 정확하고 빠르다고 보았을 겁니다."

케이의 그러한 '사랑의 채찍' 등으로 여자 캠프는 나름의 성과를 올렸다.

케이는 훗날 인터뷰에서 자기가 지부장이었을 때를 이렇게 돌아보았다.

"25기생으로 전통에의 도전을 슬로건으로 내걸면서도 전통이라는 것에 얽매이지 않고 개성 있게 행동하도록 했어요. 형식은 없어도 기억에 남는 그런 행동이 중요하다고 생각했지요. 지금도 가끔 '여자니까'라는 소리가 들려오지만, 누가 뭐라고 하든 자기가 하고 싶다고 마음먹고 노력해서 하면 돼요. 그저 단순하고 간단하게 그렇게 생각합니다."

이 말대로 '기억에 남는' 여행이 그 후에도 계속해서 이어졌다. 그리고 케이는 모로코에서 혼자 하는 자전거 여행 계획을 세우고 실천에 들어갔다.

"모로코라고? 아프리카 아닌가?"

반도만이 아니라 다른 부원들까지도 "정말이야?"라고 입을 모았다. 정작 케이 자신은 아무렇지도 않은 표정이었다. 그녀는 대학 4학년 때 마치 국내여행이나 하듯이 자전거로 모로코의 사막을 달렸다.

졸업 직전에는 동기와 뉴질랜드에서 합숙을 했다. 이 계획을 반도가 제안했을 때 케이는 "좋네. 가자!" 하면서 바로 동의했다. 자전거로 외국을 여행한다는 것은 생각지도 못하던 때 이야기다. 그런데 케이의 모로코 여행에 자극을 받은 친구들은 모두 그 열정에 빠져들었다. 그렇게 해서 뉴질랜드 합숙이 이루어졌다.

바로 그 후 반도 일행은 대학을 졸업하고 사회에서 각자 일하기 시작했다. 다만 케이는 '대학 5개년 계획'을 내세우고, 한해 유급까지 해가며 계속 자전거를 탔다. 당시 서클 회보에는 〈유급을 권한다〉라는 케이의 기고 기사가 실렸다. 자전거 사고로 마침내 보험금을 받게 되어, 지금까지 학교생활을 계속하게 됐다는 이야기로 독자를 웃게 하는 글이었다. 그 글은 다음과 같이 끝을 맺었다.

———

여러 합숙에 참가할 수 있었던 것도 몇 차례 있었던 사고의
보험금과 그 밖의 도움 덕분이었다고 해도 지나친 말은 아니
다.

———

케이의 인생은 흠집투성이인 것처럼 보이지만, 실은 그처럼 많
은 흠집을 온몸에 지니고도 케이는 여전히 자전거를 즐기고 있
었다.

———

바이크의 계절이 왔다.
바다로 갈까?
산으로 갈까?
캠핑 준비를 하고
지도를 그리자.
바람이 부는 대로 마음이 가는 대로
세계 어디에라도
너와 함께 가자.
눈앞의 끝도 없는 길
하늘에는 내 꿈으로 가득하다.

———

이것은 그녀의 〈유급을 권한다〉에 나오는 글로, 케이의 밝은 이

미지가 그대로 들어가 있다.

미즈카미 유키와 요부코 미호코로부터 들은 케이의 중·고교 시절과 대학시절의 이미지는 완전히 정반대였다. '정靜'과 '동動'으로 명확히 갈라지고 대립하고 있었으며, 거기에는 깊은 단절이 엿보였다. 반도는 그 단절을 전혀 알지 못했다. 케이는 대학시절 그전에 있었던 일들을 친구들에게 이야기한 적이 없었다고 한다. 반도가 얼핏 들은 것은 "별로, 그렇고 그런 거죠." 정도였다. 너무나 자연스러워서 더 깊이 물어볼 수가 없었다는 이야기였다.

"사회인이 되고도 대학시절과 조금도 다름이 없었습니다. 그것이 바로 케이의 진짜 모습이었죠."

반도는 단호하게 말을 이었다. 나는 케이에게 미안한 생각을 가지면서도, 미즈카미와 요부코에게서 들은 이야기를 반도에게 했다. 그때 그에게서 이런 말이 돌아왔다.

"아마도 중·고교시절에는 부모를 포함한 사회적인 규범 같은 것에 명확한 문제의식을 가지고 있지 않았었는지 모르죠. 그 후 대학까지의 2년 동안에는 좀 더 자기를 내세워야 하지 않을까 하는 어떤 계기가 있었으리라고 봅니다. 그렇게 자기를 억누르고 살지 않아도 되겠다는 생각을 하게 되었을 것입니다. 대학시절은 아주 자연스러웠고, 부자연스러운 데가 거의 보이지 않았어요. 그리고 보니 케이가 자기 집 이야기를 한 적이 없었으니 그것도 불가사의했지만, 자기가 벌어서 살고 있기에 굳이 물어보지 않았죠. 아마도 주위에 구속 같은 것을 느껴서, 그것에서 벗어나고 싶었었는지도 모르겠습니다."

케이는 미국에서 달라진 자기 자신을 그대로 지속하다가, MCTC 같은 곳을 알고 입회했을 것이다. 그리고 거기서 반도와 같은 너그러운 인간을 만난 셈이다. 그때 자전거 여행이 눈앞에 나타나고 '바로 이것이다' 하면서 쉽지 않은 자기의 갈 길을 찾았던 것 같다.

케이는 자전거 여행으로 많은 체험을 했다. 뜨거운 햇볕 속을 달리고 있는 자신에게 주스를 마시고 가라고 하는 사람, 지방의 특산물을 주는 사람이 있었고, 비가 오니 하루 쉬고 가라고 하는가 하면, 여비에 보태 쓰라고 돈까지 주는 사람도 있었다. 승용차도 기차도 아닌 자전거 하나에 몸을 맡기고 달리는 여행이다 보니 이처럼 사람들이 말을 걸어왔으리라. 케이는 바로 그러한 자전거 여행에서 그 지방을 몸으로 느꼈던 것이다.

"지금 생각하니 그것이야말로 소중한 체험이었어요."

반도는 현재 고등학교에 다니는 아들과 중학생 딸을 키우고 있다. 그런 자신에게도 자전거 여행이 많은 도움이 되었다고 그는 말했다.

"자식들에게도 지금은 이렇게 주어진 환경 속에서 살고 있지만, 밖에는 여러 가지 다른 세계가 있다고 말하곤 합니다. 장남은 야구를 즐기고 그 승부의 세계에서 살고 있지만, 나는 아들에게 그것이 전부가 아니라고 이야기해줍니다. 이런 이야기도 자전거 여행을 했기 때문에 가능하다고 생각해요. 해마다 한 달씩 그런 여행을 해오는 동안 내가 살고 있는 세상만이 전부가 아닌 것을 피부로 느꼈으니까요."

이것은 MCTC의 다른 멤버들도 같은 생각이었을 것이다. 자전거 여행이란 넓은 세상을 실감하고 그곳에 있는 작은 자기를 발견하는 일이다. 그리고 그 경험을 통해서 솟아나는 충동으로 다음 여행을 떠나게 된다.

황금피켈상 수상 직후 MCTC 부원들과 만난 케이는 지난날 카메트에 갔던 이야기를 가볍고 밝은 표정으로 담담하게 이야기했다. 술잔이 돌고 이런저런 이야기를 하면서도 케이는 지난날 모험에 빠져들었던 학창시절을 잊지 못했다. 케이는 여전히 지난날의 케이였다.

"대학생 때는 진솔했지만, 사회에 나오면 그러기도 쉽지 않습니다. 무엇인가 하고 싶고, 그래야 한다는 생각에 사로잡히게 되죠."

반도가 말했다.

반도는 대학을 나오고 여러 해 학원 강사로 있다가 오사카의 아버지 회사를 물려받았다. 40대가 된 지금 그는 그 사업을 더욱 확장해 나가고 있었다. 반도는 경쟁 상대의 동향이나 손님들의 의견에 열심히 귀를 기울이며 살았다. 그러나 이렇게 살다 보니 그 속에서 헤어나지 못하고 있다는 생각이 조금씩 들기 시작했다. 그러다가 어쩌다 케이와 만나면 '이렇게 살아서 뭐 하지?' 하는 생각이 문득 머리를 스쳤다. 케이는 자기와 달리 확실히 자신에게 충실하며 살고 있었다. 반도는 '안 되겠다. 안 되겠어. 나도 내 길을 가야지…' 하며 지난날 대학시절을 생각했다. 그때는 반도도 케이와 같이 꿈을 가지고 있었고, 마음도 단단했었다. 그런데 이제 매일 변화 없는 피동적인 생활인으로 하루하루를 보내고 있었다. 무슨 일에도 흥미가 없었다. '이래서는 안 되겠다, 그때를 잊어서는 안 되겠다…' 반도는 이런 생각이 케이를 다시 만나면서 더욱 강해졌다.

반도는 이렇게 말하기도 했다.

"케이는 아마도 자신에게 솔직한 삶을 살아야겠다고 생각했겠지요. 그런 마음은 우리에게도 있었는데, 케이는 그 마음을 계속 소중히 여기고, 자기 자신에게 충실했다는 것이 우리와 달랐다고 봅니다."

반도는 사업상 번잡한 일 속에 묻혀 있을 때면 그런 케이가 떠오르곤 했다. 그리고 자기도 케이와 같았으면 했다.

"케이는 하고 싶은 것이 언제나 등산이라는 모험이었으나, 사람에 따라 일이 생기기도 하고, 늘 자기가 하고 싶은 일만 할 수는 없습니다. 지금 자기가 하고 있는 일이 무엇보다도 중요합니다. 다만 같은 일을 해도 어떻게 해나가는지가 중요하지요. 일이란 남에게 끌려 하는 경우도 있지만, 그런 속에서도 언제나 자기를 잊어서는 안 된다고 봅니다. 그러다 보면 같은 일을 하면서도 기분은 다르지 않겠어요?"

이런저런 문제와 속박이 많은 사회에서 그 틀이나 상식을 바꾸지는 못해도 그런 속에서도 무엇인가 변화의 여지는 있기 마련이다. 그것을 찾아 점점 자기의 것으로 바꿔갈 수가 있으며,

그러면서 생기는 조그마한 변화를 케이는 모험 속에서 찾아 나간 셈이다. 케이에게는 이렇게 해서 이룩한 정점이 끝내는 히말라야의 벽을 무대로 하게 되었을 뿐이다.

반도는 케이가 없어진 것이 도무지 믿어지지 않았다. 지난날 여행을 떠나 소식이 없었던 일이 한두 번이 아니었으니, 지금도 어딘가 돌아다니고 있을 것만 같았다. 그러다가 어느 날 느닷없이 소식이 오겠지 하는 생각이었다.

'만일 케이가 돌연 나타나면 그녀는 나에게 뭐라고 말을 걸어올까? 나도 케이처럼 끊임없이 목표를 향해서 달리고 있어야겠다.' 요즘 반도는 그런 생각뿐이다.

갈매기 조나단

케이는 여대생이 거주하기에는 아주 열악한 아파트에서 살면서 평일에는 아르바이트를, 휴일에는 자전거 여행을 하며 지내고 있었다. 남자 이상으로 씩씩한 케이에게 MCTC 멤버들 이외에 남자친구가 있을 리 없었다. 멤버들 모두가 그렇게 생각하고 있었다.

그런 케이에게 대학시절 마음을 준 클래스메이트가 스즈키 가쓰미鈴木勝己였다. 가쓰미도 케이처럼 2년 늦게 대학에 입학했다. 두 사람은 나이가 같았고 고교시절의 환경도 비슷했다.

"고등학교의 교실은 모든 것이 획일적인 공간에 지나지 않았어요."

가쓰미는 지난날을 이렇게 회상했다.

"어떠한 개인의 생각이 있더라도 결국은 반의 분위기에 따라갈 수밖에 없었지요. 그런 속에서 저는 늘 불만이었어요. 공부는 전혀 하지 않았고, 획일적인 세계관을 고집하는 선생님에게 반감만 가지고 있었답니다."

가쓰미는 고교시절 수험 공부를 포기한 채 소설만 읽고 있었다. 그러다 보니 소설의 세계에 감정이 이입되어 그 세계가 사실처럼 보였고, 자기도 그런 상황에 놓인다면 소설에 나오는 등장인물처럼 행동할 수 있을 것 같았다. 그만큼 소설에 몰입한 결과였다. 인간의 심리와 행동 양식을 깊이 이해하지 않고서는 그런 이야기를 만들어낼 수가 없다는 생각에 가쓰미는 인간의 진실에 그토록 다가서는 소설을 쓰는 작가를 그저 존경할 뿐이었다.

그러던 어느 날 국어시간에 나쓰메 소세키夏目漱石[40]의 『마음』을 읽고 그 감상문을 쓰라는 과제가 주어졌다. 선생은 가쓰미의 감상문을 높이 평가했다. 그때 쓴 내용은 생각이 나지 않지만, 작가 자신의 인생관에 대한 내용이었다고 한다. 그때 선생은 이런 평을 했다.

"너도 하면 되겠다."

가쓰미는 고등학교를 졸업하고 시골에서 할머니의 밭일을 도왔다. 계절을 느끼고 흙을 만지다 보니 고교 때 느껴보지 못한 해방감이 있었다. 그때부터 가쓰미는 앞으로 흙과 같이 살아가리라는 생각이 굳어졌다.

그리고 1년이 지나, 고교 때 그 선생과 만나는 기회가 있었다. 그때 선생은 이렇게 말했다.

"대학에서는 열심히 자기 하고 싶은 공부를 하면 돼. 너는 자기 세계를 가지고 있으니까."

소설에서 느낀 인간의 진실, 그것을 대학에서 파들어 갈 수 있다는 사실에 가쓰미는 다른 사람이 되어 공부를 하게 되었다.

결국 그는 많은 고민 끝에 메이지대학 문학부 사학지리학과에 들어갔다. 문학이 아닌 지리학과를 택한 것은 '지금까지 인간은 무엇을 해왔는가?'에 대해 알고 싶고 나아가 '앞으로 인간은 무엇을 할 것인가?'에 대해 탐구하고 싶었기 때문이었다. 그것은 아마도 사회 전체에 대한 이야기라기보다 개인으로서 가쓰미 자신의 삶의 이유라는 본질적 물음에 대한 궁금증이 컸던 탓일 것이다.

그런데 가쓰미의 주위에는 그런 생각을 하는 학생이 없었다. 그저 메이지대학 학생이라는 타이틀을 얻기 위해서 입학하고, 입학 후엔 졸업 후 취직할 생각들만 하고 있었다. 여자를 사귈 생각으로 모임에 가는 학생도 있었는데, 한때 가쓰미도 혹한 적이 있었으나 조금도 재미가 없었다. 괜히 학구열만 약해지는 것 같았다. 그러다 보니 자연스럽게 학교에 가는 날이 줄어들고, 집에서 책만 보게 되었다.

"성격이 활달하지 못하고 어두웠던 셈이죠. 읽을 책이 없으면 사전을 읽고 있었으니까요."

가쓰미는 이렇게 농담하듯 말하며 웃었다.

그러던 어느 날 학교에 갔다가, 지금은 없어진 대학 기념관 앞에서 "학교에 좀 나와요. 재미있어요."라고 하는 밝은 여자 목소리를 들었다. 가쓰미는 자기에게 말하는 것으로는 생각하지 않았다. 자기 같은 어두운 학생에게 쉽사리 말을 건네는 분위기가 전혀 없던 무렵이었기 때문이다. 그 무렵 가쓰미의 사진을 보면 수염이 덥수룩하고 눈만 번들거리고 있었다. 그것은 어둡다기보다 무서운 표정에 가까웠다.

"대답 좀 해봐요."

비로소 얼굴을 쳐다보니 같은 학부 학생으로, 자그마하면서 늘 생기 넘치는 동급생이었다.

"그때는 정말 나를 보고 하는 말인가, 하는 느낌뿐이었지요."

사실 가쓰미는 그런 접근이 조금도 반갑지 않았다. 오히려 아무리 대학이라도 쓸데없이 아무 일에나 참견하는 것들이 득실거려서 싫다는 입장이었는데, 그것이 케이와의 첫 만남이었다.

그날부터 케이는 강의실에서 얼굴을 부딪칠 때마다 먼저 말을 걸어왔다.

"무슨 책 읽고 있어요?"

처음에는 그저 귀찮기만 했는데, 케이도 자기처럼 오토바이를 타고 있다는 사실을 알고 대화가 조금씩 늘었다. 케이의 오토바이는 스즈키 250으로 손볼 데가 많았지만 정비한 흔적이 보이지 않았다. 가쓰미는 내심 '이런 거를 타고 있었나' 생각했다. 그리고 자신이 가지고 있던 공구로 케이의 것을 이것저것 손질했다. 하지만 그러는 와중에도 가쓰미는 자신은 '음陰'이고 케이는 '양陽'으로 종류가 전혀 다른 인간이라고 생각하곤 했다.

그러던 어느 날 케이는 가쓰미에게 리처드 바크Richard Bach[41]의 『갈매기 조나단Jonathan Livingston Seagull』[42]이 좋다는 이야기를 했다. 이때부터 가쓰미의 생각이 달라졌다. 그 책의 주인공인 갈매기 조나단은 다른 갈매기들이 먹이를 찾아 날고 있을 때 순전히 날고 있는 행위 자체에서 의미를 찾고 있었다. 그러면서 조나단은 오로지 멀리멀리 날고 싶어 위험한 연습을 계속했다.

케이는 고교시절 이 책에 대한 감상문으로 선생으로부터 칭찬을 받았다고 말했다. 그것이 가쓰미의 『마음』에 대한 기억과 오버랩 되었다. 케이의 아파트에 갔을 때 『갈매기 조나단』의 문고판이 있었다. 책을 펼치자 조나단이 동료 갈매기들에게 호소하는 대목이 나왔다.

"형제들이여! 삶의 의미와 더 차원 높은 목적을 추구하고 따르는 자보다 더 책임 있는 갈매기가 대체 누구란 말입니까? 우리는 수천 년 동안 물고기 대가리나 찾아다녔습니다. 그러나 이제 우리는 삶의 이유를 갖게 되었습니다. 배우고, 발견하고, 자유로워지는 것! 저에게 한 번 기회를 주십시오. 제가 발견한 것을 여러분들에게 보여줄 수 있게 해주십시오."

케이는 이 작품 이야기를 이런 식으로 말했다.

"이 책을 읽기 전에 나는 보통이라는 것이 무엇인가 고민했어. 하지만 먹이를 찾는 것에만 급급하지 않고, 더 멀리 더 빠르게 날고 싶어 하는 갈매기가 있다고 해서 안 될 것은 없지 않아?"

이렇게 해서 그들 두 사람은 '산다는 것은 무엇인가?'에 대해 서로 두고두고 이야기하게 되었다. 그리고 그 해답을 찾기 위해 미술관이나 박물관을 돌아다니고, 학생 연극 따위도 보게 되었다. 두 사람은 특히 셰익스피어 극을 좋아했다. 어릿광대가 나오는 무대를 즐겼으며, 그 극의 원전을 읽어보려 하기도 했다. 극 속에 나오는 익살꾼은 왕의 권위나 사회의 상식을 뒤집어엎는 존재였기 때문에 더욱 그들의 흥미를 끌었다. 케이는『리어왕』을 좋아했다. 가쓰미는 케이가 부모로부터 추방당하면서도 부모를 사랑하던 셋째 딸, 코델리아Cordelia에게서 자기 모습을 보았는지도 모른다고 생각했다.

대학 3학년 봄방학 때 두 사람은 오키나와로 오토바이 여행을 갔다. 마침 오키나와는 백중百中(음력 7월 15일)이었다. 사람들은 거북이의 등딱지 같이 생긴 큰 묘 앞에서 고인을 추모하고 있었다. 그들은 음식을 먹으며 술잔을 들고 쾌활하게 떠들었다. 그런데 죽은 자에 대한 이런 문화를 가쓰미는 본 적이 없었다. 그들은 '사후의 세계'를 의식하고 있는 것이 틀림없었다. 마치 죽음의 세계를 지척에 두고 사는 듯했다. 인간이란 원래 죽음을 의식하지 않고 살면 살아 있다는 것을 실감하지 못하는지도 모른다.

오키나와를 돌아보는 동안 두 사람은 그런 생각을 하게 되었다.

"일본에서도 남십자성南十字星43을 볼 수 있어. 알아? 우리도 보러 가자."

케이의 제안에 따라 그들은 야에야마제도八重山諸島의 하나인 이리오모테지마西表島에 갔다.

두 사람은 아무도 없는 바닷가에 텐트를 쳤다. 하늘에는 별이 수없이 반짝거렸다. 너무나 별이 많아서 그중 어느 것이 남십자성인지 알 수 없었다. 그런데 발밑 모래 해안에서 별하늘 같이 불빛이 반짝거리기 시작했다. 반딧불이었다. 하늘과 땅 모두가 빛의 세계였다.

이 모습이 가쓰미에게는 사후死後 세계의 이미지로 각인되었다. 그리고 이 여행을 통해 가쓰미는 인간의 생사에 대해 깊이 생각하게 되었다.

가쓰미가 점차 자신의 정체성을 찾기 시작했을 때 케이는 세계를 돌아다니고 싶다는 자신의 오랜 희망을 실행에 옮겼다. 그것이 모로코로 혼자 떠난 여행이었다. 그때 모로코에서 케이가 보내온 그림엽서에는 현지 말로 '가쓰미'라고 쓰여 있었다. 그것을 보자 가쓰미도 자유로이 바깥 세계로 나가보고 싶다는 생각이 강렬해졌다.

케이는 모로코에서 돌아와 아프리카에서 만난 여성들을 소재로 인간의 자유에 대한 졸업논문을 썼다. 그 당시 가쓰미는 해외 경험을 해본 적이 없었지만, 케이는 이런 가쓰미를 격려했다.

"너도 틀림없이 해외로 나가게 될 거야. 너는 나가지 않았을 뿐 나가지 못하는 사람이 아니니까."

대학 졸업을 앞두고 두 사람은 각자의 진로에 대해 고민하고 있었다. 물론 서로 다른 길을 갈 것이고, 다른 여행을 생각하고 있었다.

가쓰미는 인간의 생사에 대해 깊이 배우고 생각하고 있었지만, 그것이 과연 옳은 선택인지 불안했다. 그런 가쓰미에게 케이는 말했다.

"자기가 자기를 믿지 못하게 되는 날에는 그걸로 끝이야. 행복이란 겉모습이 아니잖아. 결국 자기가 무엇을 어떻게 생각하는가에 달려 있는 거 아닐까."

케이는 그렇게 말했지만, 과연 그녀가 갈매기 조나단처럼 빨리 나는 그런 방법을 추구하고 있을지 가쓰미는 의문이었다. 여하튼 두 사람은 서로 비슷한 심리적 배경에 비슷한 가치관을 가지고 있다고 느꼈다. 케이는 의사가 적은 시골에서 힘들어하는 사람을 돌보는 일에 흥미가 있다고 했었는데, 실은 예상 밖에 광고대행사에 일자리를 정하게 되었다.

메이지대학을 졸업한 후 가쓰미는 지바대학千葉大學 대학원에 진학했다. 그 무렵 케이로부터 편지가 여러 번 왔다. 가쓰미는 새로운 환경에 익숙해지려고 애쓰다 보니 답장이 소홀했다. 그것이 섭섭했던지 "걱정하고 있는 사람에게 무소식이라니 그런 법이 어디 있어?"라고 따지는 듯 쓴 편지가 케이로부터 오기도 했다. 가쓰미는 자신의 무정함을 반성하고 다시 케이와 서신 연락을 하게 되었다.

3년 후 케이가 회사를 그만두었을 때 가쓰미는 어딘가 마음 한편이 가벼워진 느낌이었다. 케이는 역시 자기 갈 길을 가야 한다고 생각했던 것이다. 한편 가쓰미는 동남아의 라오스와 타이에서 인간의 생로병사와 그 문화에 대해 본격적인 연구 활동을 시작하게 되었다. 대학 졸업 직전 케이가 예상했던 대로 가쓰미는 결국 일본을 떠나게 되었다. 그 무렵 케이에게서 온 편지에는 이렇게 쓰여 있었다.

> 해외에는 자주 나가지만 나갈 적마다 새로운 문화를 접하면서 고국이 그리워지곤 해. 그때의 기분은 잊히지 않고, 잊고 싶지도 않아. 일기는 쓰도록 해. 지난날 미국 한가운데서 1년을 살았을 때는 아직 고교생이어서 세계가 좁다고 생각했는데, 그 넓고 큰 대지에 해가 지는 모습을 보고 눈물이 났던 기억이 그대로 남아 있어.

가쓰미는 첫 연구 대상국인 라오스에서 메콩강에 지고 있는 해를 보고 케이와 똑같은 심정이었다. 그리고 케이의 말을 따라 한동안 그곳에서 살아보고 싶다는 생각이 들었다.

그 후 가쓰미는 이웃한 태국으로 옮겨가 에이즈호스피스AIDS hospice 사원에서 말기환자를 돌보는 생활을 시작했다. 그곳에서 '죽음'과 가까이 대면하는 동안 그는 연구라는 영역을 넘어 하나의 인간으로 자기 자신을 되돌아보게 되었다. 그리고 에이즈 환자의 임종을 지켜보다 '아, 이 사람도 길을 떠나는구나.' 하는 생각을 하게 되었다. 그때까지 사람에게 있던 생명의 '기氣'가 그의 몸에서 빠져나가는 것을 피부로 느끼게 되었던 것이다.

가쓰미가 태국에 있는 동안 케이는 해외원정을 가며 몇 차례 그곳에 들렀다. 가쓰미가 호스피스 사원에서 에이즈 환자를 통해 인간의 생사 문제를 보고 있을 때, 케이는 등산으로 같은 문제를 느끼고 있었다. 다만 가쓰미는 케이가 어떤 산을 오르고 있는지 물은 적은 없었다. 지난날 『갈매기 조나단』을 읽은 케이가 지금 어느 정도 빨리 날고 있는지는 그리 중요하지 않았다. 먹이를 찾아서가 아니라, 그저 자유로이 날며 자기 인생을 추구하고 있다는 그 사실만으로도 가쓰미는 충분했다. 그리고 목표로 하는 '정상'은 달라도 자신을 케이와 다름없는 '모험가'라고 생각하고 있었다.

가쓰미는 태국에서 돌아온 후 와세다대학 인간과학부, 일본적십자 간호대학 등에서 교편을 잡게 되었다. 그리고 인간의 삶과 죽음에 대한 연구를 계속했다. 가쓰미는 여전히 케이와 다른 종류의 모험을 하려고 했다. 그러다가 2012년에 딸이 생겼다. 어머니가 된 여성은 자유분방한 케이와 달리 국가 공무원으로서 엘리트였다.

　출산한 다음 날 케이는 바로 갓난아이를 보러 왔다. 가쓰미는 케이가 등산가로 어떤 일을 했으며, 얼마나 강한지는 알지 못했다. 하지만 케이가 어린이들과 약하고 상처 입은 사람에 대해 한없는 애정을 가지고 있는 것만은 잘 알고 있었다. 케이는 가쓰미의 아이를 마치 자신의 아이처럼 사랑스럽게 두 팔로 꼬옥 안았다.

　이 모습을 보고 가쓰미는 혼자 생각했다. 케이는 18살 때 부모로부터 떨어져 나와 외부 세계로 떠났었다. 그리고 자아를 실현하기 위해 모험의 세계로 뛰어들었다. 누구에게도 의지하지 않고 독립적으로 살았지만, 케이도 마음속 어딘가에서 '가정'을 꿈꾸고 있었는지 모른다. '모험'과 '가정'은 처음부터 양립하기 어려운 것일 수 있지만, 케이니까 이 두 가지를 양립시킬 수 있을지도 모른다. '빨리 나는 것'과 '가정을 지키는 것'도 케이라면 둘 다 가능할지 모른다.

미치듯 했던 국내등반

"황금피켈상은 고사하고, 그 무렵 히말라야에 가게 되리라고 생각한 사람은 아무도 없었어요."

이런 말을 한 사람은 케이가 사회에 나간 첫해부터 소속했던 등산 클럽의 동기 오가와 히로시小川弘資"였다. 그 클럽은 찻집에서 일하던 젊은 친구들이 만들었는데, 클럽이 창설되면서 입회한 케이와 18세의 오가와는 그 후 3년간 많은 산행을 같이 했다. 그들은 이렇다 할 등반기술이 없어서 오쿠다마에서의 간단한 하이킹부터 등산을 시작했다고 한다.

오가와는 오늘날 요코하마에서 클라이밍 짐을 운영하고 있는데, 그는 억센 팔로 커피를 내놓으며 이렇게 말했다.

"그 무렵에 우리는 눈앞의 산들을 그저 담담한 심정으로 오르고 있었을 뿐 해외의 산 같은 것은 생각한 적이 없었어요."

그런데 케이는 왜 산에 가기 시작했을까?

"대학 사이클 부에서 산에 갔던 것이 그 계기가 되었을 거라고 하네요."

오가와가 말했다. 하여간 케이가 등산을 시작하던 무렵에는 산에 대한 생각이 그다지 강하지 않았던 것 같다.

케이와 오가와는 등산 클럽에 들어가고 1년 뒤 '북 알프스 오모테긴자表銀座부터 야리·호다카연봉槍·穂連峰까지 종주'를 자신들의 첫 목표로 삼았다. 그것은 많은 등산가들이 가보고 싶어 하는 길이었다. 그런데 그들은 종주 도전 중 비를 만나 야리가다케槍ヶ岳까지 가고 철수하고 말았다. 하산 후 다음에는 어디로 갈지 의견을 나눌 때 케이는 아직 모르겠다고 대답했다.

그들은 다음 해 그 루트에 다시 도전하고 오쿠호다카奥穂高까지 무난히 갔다. 그때 케이는 혼자 도전을 계속해서 니시호다카西奥穂高까지 종주했다. 이것을 계기로 케이의 산에 대한 의욕이 한층 더 강해졌던 것 같다. 그리고 그해 가을 케이는 처음으로 전문등반이 필요한 다니가와다케谷川岳의 이치노쿠라사와一ノ倉沢 초급 루트를 동료들과 완등했다. 이렇게 앞서가는 케이에게 뒤처진 오가와는 그것이 속상해서 케이를 따라 전문등반을 시작했다.

"그때부터 산에 가는 횟수가 확실히 늘었어요. 근교의 암장에도 시간 나는 대로 다녔고요."

그 무렵 케이는 장비를 회사 근처에 있는 '장다름'이라는 장비점에서 사고 있었다. 그 점포의 주인 부부를 케이는 산의 선배로 존경했고, 등산계획도 그들과 상의하게 되었던 것 같다. 장비점의 핫토리服部 부부는 산에 열심인 케이를 보고, 케이오야마京葉山 산악회를 소개했다. 어느 날 오가와는 케이로부터 밝은 음성의 전화를 받았다.

"오가와! 장다름의 핫토리 씨가 케이오야마 산악회를 소개해주셨으니, 같이 들어가자. 우선 장다름에서 만나."

장다름은 도쿄 중앙구 교바시京橋의 건물 1층에 있는 작은 점포였다. 주인 핫토리는 2층에서 레스토랑을 경영하고 있었는데, 케이와 오가와는 거기서 푸짐한 음식을 대접받았다. 오가와가 처음으로 찾아와서 그런 줄 알았는데, 그 후 2014년 9월에 폐점할 때까지 핫토리 부부는 오가와와 케이로부터 식사비용을 받은 일이 없었다.

케이는 케이오야마 산악회에 들어가서도 처음에는 전문등반에 빠져들지 않았다. 팀의 부 리더인 사토 요시유키가 어드벤처 레이스를 시작하면서 케이와 오가와를 끌어들였기 때문이었다. 그래서 그해 여름 케이는 4회, 오가와는 2회 레이스에 참가했다.

오가와는 레이스에도 흥미가 있기는 했지만 클라이밍 쪽에 더 마음이 끌려서 그때 두 번만 하고 레이스를 그만두었고, 케이는 계속했다.

"그녀는 사는 방식이 자유분방했어요. 마음에 들면 무엇이나 하고 싶어 했으니까. 그것도 적당할 정도가 아니고 아주 깊이 빠져드는 타입이었죠."

케이는 겨울철 등반시즌이 올 때까지 꾸준히 레이스로 트레이닝을 하고 있었다.

"케이는 트레이닝조차도 즐기면서 하는 사람이었어요. 그렇다 보니 레이스를 통해서도 자연히 사고의 폭이 넓어졌던 것 같습니다."

산에 눈이 쌓이면서 케이는 등반의 세계로 돌아왔다. 케이 오야마 산악회에는 어려운 전문등반에 열중하는 고가와라 쓰토무小河原務가 있었다. 이 고가와라가 리더가 되어 케이와 함께 열정적으로 설산에 가게 되었다.

"그때는 열정이 몸을 움직였어요. 2000년 11월부터 이듬해 5월까지 주말마다 산에 갔으니까. 날씨 때문에 되돌아오기도 했지만, 하여간 매주말을 산에서 살았답니다. 나도 케이도 이때 실력이 늘었어요. 지금 생각해도 대단했다고 봅니다."

고가와라의 아버지는 고가와라가 20대의 젊은 직장여성과 매주 산에 가는 것을 알고 사귀는 것으로 짐작했지만, 고가와라는 그런 생각이 전혀 없었고 오직 클라이밍에 빠져들어 있었을 뿐이었다. 실제로도 매주 설산을 즐기는 케이는 젊은 여성 직장인의 이미지와는 거리가 멀었다. 예를 들면 고가와라는 케이가 치마를 입은 것을 본 적이 없었다.

그래서 겨울 시즌이 끝날 무렵 케이가 3년간 다니던 회사를 그만두었을 때도 고가와라는 그다지 놀라지 않았다. 퇴사 후 얼마 지나지 않아 케이는 고가와라와 알래스카의 데날리를 등정했다. 케이는 우에무라 나오미를 존경하고 있었으며, 그가 조난사한 데날리는 그전부터 가보고 싶은 산이었다.

케이는 데날리에서 돌아오자 뉴질랜드로 갔다. '팀 이스트 윈드TEAM EAST WIND'의 한 사람으로 어드벤처 레이스의 에코 챌린지에 참가했는데, 이때 케이는 완주하기도 어려운 이 국제대회에서 11위라는 성적을 올렸다.

다시 겨울철이 오자, 케이는 등반을 시작하면서 이제는 다른 산악회 회원들과도 어울리게 되었다. 그 무렵 묘조산明星山 정면 벽 루트를 다나카 칸야田中幹也[45]와 오르고 있는 모습이 『산과계곡』의 클라이밍 전문지 『록앤드스노ROCK&SNOW』 17호에 실렸다.

다나카는 케이보다 7년 연상으로, 1986년에서 1989년까지 4년 동안 다니가와다케谷川岳, 가이코마가다케甲斐駒ヶ岳, 구로베黒部 그리고 유럽 알프스와 요세미티 암벽을 180번 이상이나 등반한 정예 클라이머였다. 그런데 1989년을 즈음해서 격렬한 등반을 그만두었기 때문에, 케이와 같이 오른 묘조산은 그에게 은퇴 후 가볍게 하는 등반이었다. 다나카가 등반계를 떠난 것은 "자신에게 재능이 전혀 없다는 것을 알았기 때문"이라고 했는데, 그때 그의 나이 24세였다.

한편 케이가 본격적으로 등반을 시작하고, 데날리에 올랐을 때 그녀는 28세였다. 다나카의 입장에서 보면 그것은 너무 늦은 출발임에 틀림없었는데, 이에 대해 그는 이렇게 말했다.

"일반적으로 20대 후반에 전문등반을 시작했다는 것은 늦은 편입니다. 그러나 케이의 경우는 그녀라는 그릇의 크기가 남과 달랐다고 봅니다. 이른바 보편적인 기준에 따라 자기의 가능성에 한계를 정하지 않고, 단순하게 그때그때 자기가 하고 싶은 일을 하는 것이야말로 자기 자신을 위한 최고의 선택이라고 생각합니다."

케이는 데날리 등정에 이어 불과 4년 만에 시블링을 등정했고, 그로부터 3년 뒤에는 카메트에 올랐다. 이것은 등산의 상식을 뒤집은 일이라고 할 것이다. 그러나 다나카의 관점은 달랐다.

"기술면에서 제법 확실한 업그레이드가 있었던 것이 아닐까 생각합니다."

그 이유는 이러한 것이었다.

"자일 파트너들의 기술수준이 모두 높았으니까요. 산악회 등에서 기술을 연마한다고는 하지만, 이는 본질과는 차이가 있습니다. 기술수준이 떨어지는 리더에게는 아무리 배운다 해도 시원치 않고, 결국 얻을 것이 별로 없지요. 그런 의미에서 케이의 기술은 상당했다고 봅니다."

이런 다나카의 말을 통해 케이가 과거의 기술뿐만 아니라 새로운 기술을 가진 클라이머와 동등한 등반을 했었다는 것을 알 수 있다.

2000년 전반기에 전문등반의 세계에서는 장비가 크게 개량되고 있었다. 그때까지 직선에 가까웠던 피켈이 바나나와 같은 곡선으로 바뀌었다. 이것으로 경사가 심한 바위와 얼음을 그전과 달리 쉽게 오르게 되었다. 크램폰도 프론트가 많이 개량되어, 많은 부분에 자유등반 동작을 적용할 수 있었다. 그렇게 해서 신세대 클라이머가 출현하게 되었던 것이다.

그렇게 등반의 최첨단을 달리는 신세대 클라이머 중 한 사람이 이치무라 후미다카―村文隆[46]였다. 클라이밍을 위해 상경한 그는 아파트 비용을 절감하려고 한때 케이오야마京葉山 산악회의 고가와라小河原와 방을 같이 썼는데, 그때 케이를 만났다. 그래서 케이는 이치무라와 산에 같이 가게 되었으며, 이것이 계기가 되어 다른 클라이머들에게도 널리 알려지게 되었다. 그 후 케이는 일본 등반계를 선도하게 되는 요코야마 가쓰오카橫山勝丘[47]와도 2003년 기후현岐阜縣 고야마시高山市 후쿠치온천福治溫泉 근처에 '부시도武士道'[48]라는 아이스클라이밍 루트를 개척했다. 그때 이야기를 요코야마는 이렇게 회고하고 있다.

"선배와 부시도를 오르려 하고 있을 때 케이가 같이 가겠다고 따라 나섰습니다. 그때 케이와 처음 만났는데, 참 멋지다고 생각했습니다. 만나자마자 그렇게 세게 나오니 내가 밀리는 기분이었죠. 케이의 쾌활한 성격 덕분에 부시도를 함께 오르며 무척 즐거웠습니다. 그런데 솔직히 말해서 케이의 등반능력이 부족해 앞으로 등반을 계속할 수 있을지 의문이었지만, 그 기질로 보아 어떻게 해서라도 해나가겠지 하고 생각했습니다."

한편 케이는 이치무라의 파트너였던 스즈키 히로키鈴木啓紀[49]와도 2005년부터 로프를 같이 매게 되었다. 스즈키가 25세, 케이가 32세 때였다. 스즈키가 속해 있는 산악회는 정예 클라이머를 배출하고 있었고, 케이 이상의 실력자들이 많았다. 그러나 스즈키는 그 후에도 많은 등반을 케이와 함께 했다. 당시 스즈키와 나와 히라이데 셋은 나이가 같았고 서로 잘 알고 있었다. 케이는 최고의 클라이밍 파트너라고 스즈키는 친구들에게 말했다. 이번에 다시 한번 그 이유를 묻자 그는 서슴지 않고 이렇게 말했다.

"초심자라도 등반능력이 되는 상급자와 같이 등반할 수도 있습니다. 지금으로서는 등반능력이 아니라, 오로지 산을 보고 판단하는 관점에 서로 차이가 없다면 그것으로 충분하다고 생각합니다."

벽壁과 같은 등반현장에서는 등반라인의 선택과, 날씨 변화의 예측, 전진과 후퇴 등 다양한 판단들이 중요한 요소인데, 케이와 스즈키는 그 점에서 아주 잘 맞았던 것 같다.

"간단히 말하자면 케이도 나도 신중한 편이었습니다."

조금 역설적인 이야기 같지만, 둘 다 신중하다 보니 위험한 등반을 계속 같이 했을 것으로 생각된다.

"어디까지가 안전하고, 어디부터가 위험한가… 그러한 판단은 산에서 경험을 쌓지 않으면 할 수가 없지요. 정확한 판단을 내리게 되기 위해서 나도 케이도 그동안 부단히 노력해왔습니다."

스즈키와 케이는 북 알프스를 중심으로 결코 적지 않은 등반을 했다. 스즈키는 케이를 파트너로 삼은 이유를 이렇게도 말했다.

"기술이 좋은 클라이머는 얼마든지 있지만, 케이는 동물적인 강인함 같은 것을 처음부터 가지고 있다는 느낌이었습니다."

어려운 데를 오르는 클라이머들은 많으며, 케이보다 체력이 좋은 사람도 적지 않다. 그런데 케이에게는 남들에게 없는 어떤 근본적인 '강인함'이 있었다. 그것이 무엇인지 말로 표현하기는 어렵다. 그것은 등반 그레이드나 어떤 숫자로 나타낼 수 있는 것이 아니라고 스즈키는 말했다.

그런 동물적인 강인함이 있었기 때문에 시즌마다 어려운 벽에 도전할 수 있었을 것이다. 그리고 그런 속에서 새로운 기술을 몸에 익히고, 또 기술 습득 과정에서 판단력도 키워 나갔을 것이다.

'강인함', '기술', '판단력'. 이것들의 상관관계 속에 있는 중요한 요소들이 등반 중에 계속 이어지면서 스즈키와 케이는 자신들의 등반 난이도를 더욱 높여 갔을 것이다. 그들 두 사람의 활동은 비단 국내에서만 이루어진 것이 아니었다. 2008년 6월에는 알래스카로 가서 데날리의 루스 빙하Ruth Glacier에서 다섯 개 루트를 등반해냈다. 그리고 이러한 경험을 바탕으로 그해 9월 케이는 히라이데와 카메트 남동벽을 초등하고 황금피켈상을 받았다.

그러나 케이는 거기서 멈추지 않았다. 귀국 후에 스즈키와 한층 더 어려운 동계등반을 해나갔다. 12월 8일 야쓰가다케를 시작으로, 연말연시에는 오바미다케大喰岳 서릉부터 야리가다케 서릉까지 등반했고, 엄동기에 샤쿠죠다케錫杖岳 앞에 있는 벽과 묘진다케明神岳 등의 암벽을 등반했으며, 눈 상태가 안정되는 것을 보고 도가쿠레戶隱와 다니가와다케 등에서 어려운 루트로 빙설등반을 했다. 또한 엄동기에 기타다케北岳 버트레스를 하루에 등반하기도 했다.

스즈키는 당시를 이렇게 회고했다.

"그 겨울 동안 등반능력에 큰 진전과 보람이 있었습니다."

그는 차와 텐트 안에서 케이와 많은 이야기를 했다. 그러나 케이는 강한 클라이머가 되고 싶다고 말한 적이 한 번도 없었다고 한다.

케이는 난이도가 높은 루트를 오르고 싶다고 한 적도 없었는데, 등반에서 난이도 등급을 따지는 것을 가장 싫어했던 것 같다며 스즈키는 말을 이었다.

"다만 강한 사람이 되고 싶다는 이야기를 여러 번 했습니다."

스즈키는 그러한 케이의 말이 조금도 부자연스럽게 느껴지지 않았다. 스즈키 자신도 케이가 타고난 클라이머라고 생각했기 때문이다. 케이 스스로도 그렇게 생각하고 있었지만 언제나 그런 표현을 자제했던 것 같다. 강한 사람이 되고 싶다는 말은 다소 추상적이지만, 그것이야말로 케이가 목표로 삼고 있는 강한 클라이머일 것으로 스즈키는 생각했다. 물론 스즈키는 케이를 클라이머로만이 아니라 순수한 인간으로 보고 있었다.

"클라이밍 파트너 이전에 우리는 친한 친구였다고 생각합니다. 늘 같이 있으면 즐겁고 산에도 같이 가곤 했으니까요. 그것이 제일 좋았던 것 같습니다."

케이가 초급자였을 무렵 로프를 같이 묶었던 다나카 칸야田中幹也는 엄동기에 캐나다 중앙 평원을 스키로 답파하는 등의 수평 모험으로 방향을 바꾸는 바람에 케이와 같이 산에 다니지는 않았지만, 그녀가 히말라야에서 활약하고 있는 것을 계속 눈여겨보고 있었다.

이에 대한 다나카의 반응은 다음과 같았다.

"케이는 아마도 히말라야 등반이야말로 하고 싶은 모든 등반 조건을 갖추고 있다고 생각하지 않았을까요. 어려운 데를 오르는 기술과 정확한 판단력은 일행 중 누구 한 사람이 가지면 됩니다. 그러나 체력이나 적응력은 대원 모두에게 필요하지요. 그런데 케이는 그중에서도 현지적응 능력이 남보다 앞서 있었다고 생각합니다. 다른 문화를 어떻게 즐기는지, 스트레스를 느끼는지에 있어서 개인별로 차이가 크기 마련인데, 케이는 그 점에서 남달리 뛰어나고 앞서 있었던 것 같습니다."

편협한 시각을 버리고 사람으로서의 포용력을 지니지 않으면 다른 문화에 순응하기가 어렵다. 그러한 시각과 포용력을 다른 말로 바꾸면 '인간으로서의 강인함'이 되지 않을까. 케이에게는 바로 그 '인간으로서의 강인함'이 있었고, 그것이 결과적으로 그녀에게 히말라야 등반가의 강점으로 연결된 것 같다.

케이는 그렇게 진화하면서 히라이데와 히말라야의 더욱 어려운 벽으로 가게 되었다.

제9장

더욱 어려운 벽으로

미지의 가우리샹카르

2008년 카메트 남동벽 초등으로 황금피켈상을 받은 다니구치 케이와 히라이데 카즈야의 다음 목표는 롤왈링 히말Rolwaling Himal[50]의 준봉 가우리샹카르Gauri Shankar(7,134m)였다.

히라이데는 이 산을 공중 촬영한 사진집에서 보았는데, 기록을 찾아보니 1997년 야마노이 야스시山野井泰史[51]가 북동릉으로 도전하다 악천후로 단념했고, 다음 해인 1998년 일본 산악계를 리드하던 사카시다 나오에坂下直枝[52]가 북면으로 도전했지만 역시 폭설로 접근할 수가 없었다.

사진에서 본 가우리샹카르의 북면은 거의 손댄 흔적이 없었다. 그리고 북면 주변에는 이른바 노말 루트 같은 것이 없었다. 이점이 바로 히라이데에게 매력으로 다가왔다. 지금까지 오른 시블링이나 카메트에는 노말 루트가 있었고, 벽을 오르고 나서 그리로 하강할 수가 있었다. 그러한 노말 루트가 가우리샹카르에 없다는 것이 히라이데에게는 그야말로 한 단계 진전된 모험이라고 생각되었던 것이다.

한편 케이는 바로 그런 '미지성未知性'에 마음이 끌렸다. 당시의 이야기가 『록앤드스노』 47호에 이렇게 쓰어 있었다.

———

어디선가 어쩌다 산 사진이나 영상을 보고, 아아 저 산에 오르고 싶다, 그리고 거기에 내 길을 내고 싶다고 생각한 적 있습니까?

그때 당신이라면 어떻게 하겠습니까?

나라면 거기 가보고 싶어 할 겁니다. 그리고 그 산에 아무도 오르지 않았다는 것을 알면, 가보고 싶은 마음이 더욱 강해지겠죠. 어째서 이 산이 그대로 남아 있을까? 기술적으로 어렵기 때문일까? 기상이 안정되지 않는 곳일까? 거기 접근하는 데 어떤 어려움이 있는 것일까? 아니면, 사회적으로 특별한 지역이거나 정치적으로 문제가 있는 국경지대라는 이야기일까?

네팔과 티베트 국경에 있는 가우리샹카르는 나에게 그런 생각들을 하게 한 산이었습니다.

가까우면서도 먼 정상, 가우리샹카르 동벽.

———

히라이데와 케이가 사전에 가지고 있던 정보라고는 몇 장의 사진뿐이었다. 따라서 그들은 베이스캠프에 들어가고 나서야 구체적으로 등반라인을 찾아 나섰다. 결과적으로는 처음에 사진에서 눈여겨보았던 주봉인 북봉이 아닌 남봉(7,010m)으로 이어

214

지는 라인을 해보기로 했다.

지난날 카메트에서는 리드를 거의 히라이데에게 맡기다시피 했지만, 가우리샹카르에서는 서로 그때그때 교대하며 등반했다. 케이는 확실히 등반실력이 향상되고 있었다. 그래서 두 사람의 호흡이 잘 맞았다. 말하기 전에 서로 알아서 체력이 무리하게 소모되지 않도록 적절하게 선두를 교대해 나간 것이다.

그러면서도 그들은 정상에 서지 못했다. 4일째가 되던 날 최상부의 깎아지른 암벽을 옆으로 이동하면서 돌파구를 찾았지만 정상으로 오를 수 있는 곳이 눈에 띄지 않았다. 정상이 바로 눈앞인데 그리로 오를 수 있는 길이 없었다.

"아, 역시 안 되겠어요!"

히라이데가 크럭스를 넘어서지 못하고 빌레이를 보고 있는 케이에게로 내려오면서 말했다. "그럼 돌아가자!"

케이가 주저 없이 화답했다. 그러나 정상을 밟지 못한 것이 마음에 걸렸다.

"그때 우리는 실패했지만 그래도 무사히 베이스캠프에 돌아와서 행복했어요."

히라이데가 말했지만, 그때 케이도 같은 느낌이었는지 나로서는 알 수 없었다. 히라이데를 로프로 확보하고 있던 케이는 크럭스인 그 마지막 암벽을 보지도 못했는데, 그래도 괜찮았을까. 케이의 입장에서는 그때 자기가 한 번 해보고 싶다는 생각이 들지 않았을까 궁금했다.

"그렇지 않았다고 생각합니다."

히라이데가 분명히 말했다.

"그때까지 서로 교대하며 리드했기 때문에 이곳이 보통 산과 다르다는 것을 둘 다 알았습니다. 게다가 우리 둘의 수준도 비슷했으니까, 내가 내려오는 것을 보고 자기로서도 여기는 무리라고 생각했을 겁니다. 그래서 돌아가자고 했을 때도 같은 마음이었을 거라고 생각합니다. 결국 오르지 못해서 마음이 좋지 않았지만 안전하게 후퇴했지요."

이처럼 히라이데와 케이는 남들이 생각하는 이상으로 아주 잘 어울리는 파트너였던 것 같다.

카메트에서처럼 상을 탈 정도의 등반은 못 되었으나, 두 사람에게 가우리샹카르 등반은 오히려 완성도가 높았다.

산에서 내려왔을 때 케이는 만족스러운 표정으로 이렇게 말했다.

"사람들은 그저 먹고사는 데만 에너지를 쓰는데, 그것은 사치스러운 이야기입니다. 이왕 살 바에는 매 순간 욕심을 내서 살고 싶습니다. 특히 미지의 세계는 사람을 끌어당기는 곳이고, 그런 세계가 어떤 것인가는 오직 자기에게 달려 있다고 봅니다. 이런 데를 한발 내딛는가, 그렇지 못한가에 따라 세계의 넓이도 달라지는 것이 아닐까요. 이번 가우리샹카르 도전도 실패라면 실패라고 하겠으나 아무도 가보지 못한 데를 그 정도라도 내 발로 내디뎠다는 것이 중요하다고 봅니다. 해보지도 않고 할 수 없을 거라고 하는 것보다 무리해서라도 가는 데까지 갔었다는 것이 중요하다고 생각합니다."

알래스카 추모등반

케이와 히라이데는 완벽한 파트너십을 이루고 있었다. 그러나 다음 해인 2010년 그들은 히말라야에 갈 수가 없었다. 봄에 케이가 산악스키를 타다가 무릎을 다쳐, 한 달 가까이 병원생활을 하게 되었다. 그 전해 겨울 케이는 스키장에 출근하다시피 하며 본격적으로 스키에 몰두했었다. 그러다가 봄부터 산악스키도 시작했는데 사고는 바로 그 무렵에 일어났다.

케이가 이렇게 스키에 관심을 갖게 된 것은 지난날 황금피켈상을 받을 때 샤모니에서 본, 스키를 자유자재로 다루는 서양 클라이머의 모습을 보고 나서부터였다. 광활한 빙하를 빠른 속도로 멋지게 등반하고 있는 그들을 케이는 선망의 눈빛으로 바라보았었다.

그러나 산악 관계자들 가운데는 케이가 스키를 시작한 것에 회의적인 사람도 있었다. 전문적인 등반가라면 자기 분야에서 그 능력을 더욱 키워 나가는 것이 중요하다는 견해 탓이었다.

케이의 경우는 고소 등반 분야에서 그 기술과 능력을 발휘해야 한다는 이야기였다. 두 마리의 토끼를 쫓아 스키에서까지 프로가 되기는 쉽지 않다. 그런데도 케이가 자존심을 버리고 그렇게까지 하려던 이유는 무엇이었을까?

"그것이 케이에게는 하나의 모험이었다고 생각합니다."

히라이데가 말했다.

"케이는 자기의 감성과 맞고, 매력적으로 보이는 세계에 발을 들여놓지 않고서는 못 배기는 성격이었습니다. 케이의 스키 실력은 초보 수준이었지만, 그럴수록 그녀에게 스키는 일종의 도전이고 도약이었습니다. 모르긴 해도 케이는 스키에의 도전을 히말라야의 벽에 도전하는 것만큼 가치가 있다고 여겼을 겁니다."

히라이데는 2010년으로 예정했던 티베트 나이모나니 원정을 다음 해로 미루었다. 그리고 케이에게는 나이모나니를 목표로 하고 재활을 계속하도록 말했다.

그러나 퇴원한 케이는 몸을 굽히지도 못하고 자기 집의 재래식 변기조차 쓸 수 없는 상태였다. 히라이데는 케이를 위해 양변기가 있는 아파트를 물색했는데, 그렇게 찾아낸 곳이 도쿄 고가네이시小金井市에 있는 목조 아파트였다. 히라이데는 그곳에서 케이를 돌보며 함께 생활했다.

케이는 평소에 야채류를 좋아했는데, 이 재활 기간에는 영양보충식을 먹어야 했다. 그녀는 산에 가는 것이 가장 좋은 재활이라고 주장했지만, 거리를 달리는 것으로 대신했다. 그러는 가운데 38세의 케이는 10대의 소녀처럼 빠르게 회복했다.

몸이 회복되기 시작하자 케이는 바로 여행을 떠나버리고, 아파트는 이시이스포츠에 근무하고 있는 히라이데 혼자 지키게 되었다.

그 이듬해인 2011년 케이가 재활에 성공해서 본격적으로 산에 가려고 하던 참에 느닷없이 큰 장애가 되는 일이 발생했다. 동일본 대지진이라는 재앙이었다. 그 무렵 케이는 태즈메이니아 Tasmania[53] 섬에 있었는데, 바로 돌아와서 이와테현岩手県 미아코시宮古市에 텐트를 치고 지원활동에 들어갔다. 그 재앙의 혼란이 쉽사리 정리되지는 않겠지만, 케이는 가을시즌의 나이모나니 등반을 위해 하나타니 야스히로花谷泰廣와 오기 노부스케大木信介와 함께 봄의 알래스카에 가려고 하고 있었다. '하필 이런 때'라는 소리에 답이라도 하려는 듯이 케이는『도쿄신문』에서 발행하는『악인岳人』2011년 10월호에 다음과 같은 수기를 썼다.

———

지진 직후 나도 갈등이 심했다. 이런 때 알래스카 원정을 갈 수 있을까. 그러나 그런 갈등 속에서도 나는 한 번도 안 가겠다는 생각을 하지 않았다. 알래스카에 가려고 계획했던 사람들 가운데 여러 사람이 안 가겠다, 갈 수 없다고 했지만, 나는 내가 할 수 있는 일이 나다운 도전을 하는 것, 전향적으로 에너지를 발산하는 일이라고 생각한다. 내가 알래스카 원정을 자제한다고 일본이 잘 될 거라고는 생각하지 않는다. 피해지역 지원활동을 하고 나서 그런 확신을 얻었다. 의료팀의 일원으로 현지에서 봉사활동을 한 하나타니도 같은 갈등 속에서 같은 결론에 도달했다.

다행인지 불행인지 모르겠으나, 우리 세 사람은 조금도 고민하지 않고 모두 같은 생각으로 알래스카로 갔다. 오기가 일본 국기를 가지고 왔다. 전 세계의 클라이머들이 모인 데날리에서 지진이 난 일본과 세계를 연결하는 기회를 만들 수 있겠다는 영감을 갖게 되었다.

이때 우리는 어느 원정 때보다도 세계에서 온 많은 사람들과 만나 이야기할 수가 있었다. 이렇게 해서 그들과의 유대의식이 생기고 강화됐다. 아이슬란드에서 온 클라이머가 알래스카 빙하에서 일본을 생각하는 그런 유대감도 있었다. 그런 의식은 우리보다 그들 외국 클라이머들이 더 강했다. '너희들은 언제나 외톨이가 아니다', '우리는 늘 같이 있다'라는 메시지로 우리는 몸이 뜨거웠다. 클라이머는 누구나 생과 사를 같이하는 만큼 그런 의식이 더욱 강했을 것 같다.

———

이 원정에서 케이가 목표로 한 것은 카힐트나피크Kahiltna Peak에서 데날리 캐신 루트Cassin Route를 종주하는 것이었다. 빙하 밑에서 북미 최고봉 데날리(6,193m) 정상까지 일직선으로 뻗은 이 아름다운 루트는 2년 전인 2008년 야마다 다츠로山田達郎, 이노우에 유토井上祐人 등 젊은 클라이머가 이미 도전했었다. 케이는 그들과 그전부터 아는 사이로 그 도전 직전에 루스 빙하에서 텐트를 치고 2주 동안 같이 지내기도 했다.

이노우에는 고교 1학년 때부터 사회인 산악회인 '팀 84'에 입회해서, 전위적인 등반을 시작한 클라이머였다. 그는 고교 2학년 때 벌써 동계 다니가와다케의 이치노쿠라사와 벽을 올랐다. 야마다도 고교를 중퇴하고 뉴질랜드로 건너가 거기서 등산을 시작했다. 케이도 고교생 때 미국 유학이라는 모험을 했기에 열 살 정도 나이 차이는 있어도 자기와 같은 시기에 자유를 찾아 모험에 나섰던 그들에게 친근감을 느끼고 있었을 것이다.

그런데 카힐트나피크에서 데날리 캐신 리지 종주를 노렸던 그들은 데날리 정상을 눈앞에 두고 행방불명이 되었다. 그때 야마다는 27세, 이노우에는 24세였다.[54]

야마다 다츠로는 생전에 미국 여성 클라이머인 라라 카레나 켈로그Lara Karena Kellogg[55]의 조난에 즈음해서 이런 글을 썼다.

—

클라이머로서 근래 발생한 비극에 가슴이 아프고, 산에서 죽는다는 것의 의미를 새삼 생각하게 되었다. 그것이 특별한 일은 아니라 여기고 싶지만, 이렇게 뒤에 남아 있는 사람의 입장에서는 어쩔 수 없이 특별하게 여겨질 수밖에.

과연 나는 소중한 사람을 잃고도 강하게 살아갈 수 있을까? 또한 언젠가 나에게도 닥칠 죽음의 문제를 생각하며 인간관계를 구축하게 될 것인가?

무엇이 어떻든 죽음을 두려워하며 사는 것같이 바보스러운 일은 없다. 그래서 그녀의 삶까지 살아가려고 마음먹었다.

—

『악인』 2008년 2월호에 나오는 야마다의 이 글은 케이도 읽었으리라.

케이는 야마다와 이노우에의 죽음을 맞이하면서, 그들이 미처 다하지 못했던 '카힐트나피크에서 데날리 캐신 리지의 종주'를 해내기로 했다.

오기와 케이는 그 종주에 앞서, 데날리 근처에 있는 프랜시스봉Francis Peak 남서룽과 카힐트나퀸Kahiltna Queen 서벽을 등반하며 몸을 풀었다. 그런데 그해의 알래스카는 일기불순이 이어져, 목표로 삼았던 종주가 잘 진척되지 않았다. 결국 오기는 귀국하게 되었고, 하나타니와 케이 두 사람만 그 종주에 나섰다.

"이 라인을 완성하게 되면 이름을 '인연因緣'으로 하자."

케이가 말하자 하나타니도 좋다고 했다.

"물론 인연이라는 이름에는 야마다와 이노우에의 뜻을 이어가겠다는 의미도 포함되었습니다. 당연히 나도 두 사람이 목표로 했던 그 선을 완결시키고 싶었는데 다만⋯."

하나타니는 잠시 멈췄다가 말을 이었다.

"단지 조의를 표하는 그런 소극적인 분위기는 전혀 없었습니다. 등반선이 너무 멋있어서 오르고 싶었습니다. 그런데 막상 등반을 시작하니 눈의 상태도 나빴고, 너무 힘들고 길어서 과연 엄청난 등반라인이라는 생각이 들었습니다."

하나타니는 그때까지 히말라야와 안데스에서 여러 차례 어려운 등정을 해왔고, 그 이듬해에는 네팔의 캬샤르Kyashar 남쪽

필라(6,767m)를 초등해서 황금피켈상을 받기도 한 톱 클라이머였다. 그러한 하나타니도 케이와 같이 나서면서 그해와 같은 악천후에서는 캐신 리지의 후반부를 끝내 돌파하지 못했다. 뿐만 아니라 눈사태와 세락의 붕괴 위험이 있는 데스밸리(죽음의 계곡)로 하산할 수밖에 없었다. 당시를 하나타니는 이렇게 회상했다.

"그때 정말 죽는 줄 알았어요. 세락 바로 밑으로 하강했을 때는 살아 있다는 생각이 거의 없었으니까요. 그렇다 보니 무사히 돌아왔을 때는 정말 기뻤습니다."

야마다와 이노우에 루트는 결국 미완성으로 끝났지만, 케이는 이 등반을 통해서 그 두 사람과 '대화'를 하고 있었던 것이 틀림없다.

그해가 저물고 케이는 2012년 신초사新潮社 문고판으로 나온 유이카와 케이唯川惠[56]의 연애소설『한 순간이면 돼一瞬でいい』[57]에 〈오늘도 산 이야기로 시작한다〉라는 제목으로 해설을 썼다. 거기에는 야마다와 이노우에의 생과 사뿐만 아니라, 자신의 생과 사도 지켜보며 데날리에 도전하던 케이의 기분이 그려져 있었다.

———

같은 산에는 절대로 가지 않는 나이지만, 알래스카의 데날리에는 그 후에도 여러 번 갔다. 그렇게 끌리는 산이다. 기쁨과 슬픔, 억울함 등 여러 감정이 복합적이어서 이 산에 그렇게 끌리는지 모르겠다.

이 산에서 돌아오지 않은 그 소중한 친구와의 인연으로 나는 다시 여기 왔다.

그들을 빼앗은 그 순간이 어떤 것이었는지 아무도 모른다.

죽음은 두렵지 않았던가?

죽음이 억울하지 않았던가?

자기의 운명을 한탄했을까?

소설에 나오는 그런 물음과 같은 것을 나도 얼마나 물었는지 모른다. 그러나 답은 없었다. 싫증 안 나는 아름다움과 엄격함을 갖춘 데날리가 변함없는 모습으로 거기 있을 뿐이었다.

진지하게 산과 대하며 살아온 나의 인생은 아직 짧기만 하지만, 그런 가운데 나는 여러 차례 생과 사의 문제와 마주쳤다. 소중한 친구들 여럿이 산으로 갔다 돌아오지 않았다. 산에서의 죽음은 그렇게 아름답다고 할 수 없다. 억울하다. 그러나 그들이 살았던 시공時空은 틀림없이 복잡하지 않았고 그저 아름다웠다.

그런 그들의 아름다움과 무념무상함을 접할 적마다 나는 산에 간다.

그들이 얼마나 감동하며 눈과 얼음과 바위를 올라갔을까. 얼마나 멋진 경관을 자기 것으로 했을까. 나는 그 기분을 조금은 알 것 같았고, 더욱 알고 싶었다. 그때 비로소 내가 살아 있다는 것을 실감한다.

죽음과 마주할 때마다 삶이 귀하게 느껴진다.

인생이 이래야만 하는지 모르겠지만, 삶의 아름다움과 소중함을 더욱 실감하게 된 것 같다.

살다가 가버린 그들의 인생을 내가 대신 살아줘야겠다는 욕심이 생기면서 나는 모든 순간순간을 놓치고 싶지 않다는 생각이 들었다.

———

연애소설의 해설에 들어 있는 이 글을 산에 가지 않는 독자들은 어떤 기분으로 읽을까? 케이가 말하는 '죽음과 마주할 때마다 삶이 귀하게 느껴진다'는 구절은 야마다가 쓴 '죽음을 두려워하며 사는 것같이 바보스러운 일은 없다'와 통하는 데가 있다. 이러한 말은 끝까지 죽음을 멀리하려는 건전한 사람에게는 이상하게 느껴질지 모른다. 그러나 담담하게 지나가는 일상생활에는 없는 빛이 죽음을 옆에 둔 산에는 있다. 그것을 상징이나 하듯 그 죽음의 골짜기를 내려올 때에 대한 케이의 서술은 빛나고 있었다.

———

포레이커Foraker(5,304m)가 저녁노을에서 아침햇살로 옮겨가고 있는 계절의 이상스러운 아름다움을 오직 둘이서 차지하고 눈물이 날 정도로 감동받았다. 커다란 지구 위에 이 보잘것없는 두 사람의 존재라는 현실이 지금 내가 그 위대한 지구의 아름다움을 독점하다시피 하고 있다는 행복감으로 변하고 있었다. 누구보다도 살아 있다는 것을 감사히 여기는 순간인지도 몰랐다.

- 「카힐트나피크 종주」『록앤드스노』53호

———

알래스카에서 완전히 회복된 케이는 히라이데와 계획한 나이모나니(7,694m)로 향했다. 2년 전에 도전한 가우리샹카르와 같은 티베트 쪽의 히말라야였다. 이 나이모나니의 남동벽은 누구도 오르지 못한 채 남아 있는 공백이었다.

그들은 티베트 등산협회와 협의를 끝내고 인적미답 지역에 베이스캠프를 세웠다.

"어렵게 여기까지 오게 되니, 이제 일이 되는가 보다 하는 느낌이 있네. 앞으로는 우리의 힘과 운으로 선을 잘 그어 나가자고."

케이가 말했다.

"긴장하지는 않았어요?"

히라이데가 물었다.

"무서움 같은 것보다 산과 어떻게 마주할 것인가 밤마다 생각하고 있어. 나의 약점을 어떻게 극복할 것인가가 내게는 가장 중요해."

한동안 원정은 순조로웠는데, 남동벽에 붙자 하루 만에 좌절하고 말았다. 목표로 하고 있는 등반루트에 언제 무너질지 모르는 세락이 버티고 있었던 것이다. 다시금 러시안룰렛이었다. 히라이데가 말했다.

"바로 내려가요."

그러나 케이는 받아들이려고 하지 않았다. 두 사람은 세락과 조금 떨어진 곳에 텐트를 치고 그날 밤을 지내기로 했다. 텐트 안에서 그들은 이야기를 주고받았다.

"내가 약했어. 너무 쉽게 봤어."

케이가 하는 말을 히라이데는 이해할 수가 없었다. 위험한 세락을 앞에 두고 사람이 강하다든가 약하다든가 하는 것은 의미가 없기 때문이다.

결국 다음 날 두 사람은 등반을 포기하고 하산하기로 했다. 밑에 내려왔을 때 케이는 이렇게 말했다.

"내려온 것은 세락이 위험했기 때문이었지만, 아무리 생각해도 찜찜해. 이 정도는 앞서 정찰 때 알아챘어야 하지 않을까? 우리가 너무 가볍게 본 것 같아."

히라이데도 조금은 수긍을 하면서 이렇게 대꾸했다.

"그래요. 생각했던 것보다 벽이 어려웠어요. 어딘가 불안정하고 눈도 녹고 있었으니, 시기의 선택에 문제가 있었는지도 모르죠."

케이의 표정은 심란했으며, 여느 때와 달리 웃음을 보이지 않았다.

베이스캠프로 가는 그들의 발걸음은 무거웠다. 그러나 조용하고 쾌적한 곳에 내려오자 케이는 이렇게 말했다.

"좀 과장한다면 꿈과 희망과 낭만에 이끌려 여기에 왔고, 에너지가 넘쳐 우리들만의 등반라인을 찾았던 셈이야. 물론 정찰도 하고 고소순응도 하며, 멋진 모험이 되겠다고 생각했어. 그런데 하루 만에 집어치웠으니…. 세락이 위험했다고 말하지만 어딘가 기분이 개운치 않아. 내 생각이 너무 가벼웠겠지만, 분명히 나의 무력함도 원인인 것 같아."

그러나 히라이데는 케이가 두고두고 자신의 나약함을 말하는 것이 못마땅했다. 그동안 같이 판단하고 같은 느낌을 공유했었는데, 나이모나니에서 무엇인가 심적으로 문제가 있지 않나 싶었던 것이다.

그런데 케이의 말이 계속됐다.

"정말 정신줄을 놨다는 느낌이어서, 그래도 베이스캠프에 돌아오면 제정신으로 돌아오지 않을까 했는데, 그렇지 않네. 하지만 여기까지 왔으니 무슨 방안이 있지 않을까 싶어. 불행히 식량도 거의 떨어져 가니 다시 한번 해볼 기회는 지금이 마지막 아닐까?"

이런 와중에도 적극적이고 공격적인 케이의 모습이 남아 있었다.

"그래서 내일이야말로 베이스캠프를 떠나 새로운 경치를 보러 오르고 싶어. 위에서 새로운 세계를 보고 감동하고 싶어."

두 사람은 다음 날 다시 위로 향했다. 원래 노리던 남동벽으로는 못 갔지만 남벽 역시 미등이어서 그들은 그곳을 빠르게 올라갔다.

"눈이 좋았어요. 베르크슈른트bergschrund[58]도 문제없이 넘어갔고."

여러 체험을 거친 그들에게 기술적인 문제는 별로 없었다. 그날 밤 두 사람은 알파미 한 봉지를 같이 먹으며 비박을 했다.

닷새 째 되던 날 남서릉을 올라서자 멋진 경치가 펼쳐졌다. 남쪽으로 네팔의 준봉들이 이어지고, 동쪽으로는 티베트의 무명봉들이 끝도 없었다. 그리고 서쪽으로는 인도 히말라야의 봉우리들의 위용을 볼 수 있었다. 그런 가운데 유독 눈에 띄는 것이 있었다. 3년 전에 둘이 오른 카메트였다. 바로 케이가 바라던 '새로운 광경'이었다.

남면으로 정상에 오르니 성산聖山 카일라스의 웅자가 눈에 들어왔다. 티베트 불교의 성산聖山이다. 그 옆으로 마나사로바 Manasarovar 호수가 있는데, 적갈색의 티베트 대지에 그 호수에 비친 산의 모습이 선명했다.

두 사람은 그 이듬해 히라이데가 두 번 도전하고도 뜻을 이루지 못했던 난봉인 카라코람의 시스파레로 갔다. 그러나 결국 나이모나니 등반 때와 같은 상황에 빠지게 된다.

자기표현으로서의 등반

일본 클라이머들 중 많은 사람이 『토포topo』라고 하는 가이드북을 읽고 있다. 거기에는 앞서 간 사람들이 개척한 루트의 난이도와 길이 등이 자세히 쓰여 있다. 보다 어려운 루트를 완등한 사람들조차도, 거기 나와 있는 정보에 만족감을 느끼는 사람들도 적지 않았다.

조치대학上智大學 산악부 출신의 온다 마사미恩田真砂美[59]는 그런 타입의 클라이머는 아니었다. 원래 여행하기를 좋아하고 등산은 그런 여행의 연장선상에 있었다. '어려운 루트'보다 '미지의 장소'가 그녀의 마음을 끌었다.

온다는 대학을 졸업한 1993년에 미국의 극지 탐험가 윌 스테거Will Steger[60]가 운영하는 극지교육센터인 홈스테드에서 개들을 돌보며 개썰매 훈련을 했다. 그리고 다음 해 캐나다 북극권 헤이리버Hay River와 코퍼마인Coppermine 간의 1,000킬로미터를 개썰매로 돌파했다. 또한 1996년에는 라오스의 비엔티엔

Vientiane과 태국의 방콕 사이 800킬로미터를 자전거로 달렸다. 설원이 끝없이 이어지는 북쪽의 대지, 무덥고 뜨거운 공기가 충만한 정글, 일본과는 너무나 다른 그런 환경에서 사는 사람들. 그런 자연을 여행하며 그녀는 자기가 사는 세상이 전부가 아니라는 것을 알 수 있었다.

온다는 1999년부터 해마다 해외 등산을 해오며 케이가 히라이데와 오른 무즈타그아타는 그들보다 앞서 올랐고, 8천 미터급 고봉도 케이보다 먼저 등정했다. 그녀는 이밖에 몽골 최고봉인 후이텐Khüiten(4,374m)도 오른 바 있었다.

이러한 높은 봉우리가 있는 오지에 가려면 어프로치에만도 여러 날이 걸린다. 온다는 그런 여행을 좋아했다. 그러다 보니 그런 요소가 없는 클라이밍에는 별로 흥미를 느끼지 못했다. 그래서 케이가 히말라야의 어려운 벽을 오르기 시작했을 때에도 '히말라야의 벽을 오르는 알파인 클라이머가 나왔구나' 하고 생각했을 뿐, 케이의 클라이밍 자체에는 그다지 관심이 없었다.

그런데 케이의 등반보고서를 읽으면서 온다는 그녀에게 관심을 갖기 시작했다. 사람과의 만남이며 자연 풍경에 대한 감동 같은 클라이밍 외의 이야기가 그 보고서에 잘 쓰여 있었기 때문이었다. 온다는 케이의 보고서를 읽고 이 사람도 자기와 같은 정서를 가지고 있을지 모르겠다고 생각하게 되었다.

온다는 2010년 일본산악협회(현재의 일본산악·스포츠클라이밍협회)가 개최한 등반보고회에 참가하면서 케이를 처음 보았다. 이때 케이는 사람 좋아 보이는 얼굴로 웃으며 산에서 있었던 에피소드를 이야기하고 있었지만, 온다는 말할 수 없는 충격을 받았다. 그것은 등반 이야기 때문이 아니라 케이에게서 나오는 압도적인 에너지 때문이었다. 온다는 케이에게서 마치 생명력 있는 빛 같은 것이 발산되는 느낌을 받았다. 온다는 이런 사람을 본 적이 없었다.

온다에게는 해외에 친구가 많았는데, 그런 친구들과 케이가 만나면 얼마나 좋을까 생각했다. 틀림없이 친구들이 케이에게 흥미를 가지게 될 거라는 느낌이 들었다. 케이는 국경을 넘고 문화를 넘어 모두를 매료시킬 것 같은 분위기를 가지고 있었다고 온다는 당시를 회고했다.

"설명하기는 쉽지 않지만, 그때 저는 케이야말로 세계를 넘나드는 그런 레벨의 사람이라고 생각했어요."

두 사람은 2011년 겨울 처음으로 파트너가 되어 북 알프스의 샤쿠죠다케錫杖岳(2,168m)[8]로 암벽등반을 갔다. 여행을 즐기는 온다도 동벽에서는 다른 클라이머와 같이 코스 개념도를 읽고 앞서 사람들이 때려 박은 볼트나 피톤을 사용하며 기존의 코스를 따라갔다. 그 외에 방법이 없다고 생각했다. 그런데 케이는 그런 길을 전혀 가지 않았다. 바위에 얼어붙은 얼음이나 풀이 있는 곳에 스크루나 너트와 캠을 설치해 확보점을 만들고 있었다. 당연한 듯이 기존의 루트와 다른 라인을 가고 있었다.

"벽에 라인을 긋는다."

케이는 이따금 그런 말을 하곤 했는데, 정말 암벽이라는 커다란 화폭에 자신의 선을 그리고 있었다.

"산쟁이 가운데 적극적으로 자기 뜻을 밝히는 이가 그리 많지 않은 것 같습니다. 말로 전달하는 게 힘들어서 산이라는 캔버스에 자기표현을 하고 있는 거라고 생각합니다. 그것은 그리든가 만들어내든가 연주하는 창작자와 같은 것이 아닐까 요즘 그런 생각을 가지게 됐어요."

케이는 강연에서도 이런 이야기를 하곤 했다.

그러한 '자기표현'으로서의 등반은 지금까지 온다가 해온 나름의 비장함이 있는 동계등반과는 전혀 다른 것이었다. 온다에게 그러한 겨울의 추위는 '적'이나 다름없었다. 그런데 케이는 어떤 의미에서 그것을 적이 아닌 친구로 삼고 있었다. 한겨울에는 얼음이 생기고, 얼음이 단단하면 할수록 스크루가 잘 박혀서 확보가 확실하다. 볼트만 바라보고 따라갔을 때는 느끼지 못했던 그 자유의 감각을 케이가 일깨워주었다. 케이는 등반에 대해 '자기 눈으로 자기에게 가능한 라인을 고르며 오르는 것'이라고 자주 말했다.

바로 그것이다. 정해진 코스가 아니고 자기가 가고 싶은 대로 벽을 오르면 된다. 갑자기 온다는 겨울의 벽에 마음이 끌리게 되었고, 여러 차례 케이와 함께 산에 갔다. 사람의 존재를 부정하는 듯한 바위와 얼음의 세계에서 '창작자'로서의 케이의 판단은 언제나 정확했다. 케이가 "이렇게 하는 것이 좋지 않을까?"라고 하면 그것은 대개의 경우 그대로 되었다.

그렇다고 케이가 온다의 판단을 무시한 것은 아니었다. 가령 어느 등반에서 하강 뒤처리를 하는 온다를 보았을 때 케이는

"그렇게 하면 로프 회수에 문제가 생기지 않을까?"라면서 그 일을 그냥 온다에게 맡기고 내려갔다. 그러자 케이의 말대로 로프의 흐름이 좋지 않았고, 나중에 아무리 힘껏 당겨도 로프가 내려오지 않았다. 그러자 케이는 "그래서 말했지. 자기가 회수해요."라고 말했다. 무정하게 들리는 말투였으나, 그러고 나서 케이는 아무 일도 없었다는 듯 어느 때처럼 이야기했다. 거기에는 따뜻함과 웃음이 있었다. 엄하면서도 정다웠다. 온다는 케이의 엄한 의견도 '옳으신 말씀'이라고 받아들였다. 등산 교본에 나오는 이론들을 잘 알고 있는 온다였지만, 이따금 케이의 판단과 다르다는 것을 알게 되었다. 자기가 생각해낸 라인을 시간과 기상 등을 참조해가며 오르는 행위에는 조건의 유형이 많고 복잡해서 교본에 싣기가 어려웠기 때문이다. 케이에게는 절대로 실수해서는 안 된다는 마음가짐과 집중력이 있었다.

온다는 케이와 산에 다니며 배운 것을 반드시 기록으로 남기고 다음 산행에 반영해 나갔다. 케이와 동행하면 늘 수확이 많았다.

온다와 거의 같은 시기에 나도 케이로부터 전문등반의 기초를 배웠다. 그것은 분명히 그때까지 나의 등산에서는 없었던 선명한 경험이었다. 기존의 루트가 없는 곳에서 스스로 안전한 확보를 해나가며 오르는 것. 그것은 생명과 관계된 판단을 연속적으로 해나가는 일이다. 온다의 말대로 거기에는 교본이 없었다. 그저 스스로의 판단으로 만들어 나가는 라인이야말로 그 사람의 자기표현이라고 할 수 있었다.

새로운 만남

2012년 2월 나는 케이로부터 '윈터 클라이머즈 미팅Winter Climbers Meeting'에 나오라는 권유를 받았다. 그것은 원래 영국에서 시작한 모임인데, 일본에서도 마노메 히로요시馬目弘仁[62]와 요코야마 가쓰오카橫山勝丘가 2008년부터 모임을 시작했다. 2009년 겨울에는 사토 유스케도 영국의 미팅에 참가했었다.

2012년부터 사토가 나서서, 도치기현栃木県 아시오足尾 산군에서 그 모임을 열었다. 들리는 말에는 전위적 클라이머들이 모인다고 했는데, 그런 모임에 과연 끼어들어도 되겠는가 싶어서 사토에게 전화를 걸었더니, 관심 있으면 같이 가자고 했다. 그렇게 되어 그와 나, 온다 세 명이 한 차로 가게 되었다. 현지에는 등반가들과 그들의 후원자 30명 정도가 모여 있었다. 우리는 가이드북에 올라 있지 않은 아시오의 암벽들을 이틀에 걸쳐 등반했다.

그때의 미팅에 대해 케이는 『산과계곡』 2012년 4월호에 이렇게 썼다.

이 모임 참가에 필요한 것은 뛰어난 등반능력이 아니다. 처음 보는 사람과 등반 그 자체를 즐기는 일이다. … 오르고 싶은 라인이 30년 전에도 있었는데 그것을 같이 오르게 된다는 것이 재미있다. … 인생에 정도가 없는 것처럼, 산에도 정도가 없다. 어떻게 해야 살아나고 어떻게 하는 것이 최고의 클라이밍이라는 것이 없다. 그래서 재미있다고 새삼 느꼈다. 일본의 등반가들이 서로 의견을 나누는 곳이 있어서 더욱 멋지다.

언젠가 "끝까지 사는 것이 모험"이라고 말한 클라이머가 있었는데, 내일도 웃으며 오르자.

전국 각지에서 등반가들이 모이다, 도치기현 아시오 산군에서
제4회 WCM 개최

이 모임이 있고 두 달 후인 4월 말 케이와 나는 동계시즌 마무리를 위해 쓰루기다케劍岳의 쓰루기 능선劍尾根으로 갔다.

등반 이틀째, 엄청난 파워에 단독으로 올라오고 있는 사람이 있었다. 그는 빌레이를 하며 오르고 있는 우리에게 바로 접근했는데, 오래 입은 복장에 오래된 장비 차림으로 경험이 많은 클라이머인 것을 한눈에 알 수 있었다.

"도호쿠東北의 와다입니다. 케이와 오이시大石 두 분이시죠."

자세히 보니 지난날 '윈터 클라이머즈 미팅'에서 가볍게 인사를 나누었던 와다 준지和田淳二[63]였다. 그는 그때까지 우리와 크게 다른 라인을 올라왔는데, 여기가 등반 개념도에 나와 있는

라인인지 물었다. 나는 어쩔 줄 몰랐으나 자연스러움을 가장해서 우리는 새로운 라인을 그리며 올라왔다고 대답했지만, 실은 그렇지가 않았다.

그러자 케이가 와다를 유인하기 위해 말했다.

"와다! 혼자 쓰루기 능선을 올라왔어요? 대단하네요. 하지만 그 장비로는 부족할 것 같은데…. 우리와 같이 오르면 어때요?"

와다는 광채가 나는 클라이머였다.

"그래도 괜찮을까요? 그러면 부탁합니다."

이렇게 답하며 와다는 단독등반 계획에 지장을 주지 않을까 걱정하는 우리와 로프를 묶었다.

바로 위부터 바위는 뜻밖에 어려워지면서 장비를 많이 써야 하는 인공등반이 되었다. 적은 장비로 온 와다가 말했다.

"역시 혼자서 여기로 오르기는 어려웠겠어요."

"그렇죠. 우리와 같이 가게 되어 잘됐어요."

케이가 즐거운 듯이 응수했다.

텐트 등을 미스노 마도ㅌ/窓라는 곳에 두고 온 와다는 저녁에 우리와 헤어져 무서운 속도로 그쪽으로 갔다. 어느새 그의 모습이 보이지 않았다.

"아, 저 사람 정말 대단한 체력이네요."

감탄하며 케이가 말했다.

다음 날 아침 와다가 돌아왔는데, 보통이라면 1시간 걸리는 거리를 10분 정도의 속도로 이동한 셈이다. 나는 와다가 예티 yeti 같은 사람이라는 생각이 들었다.

우리는 쓰루기다케 정상까지 와다의 이야기를 들으며 올라갔다. 그는 야마가타현山形県에서 임업을 하고 있었는데, 눈 속에 체인 톱 같은 장비를 등에 지고 다니는 경우가 많다고 했다. 그러니까 체력이 좋았을 것이다. 와다는 아프리카에서 식목植木을 한 적도 있고, 도쿄의 고층빌딩에서 로프에 매달려 창문을 청소하기도 했다. 혼자 도호쿠의 산에 암벽을 개척한 이야기 등 재미있는 화제가 끝이 없었다. 와다는 소년과 같은 밝은 표정에 많은 경험을 보유한 사람으로 보였는데, 나이를 들어 보니 케이보다 3년 아래인 서른여섯 살이었다.

쓰루기 능선은 눈과 얼음의 믹스 루트로서 로프로 확보하는 구간과 확보 없이 빨리 갈 수 있는 구간이 교대로 나타났다. 이때마다 장비를 바꾸는 판단이 와다와 케이는 거의 같았다. 그래서인지 다른 사람과 같이 갈 때 생기기 쉬운 스트레스가 거의 느껴지지 않았다.

쓰루기다케 정상에 오르자 구로베黒部 계곡과 능선이 눈앞에 펼쳐졌는데, 봄날의 햇빛을 받고 있었다. 너무나 멋진 광경에 우리는 그 계곡과 능선으로 해서 언젠가 구로베 횡단을 해보고 싶다고 서로 이야기하기도 했다. 케이도 와다도 호쾌한 표정이었다. 우리 셋은 같이 사진을 찍었다. 와다는 다시 만나자는 인사를 남기고 우리와는 다른 길을 택해 무서운 속도로 내려갔다. 뒤에 알았지만, 와다는 그 길로 곧장 내려가지 않고 또 한 곳에 더 올랐다고 한다.

멀어져 가는 와다를 보면서 나는 다시 한번 예티 같은 체력의 사람이라고 감탄했고, 케이도 그런 것 같다며 내 말에 동조했다. 그러나 그녀는 이때 와다에게 전혀 다른 감정을 느끼고 있었다.

다음 해인 2013년 겨울에도 나는 케이로부터 전문등반에 대해 훈련을 받고 있었다. 그리고 그 동계시즌이 끝날 무렵인 4월 말 주말에 1년 전에 갔던 쓰루기다케로 갔다.

벽 중앙에 있는 R4라는 빙벽루트를 오를 예정이었는데, 첫날 비가 와서 출발지점인 주차장에 잡혀 있었다. 케이가 그날 와다도 친구랑 이곳에서 밤바지마馬場島 능선으로 간다고 해서 그쪽과 휴대전화로 통화하려고 했지만 할 수가 없었다. 그들은 그 빗속에도 그대로 산으로 간 모양이었다.

우리는 다음 날 당일로 R4를 오를 생각이었다. 그리고 올라갔던 계곡으로 내려오면 그해 시즌은 끝나기로 되어 있었다. 그런데 케이는 내년을 위해 친네Zinne를 돌아보자며 그 계곡을 올라갔다. 친네는 미쓰노마도ミノ窓 근처 능선 상에 있는 암탑이었다. 말 그대로 어렵겠다고 생각하며 나는 케이의 뒤를 따라갔다. 케이는 걸음도 무척 빨랐다. 빠른 정도가 아니라 나는 그 뒤를 따라가기도 힘들었다.

미쓰노마도에 오르니 텐트가 몇 동 쳐져 있었다. 생각해보니 지난해에 와다가 여기 머물렀었다. 케이는 어쩐된 일인지 친네보다 텐트만 바라보고 있었다. 그러더니 "와다 있어요?" 하고 텐트에 대고 소리를 질렀다. 밤바지마 능선으로 정상에 가려면 으레 여기를 지나가게 되어 있었지만, 그렇다고 지금 와다가 여기 있다고는 할 수 없었다. 아니나다를까 "우리는 다른 팀이에요." 라는 대답이 그 텐트에서 나왔다.

나는 친네의 암벽을 쳐다보고 있었는데, 케이는 벌써 내려가기 시작했다. 나는 급히 뒤따라갔다. 어느새 주차장에 내려와서 이제 돌아가려고 하자, 케이가 마치 좋은 생각이 났다는 듯 말했다.

"그래그래, 내일은 도야마만富山灣에 가서 흰 새우를 사자."

그 무렵 나는 먹는 일에 전혀 흥미가 없어서 바로 집으로 가고 싶었다. 그런데 겨울 동안 전문등반 기술을 배운 처지에 케이의 제안을 거절하기가 어려웠다. 역시 케이는 철저한 '나그네' 라는 생각이 들었다.

다음 날 우리는 그 도야마만 어시장에 갔고, 케이가 흥정을 잘한 덕에 흰 새우를 싸게 살 수가 있었다. 그런데 새우를 어디서 어떻게 먹을 것인가 물었더니, 케이에게서 예상치 못한 대답이 돌아왔다.

"그렇지. 지금쯤 와다 일행이 주차장으로 내려오고 있을 테니 같이 먹자."

도야마만 바닷가에서 우리는 다시 산속 주차장까지 차를 달렸다. 때마침 와다 일행이 주차장에서 돌아갈 준비를 하고 있었다. 그들은 우리를 보고 놀랐지만, 케이는 내려와서 잠깐 시간이 있어 도야마만에 다녀왔다며 대수롭지 않은 듯 말했다. 실은 어제 내려와서 24시간이나 기다렸는데… 놀랍게도 이처럼 와다 일행의 사정을 정확히 파악하고 있는 케이를 보며 나는 할 말을 잃었다.

와다 일행은 그 자리에서 흰 새우를 맛있게 먹었는데, 케이는 만족한 얼굴로 와다 옆에 앉아 있었다. 나는 그때 케이를 보며 그녀가 '나그네'이자 '클라이머'인 동시에 '여성'이라는 것을 확실히 깨달았다.

나에게 지고 싶지 않아

2013년 가을 히라이데와 케이는 시스파레(7,611m)로 갔다.

히라이데는 그때까지 두 번이나 이 산에 도전한 경험이 있었으나 모두 7,000미터도 오르지 못하고 물러섰었다. 케이와 같이 가는 이번이 이를테면 세 번째인 셈이었다.

그들은 하사나바드 빙하Hasanabad Glacier를 올라가서 푸른 초원에 베이스캠프를 세웠다. 그런데 3,500미터 정도 되는 낮은 곳이어서 정상까지 표고차가 4,000미터나 되었다.

오르기 시작하면서부터 기온이 올라가다 보니 낙석이 심했다. 그때 작은 돌이 케이의 허벅지를 때렸다. 케이는 진통제인 로키소닌을 먹었다. 이때 히라이데는 뭔가 좋지 않은 예감이 들었다. 마치 산이 그들에게 돌아가라고 하는 것 같았다. 이번에도 시원치 않을 것 같았다. 내려가고 싶었다. 별다른 이유도 없이 그런 느낌에 사로잡힌 적이 이전에도 없지는 않았다. 그러나 히라이데는 그런 직감은 이유를 불문하고 옳았다는 생각을 갖고 있었다.

　표고 5,000미터 부근까지 갔을 때 그 예감이 실감으로 바뀌었다. 나이모나니 때와 같았다. 이번에도 방금이라도 무너질 듯한 세락이 머리 위에 있었다. 앞서 가던 히라이데가 되돌아가서 케이에게 내려가자고 했다.

　"내려가자고?"

　케이는 히라이데의 말을 받아들이려고 하지 않았다. 케이를 설득하려고 히라이데는 근처에 텐트를 쳤다.

　"나이모나니 때도 그랬지만, 그만 포기해야 한다는 판단은 서로 수년의 차이가 있기는 하나, 시스파레 때는 더욱 분명했어요. 시스파레에 가기까지 케이와는 미지의 산을 오르고 있었지만, 시스파레는 내가 두 번 간 곳입니다. 그런데 당시 우리의 조화가 어느 원정 때와 달라서 판단이나 감각에도 차이가 있었던 것 같아요."

　직감이 아니라 객관적 관점에서도 머리 위의 세락은 너무나 위험했다. 히말라야 등산에서 표고 5,500미터라면 이제 시발점이나 다름없는데, 그들은 거기서 물러서고 말았다. 안전지대로 내려왔을 때 케이가 말했다.

　"오르지 못하는 것은 자연의 위험 때문일 수가 있지. 세락 같은 것이 바로 그런 것으로, 자기의 힘으로 어떻게 할 수는 없었겠지만…."

　"불완전 연소된 기분이네요."

　히라이데가 말했다.

"그러게. 7,600미터 정도 산에서 5,600미터밖에 못 올랐으니 마음이 개운치 않네. 내려가고 싶지 않아."

베이스캠프로 돌아오며 케이는 또다시 "나에게 졌어. 나는 너무 약했어."라고 지난날 나이모나니 때처럼 말했다. 히라이데는 이렇게 회상했다.

"그때도 케이는 세락이 위험한 것을 알고 있었습니다. 그러면서도 나중에는 스스로 판단하고 결국 스스로 졌다고 느꼈는지 모릅니다. 케이는 언제나 자신에게 지지 않으려고 산으로 가는 것 같았습니다."

결과적으로 이때가 히라이데와 케이의 마지막 원정이 되고 말았다.

케이가 첫 히말라야 등반지였던 골든피크에 가기 전 쓴 글을 다시 인용한다.

—

나는 걷기만 하던 산행에서 자연의 냉혹함을 찾기 시작했다. 그런 속에서 내 모습이 더욱 분명해지고 정말 필요한 것이 보이기 시작한다. 그리고 그때 자신의 나약함 앞에 쓰러지느냐, 아니면 그것을 넘어서느냐로 크게 갈리게 된다. 대지 위에서 벌어지는 자신과의 싸움이다.

ADVENTURE REPORTS 독자가 만드는 모험 기록집
『산과계곡』 2003년 10월호

—

케이가 도전의 대상으로 삼은 것은 '산'이 아니라 끝까지 '자기 자신'이었는지 모른다.

귀국 후 두 사람은 고가네小金#의 아파트로 직행했다. 언제나 그런 식이었으며, 바로 다음 목표를 향해 달렸다.

"케이는 언제나 빈틈이 없었어요. 그런 인생을 살았으니까 언제 죽어도 좋다며 하고 싶은 일을 하곤 했지요. 케이의 생활 속에 그것이 잘 나타나 있습니다. 무엇이든 적당히 넘어가는 것이 없었어요. 케이는 결코 시간을 낭비하지 않았습니다. 일상을 살며 그 순간순간을 소중히 여긴 셈입니다. 가까이 있으면서 늘 부러운 존재였지요."

히라이데는 이시이스포츠에 다니면서 해마다 원정에 나가고 있었는데, 2014년부터 산악 카메라맨으로서 본격적인 활동에 들어갔다. 그러한 변화를 이끌어내는 데도 케이가 일정한 역할을 했다고 한다.

"하고 싶으면 회사를 그만두고 하면 좋지 않을까?"

케이의 이 말 한마디에 히라이데는 앞으로 나아가기 위한 결정을 내렸다. 이시이스포츠의 사정도 있었지만 히라이데는 카메라맨으로 독립하면서 TV 산악 프로를 위한 촬영을 맡고 순탄한 스타트를 하게 되었다.

한편 '나그네'의 길을 가고 있는 케이는 소속 회사가 없었고, 처음부터 독립적으로 움직이는 처지였다. 그녀는 국내외 산을 안내하는 알파인 투어 서비스 주식회사의 리더와 기업체 연수 프로그램을 진행하는 주식회사 IWNC의 기획 및 진행자 역할을 하는 한편, 암벽등반과 어드벤처 레이스 활동 등에서 얻은 경험들을 적절히 섞어 얘기하는 강연활동 같은 것들을 하면서

'나그네' 길을 가고 있었다. 물론 케이답게 언제 어디서든 파워풀하고 웃는 얼굴이었다.

진정한 자유인이었던 케이는 시스파레 원정 후인 2013년 겨울 — 그녀의 나이 41세였는데 — 부터 하나의 명함을 가지게 되었다. 환경을 배려하는 아웃도어웨어 제작사로 알려진 파타고니아의 앰버서더가 그것이었다. 앰버서더란 '대사大使' 또는 '사절使節'이라는 뜻으로, 제품의 개발 고문뿐만 아니라 본인의 활동을 통해 환경 문제 등에 관한 메시지를 전하는 역할이었다.

　파타고니아는 1993년부터 페트병을 재활용하는 기술을 개발해서, 1996년부터 모든 면제품을 유기농 면organic cotton만 사용해 제작하기 시작했다. 지금은 그런 일을 흔하게 접할 수 있지만 20년 전만 해도 소비자들에게 아주 생소한 일이었다. 나아가 1985년부터 파타고니아는 매출액의 1퍼센트를 환경보호활동에 기부하고 있는데, 그런 일을 다른 회사에서도 추진하도록 창립자인 이본 취나드Yvon Chouinard는 2002년에 블루리본 플라이스Blue Ribbon Flies사의 크레이그 매튜스Craig Mattews와 손을 잡고 기업단체가 환경단체에 지원할 수 있는 '지구를 위한 1퍼센트1% for the planet'[64]라는 네트워크를 만들었다. 그러자 이에 참가하는 기업이 1,000개를 넘어 2018년에는 1억 7,500만 달러를 환경보호활동에 기부하게 되었다.

　파타고니아는 자신들의 활동현황을 웹사이트에 올리고 있는데, 그중에는 이런 말이 있었다.

"파타고니아에서 일하는 우리들의 마음은 순수한 자연에 남아 있는 그 아름다운 대지와 야생을 보호하고자 하는 열정으로 불타고 있다."

케이는 아웃도어 메이커로부터의 지원을 거절해오다가 결국 파타고니아의 앰버서더를 맡게 되었는데, 아마도 파타고니아의 환경의식에 감동받은 바가 컸던 것 같다.

2014년 3월 파타고니아는 '알파인 프레스 이벤트Alpine Press Event'라는 이름의 기획 행사를 프랑스의 알프스에 있는 산록의 도시 샤모니에서 개최했다. 7개국 12명의 산악잡지 필자들과 편집자들이 이 행사에 초대되었다. 그들 중에서 일곱 명을 선발해 파타고니아의 앰버서더로 하여금 가이드하게 하여 샤모니를 숙소로 삼아 3박4일 일정으로 주변 빙하를 걷고, 암벽등반을 하는 행사였다. 이 행사에 가이드로 참가하게 된 케이가 산악잡지 필자로 추천한 사람이 나와 모리야마 겐이치森山憲一[65]였다.

나는 케이와 미리 샤모니로 가서 두 곳을 등반할 생각이었다. 그 첫 루트는 몽블랑 뒤 타퀼Mont Blanc du Tacul 동벽에 있는 구로떼-가바로-알비노니Goulotte-Gabarou-Albinoni(III 4+ 500m)이고, 두 번째는 같은 벽의 슈퍼 쿨르와르 다이렉트Super Couloir Direct(III 500~600m)였다. 여기서 나는 등반가로서 케이의 실력을 눈앞에서 똑똑히 보게 되었다.

몽블랑 뒤 타퀼 동벽은 일본에 없는 거대한 벽으로서 그곳을 오르고 나면 체력 소모가 상당했다. 그런데 다음 날 우리는 그 무거운 몸을 이끌고 두 번째 벽에 붙었다. 등반 종료지점이 가까웠지만 해가 저물었고, 결국 우리는 그 자리에서 비박을 하게 되었다. 둘이 겨우 걸터앉을 정도의 턱이었는데, 그 밑은 수백 미터의 허공이었다. 그런 곳에서 케이는 마냥 즐거워했다. 그후 그녀는 파타고니아 블로그에 이런 감상문을 올렸다.

=

저녁노을에 붉게 물든 침봉 군들을 내려다보니 비록 춥고 비좁기는 했어도 어느 산장보다도 마음이 흡족한 하룻밤의 비박이었다. 다음 날 아침, 지구의 빛깔이 다시 생겨나는 그 극적인 모습에 감동한 것은 두말할 것도 없다.

=

그런데 나는 케이와 달리 극한의 하룻밤이었다. 그런 나에게 산의 신은 계속해서 시련을 안겨주었다. 다음 날 아침 하강을 시작하자마자 얼굴에 충격이 와서 로프에 매달렸다. 공포에 떨고 있노라니 눈앞의 설면이 빨갛게 물들고 있었다. 얼굴에서 피가 흘렀는데, 소리도 없이 떨어진 얼음 덩어리에 맞은 것이다. 케이가 바로 내 배낭을 메고, 필요한 로프 조치를 해주었다.

훗날 케이가 죽은 후 나는 국내에서 그녀와 등반을 여러 차례 해온 스즈키 히로키와 등반을 같이 하게 되었다. 그때 그는 나에게 어떤 벽에서도 확실히 내려가야 하며 그것은 오르는 것 이상으로 중요하다고 강조했다. 그럴 때마다 생각나는 것이 몽블랑 뒤 타퀼에서의 케이의 모습이었다. 그때 케이는 조금도 당황

하지 않고, 한 번도 로프가 걸리는 일 없이 나를 벽 밑에까지 내려가게 해주었다. 케이는 눈을 단단히 밝아서 거기에 나를 앉도록 하고 전문의가 쓰는 것과 같은 특수 반창고를 배낭에서 꺼내 내게 붙여주었다.

"이것을 붙여 놓으면 귀국할 때쯤 완전히 나을 거예요."

케이는 그런 응급조치도 은근히 즐기는 것 같은 분위기였다.

우리는 그곳에서 약 20킬로미터를 스키로 내려갈 계획이었다. 그런데 상처 입은 나만이 아니라 케이 자신도 그리 즐거워 보이지 않고 몸의 움직임도 둔해서 힘들어 보였다. 많은 보겐 bogen[66] 동작으로 활강할 때 긴장감이 적지 않게 느껴졌다. 그전에 스키사고를 경험했던 트라우마가 아직 케이에게 남아 있었는지 모른다. 이런 스키 하강 계획은 처음부터 케이가 세웠던 것이다. 지금 생각해보니, 현지로 향하던 비행기 안에서도 케이는 스키 이야기에 열중하고 있었다. 케이는 언제나 스키 기술을 제대로 습득하고 싶어 했다.

천천히 활강하고 있는 케이 뒤로는 거대한 암벽군이 솟아 있었다. 그 모습을 찍고 싶어 카메라를 들이대자 케이는 스톡(스키 폴)을 높이 들며 포즈를 취했다. 웅장한 배경을 뒤로하고 스키에 올라탄 작은 케이의 모습이 인상적이었다.

스키로 샤모니에 돌아오자마자 바로 각국에서 온 필자와 파타고니아의 앰버서더들이 있는 숙소로 갔다. 통나무집에 모여 있는 앰버서더들에게는 일종의 아우라가 있었다. 우리는 가벼운 마음으로 말을 건넬 수가 없었다. 그러나 케이는 그들과 대등하게 만나고 있었다. 이때 모리야마 겐이치가 찍은 그들의 사진은 마치 영화의 한 장면 같은 작품이 되어, 『록앤드스노』 64호에 실렸다.

2000년대 세계 등반계를 이끌고, 파타고니아의 얼굴이라 할 수 있는 스티브 하우스Steve House도 이 모임에 참가하고 있었다. 그는 2005년에 낭가파르바트 루팔 벽을 완등하고 황금피켈상을 받았는데, 그 후에도 세계에서 가장 어려운 벽 중 하나인 마칼루 서벽에 도전했다.

다음 날 참가자들은 빙설벽의 루트를 오르기로 되어 있었는데, 스티브가 파트너로 선택한 사람이 케이였다. 그 팀에 나도 끼게 되었다.

그렇게 되어 우리 셋이 간 루트는 에귀 뒤 미디에서 그해 겨울 초등된 바로 그 난코스였다. 여름이라면 자유등반으로 오를 수 있을 정도의 경사를 가진 화강암 크랙을 한겨울이므로 크램폰과 피켈을 사용해서 3,842미터 정상으로 올라갔다. 케이와 스티브는 멋진 파트너십을 보여주었다. 나는 로프에 매달리다시피 오를 수밖에 없었는데, 아래로 샤모니 거리가 콩알만 하게 내려다보였다.

나도 모르게 "이것이 이 행사의 이벤트인가" 하는 말이 입 밖으로 튀어나왔다.

이렇게 혼자 중얼거리며 오버행을 넘어 바위 테라스에 올라서니, 두 사람은 마치 카페 안에 있는 듯 편안한 표정이었다. 나는 그 모습을 보고 케이야말로 세계적인 수준의 등반가라는 것을 실감했다.

그리고 2년이 지난 2015년 겨울 파타고니아의 카탈로그 표지에 스키를 배낭에 멘 스티브 하우스가 캐나다 퍼셀자연보호주립공원Purcell Wilderness Conservancy Provincial Park and Protected Area의 절벽 위에 서 있는 사진이 실려 있었다. 그 산록에서는 대규모의 스키 리조트 개발이 계획되고 있었다. 리프트와 곤돌라가 없이도 자연을 즐길 수 있다는 것을 주장하고, 스티브가 직접 스키로 등산을 해보였다.

그의 사진을 보며 나는 케이를 생각하지 않을 수 없었다. 그해 겨울 케이도 스티브처럼 구로다케 절벽 위에 스키를 지고 서 있었다. 그런데 케이는 그 산에서 다시는 돌아오지 않았다.

그해부터 파타고니아 일본지사는 나가사키현長崎県 이시키石木 댐 건설 반대 운동을 벌이기 시작했다. 2018년 여름에는 다큐멘터리 영화 「반딧불이의 하천을 지키는 사람들」을 상영하고, 많은 사람이 그 지역의 자연과 문화의 중요성을 호소했다. 스크린에서는 물이 가득 찬 논으로 둘러싸인 마을에서 열심히 살고 있는 사람들의 모습이 보였다.

만일 케이가 살아 있다면 그녀는 이 지역을 여행하며 댐 건설에 반대했으리라. 그리고 지금까지도 계속해서 환경보호의 메시지를 내놓고 있는 스티브는 그녀와 짝이 되어 국제 환경보호 활동이라는 '벽'에 같이 로프를 매고 있을지도 모른다. 나는 샤

모니에서처럼 그들의 뒤를 따라가고 싶었다. 그러나 그 기회를
영원히 잃고 말았다.

제10장

새로운 여행

빙하와 책과 음악

샤모니에서 행사가 열리고 두 달이 지난 2014년 5월, 다니구치 케이는 와다 준지와 함께 데날리 루스 빙하에 있는 암벽에서 등반을 즐기고 있었다.

와다에게는 첫 해외등반이었다. 우연히 쓰루기다케에서 케이를 만났는데, 이렇게 알래스카까지 오게 되리라고는 미처 짐작하지 못했다. 게다가 이 원정으로 국제적인 산악상을 타게 되었으니 그야말로 상상도 못한 일이었다.

쓰루기다케의 밤바지마 주차장에서 흰 새우를 같이 먹은 다음 날, 케이는 느닷없이 야마가타山形로 놀러왔다. 와다는 평소 같으면 임업 관련 일을 하고 있었을 텐데, 하필 그날은 여느 때와 달리 동료들과 버찌를 수확하는 일을 하러 갈 참이었다. 그 이야기를 하자 케이는 자기도 같이 가고 싶다며 호기심 가득한 눈으로 와다를 바라보았다. 그렇지 않아도 힘든 일인데 와다는 정말 큰일 났다 싶었다.

케이는 그때 자진해서 와다 일을 도우려고 했다. 과수원 주인은 그런 케이를 보고 도쿄에서 관광하는 기분으로 버찌를 보러 온 여자이겠거니 생각했는데, 의외로 케이가 아주 손에 익은 솜씨로 버찌를 따는 바람에 조금 놀랐다. 그 모습이 너무 즐거워 보여, 주인은 많은 버찌를 케이에게 주고 아르바이트 일당까지 챙겨주었다. 와다는 과수원 주인이 자기보다 케이에게 훨씬 좋은 대우를 해주는 데다, 느닷없이 남자들의 세계에 뛰어들어 멋지게 어울리는 케이의 모습에 그녀야말로 아침 연속극의 주인공 같다고 생각했다.

그 후에도 케이는 매월 와다에게 놀러와서 산나물을 채취하고 버섯을 캐고 고구마를 찌는 등 즐거운 시간을 보냈다. 뿐만 아니라 와다의 임업 작업장에 와서 나무 벌채 작업을 구경하기도 했다. 케이는 언제나 오기 전에 자기의 일정을 사전에 알리고 현장의 상황에 맞춰주려고 노력했다. 와다는 자신이 케이에게 휘둘리고 있는 것 같은 느낌도 없지 않았으나, 한편으로는 그런 상황을 즐기기도 했다.

도호쿠東北의 산에는 유명한 계곡이 많았다. 계곡등반 경험이 적은 케이에게 와다는 그 방법과 기술을 가르치기도 했다. 한편 갑자기 케이가 계곡등반에 필요한 장비를 갖추기 시작하자, 도쿄의 클라이머들이 이상하게 여겼는데, 모두가 와다의 영향이었다.

와다는 1975년생으로 등산잡지에 오르는 일은 없었지만, 등산의 여러 분야에서 높은 수준에 있다는 것을 사람들은 알고 있었다. 태어나고 자란 곳은 사이타마埼玉지만 와다는 어릴 때 부모를 따라 신슈信州에 와서 그곳 산악지대에서 등산과 스키를 즐겼다. 열두 살에 쓰루기다케에 오르기도 했고, 고등학교 때는 산악부에 들어가는 등 산을 무척 좋아했다. 또한 그는 야마가타대학山形大學 농학부 생물환경과에 들어가서 그 대학의 '자연을 즐기는 모임'에 적을 두고, 아사히연봉朝日連峰과 이데연봉飯豊連峰 등 가까운 산악지대에서 북 알프스의 고산지대까지 여러 산들을 올랐다.

대학을 졸업한 후에는 여러 해 여름 산장에서 일했으며 겨울에는 스키장에서 아르바이트 등을 했다. 그러다 2005년 야마가타에서 임업 일을 시작하면서 주중과 주말을 가리지 않고 주로 산에서 일하고 활동하게 되었다. 그런 특별한 트레이닝을 통해 와다는 단련되었고, 2014년까지 도호쿠 최대의 암벽인 구로부시야마黑伏山(1,227m) 남벽에 신루트를 넷이나 개척했다.

그러한 와다의 생활은 주로 도호쿠의 산에서 이루어지고 있었으나, 그 활동은 일본에 그치지 않았다. 2007년 1월부터 2년간 그는 해외청년협력대에서 아프리카 세네갈의 식목 활동에 종사했다. 등산으로도 네팔에 다섯 번을 가고 트레킹피크를 일반 루트로 올랐다. 다만 해외 암벽에서는 차원이 다른 어려움을 느꼈다. 언제나 어딘가 가고 싶었으나 와다는 어느 산을 가야 할지 몰랐다.

그런 와다에게 케이가 데날리 루스 빙하의 미답벽을 같이 오르자고 제안했다.

"빙하에서 요리하며 지내는 게 얼마나 재미있는지 몰라요."

케이는 베이스캠프에서의 즐거움을 강조했다. 벽 등반은 가벼운 마음으로 가는 데까지 가면 된다는 식이었다. 당시를 와다는 이렇게 회상했다.

"만일 케이가 아닌 다른 사람과 해외의 벽을 오르게 되었더라면, 어깨에 힘이 들어가고 몸도 좀 굳었을 겁니다. 그런데 케이와 있으니까 그런 긴장감이 전혀 없었습니다."

알래스카에 가서도 케이는 등반 준비보다는 베이스캠프에서 만들 요리 준비로 정신이 없었다. 계획도 느긋했으며, 도대체 목표로 하는 벽마저도 구체적으로 정해진 것이 없었다. 다만 지도를 보며 여기 같으면 오를 수 있지 않겠는가 하는 케이만의 직감이 있었는데, 두 사람은 그 직감을 믿고 루스 빙하 최상부로 세스나(경비행기)를 타고 들어갔다. 도착하자마자 케이는 바위와 눈의 거벽을 보면서 역시 해볼 만하다고 짧게 한마디를 하고는 바로 벽에 붙었다. 그녀의 낙관적인 분위기에 끌렸던지, 와다도 벽에 대한 위압감은 별로 없었다. 그리하여 그들은 댄비어드Mt. Dan Beard(3,073m)[67] 남벽의 미등 라인을 7시간 만에 올라갔다. 그때 와다의 느낌은 성취감보다는 과정이 의외로 즐겁다는 것이었다. 그리고 이런 정도라면 앞으로 더 많이 오를 수도 있겠다고 와다는 생각했다.

두 사람은 다음 벽에 붙을 때까지 베이스캠프에서 음악을 들으며 한가하게 지냈다. 와다가 클래식 음악을 즐기는 것을 알고 케이는 이런저런 명곡을 들려주려고 준비해 왔다. 그렇게 음악을 들으며 그들은 처음에 오른 곳을 '프렐류드prelude(전주곡)'라고 이름 붙이기로 했다.

책도 서로 몇 권씩 가지고 있었다. 와다도 산을 오르는 것과 같이 독서도 좋아했다. 그런데 우연하게도 둘 다 나쓰메 소세키 夏目漱石의 『풀베개草枕』를 가지고 온 걸 알고 서로 웃었다. 그들은 빙하에서 책에 대한 감상을 이야기했다. 등장인물 중 누가 마음에 드는가, 그 장면에서 그런 식으로 이야기한다는 것이 자연스러운가에 대해 주고받는 대화의 분위기가 한가로웠다. 그리고 깊이 생각하며 요리를 만들었다. 하지만 때로는 일본식으로 간편한 초밥을 만드는 경우도 있었다.

날씨와 빙설의 상태가 좋아지면, 그들은 벽으로 갔다. 5월의 알래스카는 백야에 가깝다. 그것을 이용해 날짜가 바뀔 때까지 오르는 경우도 있었다. 보라색으로 저물어 가던 석양이 어두워지지 않고 아침햇살로 이어지기도 했다. 그것은 너무나도 아름답고 조용한 알래스카의 하늘 모습이었다.

두 사람은 모두 네 곳에 루트를 개척했는데, 두 번째 루트부터는 고전음악을 따서 콘체르토concerto(협주곡), 녹턴Nocturne(야상곡), 소나티네sonatine(소주명곡) 등으로 이름 붙였다.

음악과 독서와 등반으로 이루어진 빙하 생활은 38일 동안이나 이어졌다. 케이는 당시의 나날을 이렇게 설명했다.

무엇보다도 사치스러웠던 것은 사람이 많이 모여드는 이곳에서 거의 남들과 마주칠 일이 없었다는 것인지도 모른다. 그저 자연과 순수하게 마주할 수 있는 환경이라는 것이 아주 좋았다. 그래서 우리는 아무런 잡념 없이 자신의 라인과 만나고, 아름다우면서 장엄한 자연을 그대로 받아들이게 되었을 것이다.

「해가 지지 않는 알래스카 하늘의 음율」『록앤드스노』65호

누구와도 만나지 않고 둘만의 힘으로 루트를 개척해 나가며 역량껏 등반라인을 여러 개의 봉우리에 그려낸 것이 높게 평가되어, 두 사람의 등반은 2014년 아시아 황금피켈상을 받았다. 이 상은 프랑스의 황금피켈상과 달리 아시아 클라이머에게 한정된 것이었으나, 케이는 이렇게 해서 프랑스 황금피켈상 본상과 아시아 상을 이중으로 수상하게 되었다.

학생들과 무스탕으로

케이는 알래스카에서 돌아온 후 도쿄를 떠나 자연 속에서 살기로 마음먹고 있었다. 그녀는 자연 속에서 사는 것이 대학시절부터 꿈이었다.

케이의 친구들인 파타고니아 앰버서더 이마이 겐지今井健司[68], 요코야마 가쓰오카, 가토 나오유키加藤直之[69] 등은 벌써 야쓰가다케 산릉인 호쿠토시北杜市에서 시골에서의 삶을 영위하고 있었다. 케이는 그들과 같은 숲에 작은 목조 가옥을 구하고 싶었다. 그러나 알래스카에서 돌아오자 바로 집을 옮길 수가 없었다. 그해 여름, 여학생들과 무스탕의 미답봉으로 갑자기 가게 되었기 때문이다.

케이가 알래스카에서 귀국하고 이틀 후에 일본산악회 회의실에 갔더니, 그전에 문부과학성 다테야마등산연수원立山登山研修所에서 등반기술을 가르쳤던 여대생 4명이 있었다.

"아, 아는 얼굴들이네!"

그렇게 케이가 가볍게 말을 건네자, 그들은 진지한 얼굴로 이야기를 꺼냈다. 그들은 서로 소속하고 있는 대학산악부가 달랐지만 여자들끼리 해외 등산을 하고 싶다는 의욕에 불타고 있었다. 그중 한 학생이 소카대학創価大学 4학년생으로 산악부의 주장이었던 하세가와 에리長谷川惠理였다. 그녀는 일본에서 어느 정도 등반기술을 배우고 후배에게 가르치면서 다음은 해외라고 마음먹고 있었다. 그리고 일본산악회에서 정보를 얻어, 무스탕의 만세일Manshail(6,242m)이라는 미답봉을 목표로 정했다. 그러나 그녀는 그때까지 외국에 나가본 적이 없었다. 게다가 다른 3명[20]도 해외등산 경험이 없었다. 그러다 보니 그들로서는 무엇부터 어떻게 준비를 시작할 것인지조차 막막했으며, 따라서 계획 자체가 처음부터 가망이 없었다. 그런데 느닷없이 케이가 나타났으니, 그들은 잘됐다 싶어 이야기를 꺼냈던 것이다.

그때 케이의 반응도 뜻밖이었다.

수첩을 펼쳐보니 마침 다른 일정이 없었다. 케이는 '아, 갈 수 있을지 모르겠다. 다른 스케줄이 없네.' 하고 생각하며 무엇인가 적어 넣고 얼굴을 들었다.

"알겠어요. 같이 가도록 하지요."

"예? 가시겠어요? 그런데 이렇게 간단히 정해도 되나요?"

이렇게 묻는 하세가와 일행은 의아한 표정들이었다. 그런데 케이는 진심이었다. 파타고니아의 블로그에 케이는 다음과 같은 글을 썼다.

이렇게 되어 2014년 여름 42세의 케이는 20대 초반의 학생들과 네팔의 무스탕으로 떠나게 되었다.

무스탕은 마땅한 교통수단이 없었고, 목표로 하는 산까지 10일 이상이나 마을에서 마을을 걸어가야 했다. 게다가 네 학생은 사전에 합동훈련도 거의 하지 않았다. 그렇다 보니 막상 원정이 시작되자 서로 하고 싶은 말이 있어도 참고 얼렁뚱땅 넘어가기가 일쑤였다.

그것을 알아차리고 케이는 팀이 하나가 되지 않으면 산에서 생명에 영향을 미치고, 끝내는 산에서 무사히 돌아오기도 쉽지 않다고 말하며 팀을 하나로 묶기 시작했다.

또한 케이는 이따금 자기가 마을에서 본 것을 대원들에게 이야기함으로써 분위기를 편하게 만들어 나가기도 했다. 그러던 중 한번은 아침식사 시간에 케이가 말했다.

"이곳 학생들은 모두 모여 함께 학교에 달려가고 있었어요."

아침마다 케이는 일찍 일어나 혼자서 마을을 돌아보고 있었다. 케이의 그런 호기심은 그곳 사람들의 마음에도 들어, 어느 덧 사람들이 케이의 주변에 모여들기 시작했다. 어떤 마을에서 는 그녀에게 "당신은 일본 사람인가요?" 하고 느닷없이 일본말 로 물어보는 소녀도 있었다. 그 소녀는 때마침 일본말을 배우고 있어서 열심히 낱말을 이어가며 케이에게 질문을 했던 것이다.

케이는 하세가와 등을 데리고 그 소녀를 만나러 갔다. 집 근 처에서 밭일을 하고 있던 소녀가 그들을 집으로 안내하고 차를 내놓았다. 소녀는 중국어 글자가 쓰여 있는 봉지에서 차를 꺼내 끓였는데, 이것을 보고 케이는 "이 차는 무스탕에는 없는 귀한 차네요."라고 인사말을 한 뒤 한 모금 한 모금 맛을 감정하듯 차 를 마셨다. 소녀의 일본말은 서툴렀지만 케이는 웃어가며 소녀 가 하는 말을 알아들으려고 애썼다. 그렇지만 하세가와는 그 소 녀의 이야기를 전혀 알아들을 수 없었다.

"당시에는 무스탕까지 왔는데도 다른 문화에 조금도 관심이 없었습니다."

하세가와가 당시를 회상하며 말했다. 그러한 일행에게 케이 는 이렇게 말했다.

"평소에 이런 일 저런 일에 흥미를 가져보는 게 중요해요."

하세가와 일행은 오직 미지의 히말라야 정상에만 마음을 두 고 있었는데, 알고 보면 모든 마을 하나하나가 그들에게 미지의 세계였다.

하세가와는 산록에서는 고산병을 못 느꼈는데, 베이스캠프 를 떠나 빙하가 시작되는 곳으로 오르면서 갑자기 몸에서 이상

증세를 느꼈다. 그리고 2캠프에서는 심한 울렁증에 시달렸다. 그러나 케이는 여느 때와 다름없이 명랑했다.

"잠깐 정찰하고 돌아올 테니 그동안 차를 많이 마시도록 해요."

케이는 이렇게 말한 뒤 피켈 두 자루를 들고 사뿐사뿐 위로 올라갔다. 그리고 얼마 지나지 않아 그녀의 모습이 보이지 않았다.

"그때 척척 혼자 오르는 케이의 모습을 보고, 우리는 모두 그녀가 대단하다고 느꼈어요. 케이 선배는 돌아오자마자 정상이 보였다며, 사진을 보라고 디지털카메라의 액정화면을 보여주었어요. 우리는 진심으로 그녀에게 보호를 받고 있다는 생각이 들었지요…."

다음 날 공격은 예상 외로 어려움이 기다리고 있었다. 그 사이 쌓인 눈으로 정상 암벽구간은 믹스등반을 해야 했다. 가지고 갔던 많은 클라이밍 장비를 모두 써가며 (2014년 9월 29일) 어렵사리 정상에 오를 수는 있었지만, 하산할 때 또 눈이 내리며 바로 화이트 아웃이 되었다.

하세가와 일행은 그런 상황에서 무사히 내려갈 수 있을지 당황하여 어찌할 바를 몰랐으나 케이는 아무렇지도 않은 표정이었다. 역시 노련한 등반가는 달랐다.

"그래 도무지 어디인지 분간을 못 하겠네. 어디 GPS를 보자."

케이는 한없이 밝은 표정이었다.

"GPS요? 가지고 있었어요?"

마을에서나 산에서나 본능과 야성으로 활동하는 케이가 주머니 속 깊은 곳에서 디지털 기기를 꺼냈다는 것이 나에게는 정말 뜻밖이었다. 학생들과 함께하는 원정인지라 케이는 평소에 비해 더 안전에 신경을 쓰고 있었는지 모른다. 그렇게 해서 그들은 베이스캠프까지 무사히 내려오게 되었다.

귀국 후 후원해준 사람들과 그들을 축하하는 자리에서 케이는 밝은 표정으로 이렇게 말했다.

"이번에는 저 자신에게도 도전이었습니다. 미지의 세계에 한걸음 내딛고 싶어 하는 학생들의 마음을 어떻게 지원할 것인가, 이것이 바로 저의 새로운 도전 과제였습니다."

케이의 여행에는 언제나 '자아성찰'이라는 주제가 함께했으며, 이것은 지난날 미국 유학 때부터 쭉 이어져온 것이다. 그런데 어느덧 25년이라는 세월이 흘러, 그녀의 에너지는 자기 내면에서 뿐만 아니라 남을 돕는 데까지 이르고 있었다. 학생들만이 아니라, 온다 마사미와 국내의 산을 오르곤 했던 것도 그런 이유가 작용했던 것 같다.

"센스가 좋은 사람이에요. 계속 전문등반을 같이하고 싶어요."

케이는 데라사와 레이코에게 온다에 대해 이렇게 이야기했다고 한다. 또한 케이는 주위 사람들에게 이런 말도 했다.

"인생 팔십이라면 그 절반인 사십 세를 분기점으로 다음 사십년은 그동안의 경험을 후배들에게 물려주는 데 힘을 쏟아야 한다고 생각해요."

케이는 귀국 후 『아사히신문』과 인터뷰(2014년 10월 2일자 조간)를 했다. 그때 그녀는 이렇게 말했다.

"인생이란 새로운 자기를 발견하는 여행길이라고 생각합니다. 사십이 넘어도 강한 자기와 약한 자기가 나타나요."

케이는 자기가 겪은 경험을 후배들에게 물려주려 하고 있었다. 그녀는 새로운 자기를 발견하는 것을 두려워하지 않았다. 어쩌면 그녀가 말하는 여행이 과거와는 다른 단계에 진입해 있었는지도 모른다.

하세가와 에리는 같이 가준 케이에게 감사하면서도, 막내인 미시마 카호가 정상에 함께 오르지 못한 것이 아쉬웠다. 스스로 반성할 것이나 과제를 나열하면 끝이 없었다. 그러한 하세가와에게 케이는 이렇게 말했다.

"과제는 언제나 있는 것이고, 나 또한 원정을 마치고 나면 늘 남은 과제를 깨닫게 돼."

하세가와는 이런 이야기를 들으며 다음에는 이 과제를 반드시 해결해야겠다고 생각했다.

그로부터 반 년 뒤 하세가와는 대학을 졸업하고, 도쿄에 있는 건설기계 임대 회사에서 사회인으로 일을 시작했다. 그리고 직장 생활을 하는 중에도 다음에는 케이 없이도 독자적으로 해외의 산에 갈 수 있도록 주말마다 산에 다녔다.

"그래서 금요일 근무시간 중에는 마음이 들뜨곤 했어요."

하세가와가 말했다.

무스탕 원정 후 무엇인가 변한 것이 있느냐고 하세가와에게 물어보았다.

"그것이야말로 인생이 바뀌는 정도의 원정이었어요."

분명한 어조로 하세가와가 대답했다.

"그 원정 때까지 저는 인생에 전혀 흥미를 느끼지 못했어요. 인생만이 아니라 어떤 일에도 재미를 느끼지 못했는데, 원정에서 돌아온 후로 이래서는 안 되겠다는 생각이 점차 들게 되었습니다. 아마 케이 선배에게 감화된 탓이겠지요. 선배는 언제나 사람이나 일에 호기심 같은 것을 가지고 있는 것 같았습니다."

하세가와는 더욱 밝은 음성으로 활발하게 말을 이어갔다.

"저도 윗사람에게 겁내지 않고 이야기를 하게 되었어요. 상대방이 연상이건 사회적 지위가 있건 그런 것에 개의치 않고, 상대도 저와 똑같은 인간이라고 생각하게 된 거죠. 케이 선배는 상대방을 있는 그대로 보고, 호기심을 가지고 대했거든요."

케이는 무스탕에서 미답봉에 오르는 것에만 집착하지 않고, 그 과정에서 젊은이들에게 같은 지구에 사는 한 사람으로서 중요한 무엇인가를 알려주려고 했다. 그리고 이제 하세가와에게도 그 정신이 살아 있었다.

우에무라 나오미 모험상을 사양하다

무스탕 원정과는 별도로, 케이는 새로운 여행길에 나선 듯했다.

무스탕 원정 전에 케이는 후시미伏見와 함께 체력 단련을 하고 있었다. 나가노長野의 산악지대에서 종일 달리고 다음 날은 저지대를 천천히 걸었다. 과격한 전문등반과 어드벤처 레이스를 하는 케이가 그러한 하이킹을 즐긴다는 것이 이해가 가지 않았다.

케이와 후시미가 완만한 언덕길이 이어지는 숲속을 가고 있을 때 아주 커다란 월계수가 나타났다. 그 나무는 단단하고 강해 보이는 줄기에서 많은 가지가 푸른 하늘로 뻗어 있었고, 나뭇잎이 산들바람에 흔들리고 있었다. 그것을 바라보던 케이가 느닷없이 이렇게 말했다.

"내 이름의 한자는 이 나무에서 왔어요."

후시미는 그것이 무엇을 말하는지 몰랐다. '케이けい'라는 이름은 히라가나로만 쓰는 줄로 알고 있었기 때문이다. 어드벤처 레이스의 명부에는 늘 히라가나로 쓰여 있었고, 잡지나 신문에서도 케이けい였다. 가끔 오는 엽서도 마찬가지였다. 그런데 그녀는 느닷없이 '케이'가 월계수 나무를 의미하는 '계桂'의 한자 음독音讀이었다고 설명했다.

"아, 그래요? 히라가나의 케이가 아니었어요?"

케이가 죽고 나서 일본산악회 회보『산』849호는 케이의 본명에 대해 언급했다.

—

중국에서 가쓰라桂는 달 속에 있는 이상향을 상징하는 계수나
무로 알려져 있으며, 그것은 항상 앞을 바라보던 다니구치의
인생 그 자체였다.

—

커다란 월계수를 바라보며 후시미도 언젠가 그런 이름의 유래를 들었던 것 같은 생각이 났다. 그러나 후시미는 '케이'가 가쓰라桂였다는 것이 그저 놀라웠을 뿐, 그때 케이가 무슨 이야기를 했는지는 자세히 기억에 없었다. 물론 후시미 뿐만 아니라, 산친구 대부분이 그런 사실을 모르고 있었다. 다만 고교 이전의 친구들은 그녀의 이름을 가쓰라桂로 알고 있었다.

그 가쓰라桂가 부모와 헤어져 미국에 가면서 자신의 이름을 케이로 바꿔 부르기 시작한 것이다. 아마도 스스로 새로워지고 싶다는 생각에 '케이'라는 이름으로 여행길에 올랐던 것이리라.

월계수 가쓰라桂로는 움직일 수 없었다가, 움직이기 시작하면서 케이가 된 셈이다.

가쓰라桂와 케이 사이에는 깊은 단절이 있었다. 유학 전 친구들과의 대화와 유학 후 친구들과의 대화를 비교하는 동안 그 단절은 점점 더 깊어졌다. '정靜과 동動', '그늘과 빛'만큼이나 큰 차이가 있었다.

그런데 후시미와 그 커다란 월계수 앞에 섰을 때는 이미 케이의 마음속에 그렇게 깊었던 단절의 공백이 채워지고 있었는지 모른다. 미국에 갔다 온 지도 어느새 4반세기가 흘렀고, 케이가 느끼기에도 자신이 당시와는 비교가 안 될 정도로 달라졌기 때문이다. 이제 지난날의 자신을 수용하고 새로운 자신이 되어 앞을 향해 달리게 되었으니, 케이도 후시미에게 이런 이야기를 밝혔던 것이 아닌가 하는 생각이 들었다.

미국 여행으로 시작된 새로운 인생에서 케이는 지금까지의 모든 것을 긍정적으로 받아들이고 미래를 위해 새로운 인생설계를 시작하려고 했던 것 같다.

그러한 변화를 데라사와 레이코도 느끼고 있었다. 케이는 후시미에게 자기 이름의 한자에 대한 이야기를 했을 그 무렵 데라사와의 집에 오래된 VHS 비디오테이프를 가지고 왔다. 데라사와의 집에서 DVD에 더빙을 하려고 했던 것이다.

그 테이프에는 미국 유학 때의 졸업식 장면이 실려 있었는데, 그때 케이는 미국 졸업식에서 입는 전통적인 가운을 걸치고 있었으며, 당시 나이가 18세였다. 졸업 축하로 받은 선물의 포장지를 미국 학생들처럼 웃어가며 찢고 있는 모습도 들어 있었다.

케이는 앳된 얼굴에 머리가 길었다. 이것을 보며 데라사와는 "아, 이런 때도 있었구나." 하며 웃어넘겼는데, 그때 케이가 뜻밖의 말을 했다. 케이는 그 영상을 보며 진지하게 말했다.

"그 무렵에는 아빠나 오빠가 깔아놓은 길을 가기가 싫었어요. 그래서 부모님에 대한 반항으로 미국에 가버렸었는데, 애 엄마가 되고도 남을 나이인 지금 와서 생각하니, 왜 그토록 반항했었는지 마음이 아파요. 가끔 당시의 DVD를 보며 그런 생각을 하게 됐어요."

그러한 케이의 변화가 데라사와로서는 기뻤으나 그 이야기를 케이에게는 하지 않았다. 다만 그때 이미 케이에게는 '단절의 공백'이 메워지고 있었는지 모른다.

케이가 도쿄를 떠나 야쓰가다케 남쪽 기슭 숲에서 시골 살림을 시작한 것은 그런 변화의 일환으로 보였다. 그러나 데라사와로서는 납득이 가지 않았다. 자연 속에 살고 싶어 하는 기분을 이해 못하는 것은 아니었으나, 데라사와는 케이가 자신과 멀리 떨어진다는 것이 마음에 걸렸다. 케이는 히라이데라는 파트너가 있어 늘 기운이 나고, 힘이 넘쳤다. 히라이데는 케이가 지나치게 빈틈이 없다고 하지만, 데라사와 앞에서 케이는 너무나 한가하고 느슨해 보였다.

가령 장기간의 여행가이드 일이 끝나면 케이는 공항에서 곧장 데라사와의 집으로 와서 세탁을 부탁하기도 했다. 세탁을 해줘도 고맙다는 말은 고사하고 때가 빠지지 않았다는 둥, 빨래를 잘할 줄 모른다는 등 불평을 했다. 이러한 케이에게 데라사와는 식기 하나도 제대로 못 치우면서 그런다고 되받아쳐 서로 핀잔을 주고받은 적도 여러 차례 있었다.

케이는 황금피켈상을 받으면서 늘어난 지인이나 방문객들을 소중히 여기고 있었다. 뿐만 아니라 먼저 간 친구들도 잊지 않고, 그들의 가족과도 가까이 지내며 이따금 성묘도 하고 있었다. 그런 사실을 데라사와도 알고 있어서, 어쩌다 자기에게 거슬리는 일이 있어도 너그러이 받아들이곤 했다.

케이는 히라이데 앞에서도 그에게 힘을 주려고 빈틈없는 태도를 취했던 것 같다. 케이로서는 히라이데 같은 파트너가 있음으로 해서 언제나 넘치는 에너지를 발산할 수 있었다. 그러나 히라이데와 떨어져 있으면 끈 떨어진 연처럼 되지나 않을까 걱정스러운 것이 데라사와의 솔직한 심정이었다. 내심으로는 혼자 사는 것에 반대하면서도 데라사와는 케이의 이사를 도와주려고 기타모리北杜까지 갔다.

그런데 데라사와처럼 케이가 기타모리로 살림을 옮긴 것에 대해 비관적으로 보는 사람은 많지 않았다. 케이는 이사 후 바로 후시미를 찾아갔는데, 후시미는 오히려 케이가 기타모리에서 자기 세계를 넓혀 나가려 하고 있다고 느꼈다. 그곳에서는 세상이 모르는 일이 벌어지고 있었다.

후시미가 산 친구와 둘이 함께 케이에게 놀러간 것은 2015년 2월이었다. 겨울의 앙상한 숲 뒤로 야쓰가다케 주봉인 아카다케赤岳가 솟아 있었다. 케이의 집은 자그마한 2층 목조 건물로 거실에는 장작이 타는 난로가 있었다. 케이가 차를 내놓았다. 가스난로가 있었지만 케이는 주로 나무난로로 음식을 만들고 있다고 했다. 2층에서는 눈에 덮인 남 알프스의 기타다케가 내다보였다.

그들은 그날 야쓰가다케 산록의 작은 봉우리인 텐뇨산天女山을 트레이닝하는 기분으로 달리기로 했다. 출발하기 전 케이가 휴대전화를 보니, 부재중 전화가 와 있었다. 우에무라 나오미 모험관장의 전화였다. 무슨 일인가 싶어 전화를 걸었더니, 관장은 만나서 할 이야기가 있다며 지금 케이의 집으로 오는 중이라고 했다.

"관장이 오기 전에 산에 갔다 오자!"

관장이 올 때까지 그대로 기다릴 수도 있었을 텐데, 케이는 빠른 걸음으로 산을 향해 출발했다. 산에서 돌아오자 관장은 기타모리에 도착해 있었다. 후시미 일행은 케이에게 관장을 혼자 만나라고 했지만, 그녀는 같이 가자며 레스토랑으로 그들을 이끌었다.

관장이 케이를 방문한 용건은 우에무라 나오미 상을 받으라는 것이었다.

이런 이야기는 이전에도 있었는데, 그때마다 케이가 무조건 사양을 한 모양이었다.

"모처럼 이야기하는 것이니 받아주었으면 좋겠습니다. 여성의 몸으로 이렇게 노력하고 있는 사람도 없으니…."

관장이 간청하다시피 말했다. 그러나 케이는 여성의 몸으로 노력하고 있다는 그런 이유가 못마땅해서 그 상을 받고 싶지 않다고 했다.

"저는 지금까지 제가 무언가를 해냈다고 생각한 적이 없어요. 아직도 진행 중이니까요. 그런데 존경하는 우에무라 나오미의 상을 어떻게 받겠어요? 지금은 그럴 단계가 아닙니다."

케이는 그런 말을 하고 또 했다. 결론이 나지 않자, 관장은 다시 한번 잘 생각해주기를 부탁하고 자리를 떴다.

해마다 2월이면 우에무라 나오미 모험상 수상자 이름이 TV와 신문을 통해 널리 보도된다. 그런데 2015년 뉴스에는 다음과 같은 글이 한구석을 차지했을 뿐이었다.

—

우에무라 나오미 모험상 수상자 없음. 후보인 여성 모험가가 사양.

—

하지만 이 여성 모험가가 케이였다는 사실은 세상에 알려진 적이 없다.

그날 관장이 돌아간 후 케이는 먼 산을 바라보는 듯한 눈빛으로 후시미에게 이렇게 말했다.

"혹시 그 모험상을 받는 날이 오더라도 지금은 아니야. 그 정도의 일을 해내지 못했으니까. 그리고 이제부터 해야 할 일이 있어."

하지만 그때까지 케이가 해온 일들은 당연히 우에무라 나오미 모험상을 받고도 남을 만한 것이었다. 그런데도 케이는 수상을 받아들일 생각이 없다고 하니, 나는 도무지 이해할 수가 없었다. 이런 나를 이해시키려는 듯 후시미가 말했다.

"케이는 단순히 상 하나를 사양하고 있는 것이 아니라, 다만 상 같은 것을 받고 싶지 않았던 것 같아요. 케이에게는 아직 하고 싶은 일이 많이 남아 있겠지요. 하나의 원정 이야기가 아니고, 자신의 인생길에서 해내고 싶은 일이 있는 것 같아요. 그런 느낌입니다."

지금까지 하지 않던 학생들과의 원정이나 시골에서의 생활 등, 케이의 '여행'은 새로운 단계로 접어들기 시작하고 있었다. 그렇다고 그것이 모험은 이제 그만이라는 뜻은 결코 아니었다. 지금까지의 모든 경험을 토대로 케이는 보다 넓은 세계로 비상하려 했던 것이 틀림없다. 케이의 여행은 어떤 의미에서 이제 시작일 뿐이었다. 그 증거로 그해 겨울 케이는 후시미와 여러 번 산간 오지로 가서 스키 기술을 배웠다. 아마도 스키를 이용한 모험을 머릿속으로 계획하고 있었으리라.

그리고 그해 겨울이 끝나자 케이는 와다 준지에게 여러 차례 갔다. 그녀는 지금까지와는 다른 원정 계획을 머리에 그리고 있었다. 그때 그들이 목표로 한 곳은 네팔 히말라야의 판드라라는 산이었다.

제11장

판드라

열어버린 판도라의 상자

다니구치 케이는 자신의 등산기록을『산과계곡』이 발행하고 있는 클라이밍 전문지『록앤드스노』에 가끔 기고하고 있었다. 그 잡지의 편집장인 하기와라 히로시萩原浩司[71]는 자진해서 케이의 페이지를 맡아 편집했다. 그는 또한 잡지의 기사뿐만이 아니라, 등산가이드의 DVD 제작도 케이와 함께 하고 있었다. 일본의 대표적 클래식 루트인 야리가다케의 기타카마北鎌 능선과 마에호다카다케前穂高岳 북릉, 쓰루기다케 야쓰미네八ツ峰, 그리고 잔설이 남아 있는 호다카穂高에서 케이가 모델이 되고, 하기와라가 프로듀서 겸 스틸 카메라맨이 되어 산행을 하기도 했다.

케이가 학생들과 무스탕에 원정 갔을 무렵 하기와라는 모교인 아오야마학원靑山學院 대학산악부의 아웃라이어Outlier 동봉(7,035m) 등반대에 총대장으로 참가하고 있었다. 네팔의 동쪽 끝, 중국과 국경을 이루고 있는 이 미답봉은 스코틀랜드의 탐험가인 알렉산더 켈라스Alexander Kellas[72]가 답사했을 때 거대한 벽을 만나 영어로 '아웃라이어Outlier'라고 명명했다. 현지명은 '자낙 출리Janak Chuli'"로 마을에서 떨어진 외딴곳에 조용히 자리를 차지하고 있는 거봉이다.

『록앤드스노』이외에도 단행본과 계간지, 캘린더 제작 그리고 TV 출연 등으로 바쁜 나날을 보내고 있는 하기와라에게 산악계에서는 갈채를 보내고 있었다.

케이도 그런 하기와라의 추진력을 존경하고 있었으며, 원정에서 돌아와서도 도쿄에서 하기와라의 이야기에 귀를 기울이고 있었다. 하기와라가 아웃라이어에서 찍은 사진을 보고 있던 케이의 얼굴이 갑자기 진지해졌다.

"하기와라 씨, 이 산이 무슨 산인지 좀 알고 싶네요."

그 산은 마칼루, 로체, 에베레스트의 8천 미터급 고봉들이 이어지는 원경遠景 바로 앞에 날카롭게 고개를 들고 있었다.

"아아, 이거요? 판드라Pandra군요. 아직 미답봉인 것으로 알고 있는데….."

케이는 하기와라의 사진을 보고 나서 바로 판드라(6,850m)에 가자고 와다 준지를 꼬드겼다. 알래스카에서 신루트를 네 곳이나 개척한 그들은 이제 히말라야에서의 등반을 꿈꾸고 있었다. 와다는 2015년 가을로 계획을 잡고 그때 장기휴가를 내겠다는 마음을 굳혔으며, 케이가 원정 준비를 주도해 나갔다.

케이가 기타모리에서 혼자 살고 있을 때 데라사와 레이코는 케이가 염려되었는데, 이 계획으로 케이가 확실히 앞으로 나아가고 있다는 생각에 다소 안심했다. 그때까지 케이는 히라이데의 계획에 따라 히말라야 원정에 나서고 있었다. 그런데 판드라는 케이 스스로 기획한 원정이었다. 벽은 미답 상태인지라 여기를 오르면 케이로서는 그야말로 독창적인 등반이 되는 것이고, 최선을 다한다는 표현이기도 했다. 그것은 '끈 떨어진 연'의 신세가 아니며, 케이가 더 높이 보다 자유롭게 자신의 궤도를 그리며 날기 시작한다는 것을 의미했다. 데라사와는 그렇게 생각했다.

케이의 집에는 〈2015년의 포부〉라고 제목이 달린 메모가 걸려 있었는데, 그 메모는 이렇게 끝맺음을 하고 있었다.

늘 앞을 보고 산다.
매일 노래하고 책을 읽으며
귀를 기울이고 웃는
그런 나 자신이 되고 싶다.

가고 싶은 데를 보고 있노라면
자연히 그리로 가게 되리라.

2015년 9월, 케이는 페이스북에 다음과 같은 글을 올리고 히말라야로 떠났다.

―

일본의 단풍과 후지산의 첫눈을 보고 나서 이제 히말라야로 간다. 이런! 네팔의 에너지 사정으로 국제 항공편에 차질이 생겼다. 언제 네팔에 들어가게 될지 앞길이 불투명한 원정이 되었다. 그러나 모든 건 어려움에 직면할 때 비로소 모험이 시작된다고 한 이본 취나드의 말대로 새삼 이런 난관에 부딪히게 된 것에 감사한다. 틀림없이 멋진 모험의 시작이라 믿는다.

―

그러나 그로부터 한 달 뒤에는 이런 글이 올라왔다.

―

50일간의 동 네팔 원정에서 돌아왔습니다.

전혀 소식을 전하지 못해서…

(산에 있다 보니 그럴 수밖에 없었는데)

여러분에게 그저 죄송할 따름입니다.

우연한 기회에 눈에 띄어 달려갔던 미답봉은 아주 멋진 산이었습니다.

동 네팔은 처음이었습니다.

찾아오는 사람도 없고 조용했으며, 가려는 산은 멀기만 했습니다.

생각지도 않았던 일들도 벌어졌습니다.

눈물도 노여움도 다 경험하게 되어 그저 감사할 따름입니다.

열어버린 판도라의 상자,

안에 무엇이 들어 있는지 확인하기 위해 반드시 다시 가렵니다.

…

그때까지 이 산의 이야기는 비밀!

―

이 글을 읽고 '판도라'*를 그저 비유적 표현쯤으로 여긴 사람들도 적지 않았다. 그것이 산의 이름이라는 것을 알고 있는 사람까지도. 이 글만으로는 케이 일행이 정찰을 갔는지, 실제 벽에 도전했는지 확실치 않다.

케이는 판드라 원정 계획을 공개하지 않았다. 아마도 다음 해에 다시 도전하고 등정해서 보고하려고 했을지도 모른다. 그런데 결국 뜻을 이루지 못한 채 돌아와 다음 달 구로다케에서 끝내 운명의 날을 맞고 말았다.

케이 자신이 언젠가 이야기할 것으로 보였던 판드라의 첫 도전은 와다에 의하면 다음과 같은 것이었다.

판드라는 네팔 말로 '15'를 뜻하며, 그리스 신화에 나오는 '판도라의 상자Pandora's Box'와는 관계가 없다. 다만 그러한 우연의 일치에 와다와 케이는 재미를 느끼고 자극을 받았다.

"판드라는 멋진 이름이네요. 산도 제대로 생기고…."

2014년에 알래스카 원정에서 돌아오고 난 후 케이는 자주 도호쿠東北에 갔다. 눈을 반짝거리며 자연 속으로 들어가는 케이를 보고 와다는 정말 호기심이 가득한 사람이라고 생각했다. 동료들이 "둘이 아주 잘 어울려요."라면서 놀릴 때에도 와다는 "그만해요. 그런 것 아니에요."라고 대꾸하곤 했다. '혹시 나를…' 하고 생각한 적은 결코 없었다. 케이가 자기는 겁쟁이어서 아무하고나 산에 가지 않는다며 본인을 상대해주는 것이 와다는 그저 기쁘기만 했다. 지난날을 돌아보면, 한 달이 넘는 알래스카 원정에서 두 사람은 한 번도 말다툼 같은 것을 한 일이 없었다. 도호쿠의 산에서도 그저 서로 웃으며 지냈다.

그런데 판드라에서는 두 사람 사이에 온도 차가 있었다. 10일 동안 카라반을 하고 나서 바라보게 된 판드라는 완전한 얼음과 바위의 거벽을 노출하고 있었으며, 그 위험은 알래스카의 산과는 달라 보였다. 와다는 너무 놀라서 이렇게 중얼거렸다.

"어디를 봐도 오를 데가 없을 것 같은데….."

그러나 케이는 벽을 가리키며 말했다.

"대단하다. 해볼 만해! 저 라인을 봐요!"

하지만 와다가 보기에는 어림없었다. 와다는 케이와의 경험의 차이를 느끼지 않을 수 없었다.

그 웅대한 모습을 앞에 두고 케이의 사기는 오르기만 했다. 알래스카 때와는 전혀 다른 날카로운 분위기였다.

베이스캠프에서 와다가 공격용 짐을 꾸리고 있을 때였다.

"와다 씨, 짐이 그렇게 적어서 되겠어요?"

케이가 새삼스럽게 한마디 했다. 와다는 이제부터 싸려던 참이라고 대답했다.

"그렇다면 좋아요. 빨리 하도록!"

케이는 다소 기분이 상한 듯한 어조였다. 그 한마디뿐이었는데, 그 말에서 케이의 긴장감이 그대로 느껴졌다.

와다는 일반 루트로 히말라야의 봉우리를 오른 적은 있었으나, 벽은 이번이 처음이었다. 결국 마음이 불안한 가운데 등반에 나섰지만, 벽에 붙어보니 그 스케일이 밑에서 보는 것과는 크게 달랐다. 두 피치로 예상했던 최하단부의 우측 밴드가 무려 네 피치나 되었다.

다음 날은 바로 수직의 얼음 구간이었다. 표고 6,000미터 부근에서의 수직 빙벽인 것이다. 그런 데를 케이가 선등으로 나가고 있었으니, 와다로서는 자기 눈으로 보고도 믿어지지 않았다. 그런 빙벽이 40미터나 되었다. 그뿐만 아니라 그 뒤에도 넘어가야 할 수직 벽이 이어졌다. 그런 곳에서 몸을 움직이다 보니 산소가 희박해서 생각을 제대로 할 수가 없었다. 게다가 날이 저물어 얼음 사면을 깎아내고 친 텐트는 3분의 1 정도가 허공에 뜨다시피 했다.

3일째 되던 날은 50~60도의 경사진 쿨르와르를 올라서, 그런대로 고도를 벌었다. 그리고 텐트를 치기에도 비교적 안정된 장소가 나타났다. 다만 위를 본 와다가 만만치 않겠다며 중얼거렸다. 우측 북벽과 좌측 북동벽 사이로 불안정한 리지가 솟아 있었다.

다음 날 케이가 그 리지를 오르기 시작했다. 와다도 두 번째 리지를 아무 문제없이 올라갔다. 의외로 안정된 모습이었다. 그런데 어쩌다 밑을 내려다보니 거기는 리지가 아니고 언제 무너질지 모르는 눈처마였다. 놀란 와다는 서둘러 케이가 빌레이하고 있는 지점으로 되돌아갔다. 그리고 이번에는 정신을 차려, 좌측 북동벽을 약간은 횡단하는 느낌으로 올라갔다. 그런데 벽에 붙은 눈이 마치 설탕 같아서 마음이 놓이지 않았다. 그렇다고 확보할 곳도 마땅치 않았다. 와다는 이러다가 떨어질 것만 같았다. 무서운 생각 속에 필사적으로 애를 쓰고 있을 때 갑자기 될 대로 되라 하는 생각이 들었다. 그밖에 어떻게 할 수가 없었다. 다행히 바위틈에 피켈의 피크를 걸고 심호흡을 하며 마음의 안정을 찾자, 조금 전에 자포자기했던 생각이 나서 아찔한 기분이 들었다. 이런 식으로는 안 되겠다 싶어지며 '절대 무리'라는 글자가 뇌리를 스치기 시작했다.

"여기는 무리예요."

뒤따라 올라온 케이에게 와다가 말했다.

"글쎄… 무리일까? 리지는 무리겠지만… 북벽 쪽으로 돌아볼까?"

"아니에요. 앞서 내가 북면을 봤는데, 거기도 어려워 보여요."

와다가 이렇게 말하려는 찰나에, 케이가 곧장 리지를 넘어가려고 로프를 끌고 올라갔다.

"어려운데…"

와다가 중얼거렸다. 리지 자체를 넘어서기가 어렵고, 그 앞은 꼼짝할 수 없는 빙벽이었다. 그런데 로프는 그대로 앞으로 가고 있었다. '가봐야 쉽지 않을 텐데'라고 생각하며 와다는 빌레이를 보고 있었다. 조금 뒤 와다가 따라 올라갔더니 케이는 시원치 않은 얼음에서 확보를 하고 있었다.

그 다음에 와다가 선등하여 그런대로 안정된 얼음이 있는 데까지 올라갔다. 그제서야 와다는 운 좋게도 이 병벽에서 확보하면 내려갈 수는 있겠다는 생각이 들었다. 그런데 뒤따라온 케이는 그대로 오르려는 자세였다. 그리고 위를 가리키며, "저 근처가 편편한 듯하니 오늘 밤 저기 가서 비박을 하면 좋겠다"고 말했다. 와다는 케이의 말을 믿을 수가 없었다. 편편한 데는 보이지 않았고, 수직의 얼음뿐이었다. 게다가 추위로 인해 손발의 감각이 사라지고 있었다. 와다는 지금이라도 돌아가야 한다는 자신의 생각을 케이에게 말했다.

"그래, 내려가고 싶어요? 후회하지 않겠죠?"

케이가 물었다.

"지금이야 후회할 수 있죠. 죽으면 후회도 못 하지 않아요?"

와다가 이렇게 대꾸하자 케이는 화를 냈다.

"뭐라고? 난 이런 데서 죽지 않아요!"

이렇게 해서 판드라 원정은 끝났다. 와다도 마음이 편치 않았다. 철수했기 때문이 아니라, 하강하면서 벌써 후회하기 시작했던 것이다. 조금 더 노력해봤어야 하지 않았을까…. 언짢은 기분으로 내려가는 케이에게 와다는 다시 오르자고 차마 말할 수가 없었다.

베이스캠프에 내려오고 이틀 후, 철수가 결정됐다.

"정말 죄송해요. 사실 후회하고 있습니다."

와다가 용기를 내서 말했다.

"그 말 진심이에요? 그런 얘기 듣고 싶지 않았는데."

케이는 그렇게 말하며 몇 차례 뒤를 돌아봤다. 그러더니 나중에는 이렇게 말했다.

"그래, 다시 와요!"

이 말에 와다는 눈물이 났다. 케이도 눈물을 흘리며 말을 이었다.

"여기는 우리 둘의 산이니까."

그러면서 케이는 와다의 팔을 잡았다.

와다와 케이가 전화가 되는 마을에 내려왔을 때 같은 시기에 네팔의 참랑Chamlang(7,319m)에 혼자 도전하고 있던 이마이 겐지今井健司(33세)가 추락사했다는 소식을 들었다. 케이가 기타모리의 숲으로 이사한 것은 그 이마이가 근처에 살고 있었기 때문이기도 했다. 그들 두 사람은 서로 격려해가며 전문등반을 하고있던 사이였다.

"와다, 언젠가 참랑에도 오르고 싶다."

이렇게 말하며 케이는 와다를 꽉 껴안았다.

영화 「에베레스트, 신들의 산」에서 이마이로부터 등산을 지도받은 배우 오카다 준이치岡田准一는 이마이의 아내와 자식을 위로하기 위해 친구들과 같이 트레킹을 계획했다. 케이는 판드라에서 돌아온 후 바로 그 일의 가이드를 자처하고 나섰다. 데라사와도 함께 참여하기로 하고, 그날 밤은 기타모리에 있는 케이의 집에서 머물렀다. 그런데 그때 케이가 싫어하는 사다마사시さだまさし[75]의 곡이 흘러나왔다. 예전에는 저런 곡은 싫다던 케이였는데, 지금 보니 책장에 그의 책도 있었다. 어떻게 된 일인지 케이에게 물었더니, 나이 탓이라는 대답이 돌아왔다.

나중에야 알았지만, 사다마사시는 와다가 좋아하는 가수였다. 책도 실은 와다한테서 빌려온 것이었다. 데라사와는 케이가 와다와 다시 판드라에 갈 것으로 믿고 있었다. 그로부터 한 달 뒤인 12월 21일 설마 케이가 등반을 재개할 줄 데라사와는 꿈에도 생각하지 못했다.

12월 20일 와다는 클라이머 친구와 남 알프스 가이코마가다케 甲斐駒ヶ岳를 오르고 있었다. 정상에 오르니 케이가 살고 있는 기타모리의 숲이 눈 아래로 내려다보였다. 케이가 홋카이도에 가고 없다는 것을 모르는 와다는 케이의 집이 있는 부근의 숲을 사진으로 찍어, 그 영상을 케이에게 보냈다. 그리고 내려오자 바로 휴대전화 통화불능 지역에 들어가 버려서, 케이의 전화를 받을 수가 없었다.

케이의 문자를 읽은 것은 다음 날인 21일 오후 2시 반경, 주차장에 내려왔을 때였다. 그 문자는 케이가 전날 밤 텐트 안에서 보낸 것이었다.

홋카이도에 왔어요. 지금 텐트를 쳤는데, 내일은 처음으로 스키를 등에 지고 등반합니다. 그리고 구로다케 정상에서 스키로 내려가려고 하는데, 사실 마음이 놓이지 않네요.

'지금쯤 등반을 끝내고 스키로 내려오고 있을까? 가이코마가다케 등반 후, 기타모리에서 케이와 만나게 될지 모르겠는데.

홋카이도에 있다면 어렵겠지만.' 와다는 그렇게 생각하며 돌아오고 있었다.

와다는 스키도 타는 클라이머였다. 도호쿠의 갓산月山에서 시작해 아사히연봉을 스키로 100킬로미터 종주한 일도 있었다. 케이는 그 얘기를 듣고 "얼마나 멋있었을까?" 하고 부러워했었다. 그때 와다가 다음에는 아가즈마연봉吾妻連峯을 스키로 가고 싶다고 말했고, 케이는 자기도 같이 가고 싶다고 했었다. 지금 홋카이도에서 본격적으로 스키 트레이닝을 하고 있다면, 앞으로 케이와 함께 스키 등산을 하게 될 수도 있을 것이다.

와다는 그런 생각을 하며 집으로 돌아오고 있었는데, 하나타니 야스히로花谷泰廣[76]로부터 전화가 왔다.

"아직 확실한 것은 모르겠는데⋯."

하나타니는 말을 더듬으며 그날 오후 케이가 추락했다고 알려왔다.

"상황이 심각해⋯."

하나타니가 말을 이었다.

와다는 설마 하는 생각이 들었지만, 등반 경험이 많은 하나타니의 이야기니 믿지 않을 수도 없었다. 아무래도 마음이 편치 않았다. 산에서 내려왔는데도 피곤하거나 배고픈 것을 느낄 수가 없었다.

추락사고 전날, 케이는 남자 넷과 구로다케에 있었다. 그중 한 사람인 가토 나오유키는 케이와 같은 기타모리의 숲에 살고 있었고, 여러 번 같이 산에 가곤 했다. 그해 여름에는 쓰루기다케 북쪽 능선 50킬로미터를 6일에 걸쳐 같이 걸었다. 나이가 같은 두 사람은 서로 싹싹한 성격으로 마음이 잘 통하는 편이었다.

케이는 홋카이도 니세코ニセコ에서 스키를 타기도 하고, 가토와 라이덴雷電 해안海岸에서 믹스 클라이밍을 즐기기도 했다. 그후 가토는 동료 세 명과 함께 스키등반을 할 예정이었는데, 여기에 동참하게 된 케이도 마음이 들떠 있던 참이었다.

다만 그때까지 어디로 갈 것인가는 정해져 있지 않았는데, 날씨와 거리를 생각해서 최종적으로 구로다케로 결정하게 된 것이다. 코스는 북벽을 오른 후 북동쪽 사면을 내려가는 것이었다. 그렇다고 깊은 생각 끝에 나온 계획은 아니었다.

가토는 이렇게 말했다.

"누가 정한 것도 아니고, 그저 스키도 등반장비도 갖추고 있었으니 한 번 해보자는 가벼운 심정이었습니다."

멤버 중 한 사람은 삿포로를 거점으로 홋카이도뿐만 아니라 세계의 여러 산에서 스키등반 경험이 있는 사사키佐々木"로, 그전부터 그를 알고 있는 케이는 모든 건 사사키에게 맡긴다고 할 만큼 강한 신뢰를 보였다.

그런데 산에 들어가서 본 케이의 분위기가 그전과 달랐다. 첫날 구로다케의 산허리를 스키로 내려왔을 때 가토의 눈에 케이의 동작이 서툴러 보였다. 그러나 케이가 신경을 쓸 정도로 어려운 상황이 될 줄은 몰랐다. 북벽은 경험이 많은 케이에게 별것 아닌 벽이었으며, 활강할 북동쪽 사면도 완만한 경사를 이루고 있어서 해마다 많은 스키어들이 내려오는 곳이었다.

"그다지 어려운 곳은 아니라고 케이에게 말했습니다."

가토가 당시를 돌아보며 말했다.

다섯 명은 북동쪽 산허리에 텐트를 쳤다. 평상시에는 술을 마시지 않던 케이가 그날은 브랜디를 마시고 있어서 의외라는 생각이 들었다. 다음 날 아침 그들은 스키를 메고 북벽 쪽으로 갔다. 케이는 조금 낡은 산악스키 겸용화를 신고 있었다. 바람이 강해서 돌아가는 것이 어떨까도 이야기했지만 모두 예정대로 가자고 했다. 케이는 가토와 또 한 명의 클라이머와 함께 북릉으로 가고, 사사키와 파트너는 정상 쪽으로 직접 등반하기로 했다.

북릉은 덤불이 많았고, 일본의 벽치고는 별로 마음에 들지 않는 루트였다. 하여간 날씨가 나빠지기 전에 그곳을 탈출하기로 뜻을 모으고 셋은 빠르게 올라갔다. 그러다 보니 확보지점에서도 별로 대화를 하지 못했다. 선등으로 벽을 통과한 가토는 큰 바위에 확보를 하고 두 사람의 확보를 봐주었다. 케이가 올라오자 그는 밝은 어조로 말했다.

"여기서부터 활강만 하면 돼. 정말 최고야!"

케이는 빙그레 웃으면서 말했다.

"그러게 말이야."

그 웃음과는 달리 가토의 눈에는 그때 케이가 다소 긴장한 듯이 보였다.

빌레이 장소에서 케이가 잠깐 볼일을 좀 보고 오겠다고 했다. 산행을 하다 보면 이런 일은 흔히 있다. 케이는 로프를 풀고 큰 바위의 뒤쪽으로 갔다. 또 한 명의 파트너가 올라올 때까지 시간이 다소 있었지만 케이는 돌아오지 않았다.

파트너는 바위의 반대쪽이 보이는 곳으로 올라왔다. 그때 가토가 말했다.

"케이가 볼일 보러 간 곳이니 눈에 띄지 않도록 조심해."

그러자 그가 정색을 하며 말했다.

"아니, 무슨 소리? 없는데."

순간 정신이 아찔했다. 그럴 리가? 케이가 혼자 정상에 올라갔을까? 가토는 정상을 향해 달렸다. 그러나 정상에는 사사키와 그의 파트너밖에 없었다.

"케이가 없어요!"

평상시 냉정하기 이를 데 없는 가토의 비통한 소리에 그들은 무슨 일이 일어난 것을 직감했다. 그들이 급히 바위가 있는 곳으로 돌아오니, 바위 옆에 케이의 덧장갑이 놓여 있었다. 그 옆은 바로 낭떠러지였다. 도저히 믿어지지 않는 광경이었다. 가토는 이렇게 말했다.

"어느 때 같으면 케이가 절대 가지 않는 장소였습니다. 그런데 어떻게 그런 곳에 케이가 갔을까? 스키등반이라 긴장이라도 했을까? 이런저런 추측이 있었지만 그 이유는 정말로 알 수가 없었습니다. 내가 확보지점을 여기가 아닌 다른 곳으로 했더라면…. 마음에 걸리는 것이 많았습니다."

강한 폭풍설 속에 가토는 확보를 단단히 봐달라고 부탁하고 벽을 내려왔다. 그야말로 수직의 벽이었다. 물건을 던지면 50미터는 그대로 떨어지는 그런 곳이었다.

가토와 사사키 일행은 정상까지 올라가서 1,840미터 지점까지 스키활강을 하고, 거기서 나무에 로프를 걸고, 케이가 떨어졌을 것으로 짐작되는 구로다케사와黒岳沢로 현수하강을 했다. 도중에 등반용구를 발견했는데, 어느새 오후 4시가 되고 해질 무렵이 가까웠다. 날씨도 점차 나빠지고 있었으며 설면도 불안정했다. 그들은 계속 수백 미터를 확보 없이 내려가, 50미터 정도의 수직 폭포가 있는 데까지 왔다. 거기에서도 비콘beacon 반응은 없었다.

일단 산 밑으로 내려온 일행은 장비를 챙기고, 다음 날 아침 다시 구로다케사와를 내려갔다. 케이는 정상 능선에서 700미터 아래에 누워 있었다.

심폐 정지 상태의 케이가 발견됐다는 소식이 그날 뉴스로 나왔다. 와다는 정신없는 하루를 보냈다.

밤에 스즈키 히로키에게서 전화가 왔다. 와다와 스즈키는 도호쿠 최대의 벽인 구로부시야마에 신루트를 같이 개척한 사이였다. 한참 동안 사고에 관한 이야기를 하고 나서, 스즈키가 말했다.

"만일 내 실력으로도 괜찮다면 판드라에 같이 가고 싶어요."

그러나 그때 와다는 이렇게 대꾸할 수밖에 없었다.

"아니요, 그 마음은 고마운데 지금은 아무 생각도 없어요."

눈물도 노여움도 다 경험하게 되어 그저 감사할 따름입니다.

열어버린 판도라의 상자,

안에 무엇이 들어 있는지 확인하기 위해 반드시 다시 가렵니다.

…

그때까지 이 산의 이야기는 비밀!

＝

SNS를 보지 않는 와다는 이런 글이 올라와 있는 것을 케이의 조난 후 친구로부터 듣고 알게 되었다. 안에 든 것을 확인하러 반드시 다시 가겠다던 그 말은 공허하게 되고 말았다.

와다는 케이가 없어지고 나서야 비로소 케이를 사랑하고 있었다는 생각이 들었다. 등산 파트너로, 마음이 통하는 친구로, 해외원정의 스승으로, 그리고 무엇보다도 여성으로.

그로부터 3개월 후인 3월, 나는 와다, 스즈키와 함께 케이의 추모 산행으로 구로베 횡단에 나섰다. 역에서 만났을 때 와다의 기분이 처져 있는 듯 보였다.

"살아서 무슨 의미가 있는가…."

등산 지점까지 가는 동안 와다는 그런 말을 하고 또 했다. 이제부터 엄동설한 속으로 가려는 자가 할 소리는 아니었다. 그러나 막상 산에 들어서자 와다는 힘차게 심설을 뚫고 나갔다.

6일째 되던 날, 핵심부의 쓰루기다케 정상을 넘어 하야쓰키月 능선 상에 텐트를 쳤을 때 건너에 쓰루기 능선이 보였다. 그

곳은 와다와 케이가 처음으로 로프를 묶었던 곳이었다. 그곳을
바라보며 와다가 중얼거렸다.

"판드라에 다시 가고 싶다."

"나도 같이 가고 싶어요."

스즈키가 말했다.

2년 후의 구로다케

자기 자신에게 도전할 것. 진취적으로 행동을 계속할 것. 기존에 있던 길이 아니라 스스로 그 길을 찾을 것. 무엇보다도 자기가 하고 싶은 일을 추구하고 나아갈 것…. 케이의 죽음은 나에게 너무나도 많은 과제를 안겨주었다.

그러나 케이처럼 살아가기란 쉬운 일이 아니었다. 매일매일 생활에 쫓기면서 케이가 남겼던 숙제에 대한 인식이 점차 희미해지고 약해졌다. 이래서는 안 되겠다 싶어 나는 케이의 친구들에게 그녀의 이야기를 듣고 그 이야기들을 한 권의 책으로 묶어보기로 했다.

대학시절 케이와 클래스메이트였던 스즈키 가쓰미鈴木勝己와 만난 것은 구로다케에서의 조난이 있은 지 1년 반 후였다. 대학 사이클링부 친구조차 그의 존재를 모르고 있었으니, 내가 마침 가쓰미의 연락처를 알고 이야기를 듣게 된 것은 행운이었다.

케이가 『갈매기 조나단』을 애독하고 있었다는 것 등등 나로서는 금시초문인 이야기들이 많았다. 질문을 계속하자 가쓰미는 열을 내며 이야기했다. 저녁식사를 하면서 시작된 인터뷰가 밤새도록 이어지고, 어느새 날이 밝고 있었다. 첫 전차를 타려고 역으로 가고 있을 때 가쓰미는 이렇게 말했다.

"케이가 마지막에 오른 겨울의 구로다케에 가고 싶어요. 같이 가주실 수 있겠습니까?"

가쓰미는 케이와 오토바이로 여행은 했어도 겨울 산에 같이 간 적은 없었다. 가쓰미는 문화인류학 전공자로 한때 태국에서 낮은 산은 다녀봤지만, 그나마 일본에 돌아와서는 대학에 묻혀 지내느라 운동 같은 것과는 거리가 멀었다고 했다. 그러한 가쓰미와 홋카이도의 겨울 설산을 오른다는 것은 위험했다. 그러나 지난날의 케이는 아무 기술이 없던 나를 데리고 등반하러 가지 않았던가. 나는 가쓰미에게 대답했다.

"그래요. 같이 갑시다. 구로다케에 눈이 오면 가도록 해요."

가쓰미와 홋카이도로 간 것은 2017년 11월 중순이었다.

먼저 와 있던 가쓰미와 치토세千歲 공항 주차장에서 만나, 렌트카를 빌려 탔다. 삿포로에서 북쪽으로 향하자 노면이 바로 눈으로 덮이기 시작했다. 시내에 눈이 있다는 것은 산에는 상당한 적설량이 있다는 얘기일 것이다. 나는 가쓰미를 데리고 그런 곳에 가는 것이 불안해졌다. 그런 줄도 모르고 가쓰미는 이렇게 말했다.

"벌써 케이 옆에 와 있는 기분이에요. '오이시大石와 같이 왔군요.'라고 케이가 말하고 있어요."

가쓰미는 정말로 케이가 옆에서 말하고 있는 듯이 이야기했다. 그렇다면 케이는 이 눈이 얼마나 위험한지도 말하지 않았을까 싶었다.

우리는 구로다케 정상에 텐트를 치고 1박을 하는 등반 계획을 세웠다. 가쓰미는 이때도 케이와 교감하려는 것 같았다.

다음 날 아침 첫 로프웨이를 타고 얼마 후 내리면 바로 스키장이다. 그런데 그날은 눈이 와서 로프웨이를 운행하지 않았다. 우리는 하는 수 없이 아무도 없는 설사면을 걸어 올라갔다. 로프웨이 종착역까지는 간단히 올라갔으나 거기서부터가 문제였다. 스노슈즈를 신었어도 무릎 위까지 빠지는 눈을 러셀로 뚫고 나가야 했다. 눈이 계속 내렸다. 뒤돌아보면 수림대가 구름 사이로 보일락 말락 했다. 고도감을 느꼈던지 가쓰미가 한마디 했다.

"대단한 데를 오르고 있네요."

폭풍설이 심할 때 등산을 해서는 안 된다는 상식을 가쓰미에게 말할 수가 없었다. 무슨 일이 있어도 정상에서 하룻밤 묵겠다는 결의가 그에게 있었기 때문이었다. 하지만 평상시 운동과는 먼 생활을 해온 가쓰미가 과연 어디까지 따라 올라올지 알수 없었다.

그때 가쓰미가 한마디 했다.

"오늘은 케이가 같이 가고 있으니 이만큼이라도 걸을 수가 있어요."

드문드문 서 있던 나무들이 어느새 보이지 않았다. 삼림 한계를 넘어선 것이다. 걸리는 것이 없이 자유로운 바람이 몸을 때렸다. 이런 날 정상에서 텐트를 치고 하룻밤을 지낼 일이 마음에 걸렸다.

"이런 날씨에는 정상 텐트에서 지내는 건 무리일 것 같은데요."

나는 말을 하지 않을 수가 없었다. 가쓰미도 알아들은 것 같았다.

그런데 어느 순간 가스가 갈라지며 정상 같은 곳이 눈에 들어왔다. 하지만 바로 회색의 세계 속으로 사라져버렸다. 우리는 아무 것도 보이지 않는 공간을 향해 계속 올라갔다. 원경도 근경도 없는 그런 공간에 내가 가져온 카메라 2대는 그야말로 무용지물이었다. 우리는 어디로 가고 있는가. 나는 화이트아웃 세계에 익숙한 편인데 그날은 어느 때와 다르게 산을 오르고 있다는 현실감이 없었고, 그저 다른 세계에 빠져든 것 같은 느낌이었다.

"동물의 발자국도 없네요. 생물이 없는 곳에 온 것 같아요."

가쓰미가 말했다.

"케이가 지금 뭐라고 한마디 했던가요?"

내가 물었다.

"나는 후회 같은 거 하고 있지 않아, 그렇게 말했어요."

이렇게 말하며 가쓰미는 또 말을 이었다.

"하고 싶은 일을 해왔다. 그래서 후회 따위는 없다. 물론 하고 싶은 일은 더 있었지만…. 케이는 그렇게 말했어요."

하늘에서는 바람소리가 대단했다. 정상에 오르면 그 바람에 직격당할 것 같았다. 그러나 우리는 오를 수밖에 없었다. 최상부까지 갔을 때 하늘에는 구름이 흐르고 조금씩 밝아오는 듯했다. 잠깐 태양이 그 윤곽을 보였다. 바로 그때 가쓰미가 말했다.

"저게 사람인지 모르겠어요."

그것은 강풍 속에 까딱도 하지 않고 서 있었다.

자세히 보니 나무토막 같았다. 그런 인공물이 있는 곳이라면 정상이 틀림없었다. 이제 조금만 사면을 더 오르면 되었다. 산 꼭대기의 북쪽은 케이가 떨어진 절벽이었다. 설마 가쓰미가 거기에서 뛰어내리지는 않겠지…. 나도 모르게 그런 상상이 머리를 스쳤다.

정상 표식물 앞에까지 오자 가쓰미는 거센 바람을 향해 소리치기 시작했다.

"왔어. 만나고 싶어서 왔어. 나쁜 날씨이지만, 이것도 우연은 아닌 것 같아. 이런 나쁜 날씨에도 불구하고 우리는 긍정적으로 생각했어. 이 모두가 네가 하는 격려이자, 스스로의 시련으로 여기고 끝까지 오를 수가 있었어."

"시련은 앞으로도 있어요."

내가 말하자 가쓰미는 회색의 공간을 보며 이렇게 대꾸했다.

"시련은 계속되겠지만… 반은 케이가 되어서 살겠다고 마음먹고 있어요. 절반은 나에게 맡겨라. 너는 저 세상에 갔으니, 이 세상의 일은 내가 맡겠다. 너는 거기서 하고 싶은 대로 하도록. 결국 그런 운명이었어요."

불어대는 바람 속에 가쓰미의 소리가 확실히 들려왔다.

케이가 마지막에 보았을 경치는 전혀 보이지 않았다. 우리는 심한 폭풍설 속에 케이가 떨어진 현장으로 발을 옮겼다. 커다란 바위가 있었고, 바로 그 옆이 절벽이었다. 스키를 지고 그 절벽을 올라온 케이와 멤버들은 우리가 올랐던 사면을 스키로 활강할 예정이었다. 그러다가 무슨 일이 일어나서, 그녀는 거기서 떨어지고 말았다.

가쓰미는 진중한 자세로 절벽 밑을 내려다보았다. 나는 가쓰미가 가져온 A4 사이즈의 케이의 영정사진을 쳐다보았다. 그것은 생전에 케이가 파타고니아의 프로필 사진으로 썼던 것이었다. 케이가 얼굴을 비스듬히 해서 바로 여기를 바라보며 웃고 있었다. 상대의 이야기를 흥미롭게 듣고 있는 모습이었다. 케이는 자기 자신만이 아니라 언제나 친구들도 지켜보고 있었다는 생각이 다시금 들었다.

그 이야기를 가쓰미에게 전해주고 싶었으나 거센 바람에 말을 제대로 할 수가 없었다. 바로 손의 감각이 없어졌다. 더 있고 싶었지만 내려가야 했다.

오를 때 났던 발자국은 눈에 묻혀 거의 보이지 않았다. 바람이 덜 부는 사면까지 내려오자 가쓰미가 말했다.

"앞으로 나가라고, 하고 싶은 일을 하라고, 쉬고 있을 틈이 없다고 정상에서 케이가 말했어요."

가쓰미는 산꼭대기에서 케이와 이야기를 주고받았던 것이다.

"산정을 떠날 때 '다시 봐요.' 하는 소리가 들렸어요."

로프웨이 가까이에 내려와서 우리는 텐트를 쳤다. 11월이라고 할 수 없을 정도의 추위가 주위를 지배하고 있었다. 세상과 격리된 저 산정에 케이는 그대로 있을 것인가, 가쓰미에게 말을 던졌더니, 거기만이 아니고 케이의 혼은 세계 도처에 널리 퍼져 있다고 그가 답했다. 케이가 죽은 날 밤에 가쓰미는 케이의 혼령의 빛이 세계 속에 널리 퍼지고 있는 꿈을 꾸었다고 했다.

　가쓰미는 텐트 안에서 술을 마시며, 대학생이었을 때 케이와 같이 오키나와와 홋카이도를 여행한 이야기를 했다. 그리고 이렇게 말했다.

　"그토록 개성이 강하던 그녀가 어쩌다 나같이 보잘것없는 사나이와 가까이 지냈을까. 딴 사람한테서는 그런 이야기를 듣고 싶지도 않은데, 이제 나는 그녀의 말대로 살아야겠다고 생각했어요."

　한밤중에 바람이 잦아들었는지 텐트를 때리던 소리가 들리지 않았다. 밖을 내다보니 하늘에 별들이 초롱초롱했다. 새로운 인생의 계시인지도 몰랐다. 조금 전까지 불어대던 눈보라가 마치 거짓말 같았다. 우리는 추위도 잊고 밖으로 나갔다. 인공적인 빛이 없는 구로다케의 하늘은 칠흑이고 별만이 더욱 빛나고 있었다.

　"이리오모테지마西表島에서 케이와 같이 본 그곳 반딧불의 빛도 이런 느낌이었습니다."

　20년 전 가쓰미는 그 해변에서 새로운 인생을 시작하는 계기를 만들었다. 이제 이 하늘도 또한 그에게 새로운 인생을 알리고 있는지도 몰랐다. 가쓰미가 이렇게 말했다.

"이 등산으로 무슨 일이 끝났다고는 할 수 없습니다. 오히려 여기가 새로운 출발점이고, 케이가 살아온 뜻과 그녀가 가버린 뜻도 이제부터는 내가 만들어갈 수밖에 없겠지요. 어떤 의미에서는 나에게 새로운 일이 부여된 것 같습니다."

아침에 일어나니 그 별하늘은 꿈이었던가 싶을 정도로 눈이 내리고 있었고, 텐트는 절반이나 눈 속에 파묻혀 있었다.

로프웨이 정거장까지 내려갔더니 악천후로 로프웨이는 운행하지 않는 것 같았다. 하는 수 없이 주차장으로 걸어서 내려가려 하고 있을 때 사람이 나와서 지금 바람이 잦아든 듯하니 어서 타라며 특별히 로프웨이를 운행하겠다고 했다.

우리는 승객이 아무도 없는 로프웨이에 올라탔다. 운이 좋았던 셈이다. 가쓰미 말대로 이 산에 정말 케이가 있는 것 같았다.

홋카이도에서 돌아온 뒤 한참 후에 알았지만, 케이는 조난 전날 로프웨이 정거장 근처에서 묵었다고 한다. 거기가 바로 우리가 텐트를 친 곳이었다. 케이는 마지막 날 밤, 그곳에서 다음 날의 스키와 새롭게 시작하는 앞날의 모험을 마음속으로 그리고 있었는지 모른다.

11월에 연말과 같은 눈, 이리오모테지마의 반딧불을 연상시키는 하늘의 별들, 케이가 마지막으로 묵었던 장소… 이 몇 가지가 케이의 경험과 겹치고 있었다.

거기에 불가사의한 사실이 더해졌다.

앞서 말한 대로 고교시절에 케이는 오토바이 사고로 16세에 요절한 다카하시 요시아키高橋良明 이야기를 쓴 『그 얼굴을 다시 한번…!』을 읽고 있었다. 내가 쓴 원고를 읽으며 가쓰미는 처음으로 케이가 그 책을 읽고 있었다는 것을 알았다.

가쓰미에게 그것은 충격이었다. 가쓰미는 고교시절 그 다카하시와 알고 지냈었기 때문이다. 언제나 밝은 얼굴로 말을 걸어오던 다카하시는 고교시절의 가쓰미에게 강한 인상을 안겨주었다. 그리고 대학시절에 말을 걸어온 케이 역시 다카하시와 똑같은 인상을 가쓰미에게 주었던 것이다.

케이는 다카하시의 책이 하나의 계기가 되어 미국으로 유학을 떠나고, 누구에게나 밝게 말을 걸 수 있는 사람이 되었다. 그랬기 때문에 가쓰미와도 만났을 것으로 보이지만, 그 이전에 두 사람은 다카하시를 통해서 만나는 인연이 생겼던 셈이다. 그런 사실을 내가 미즈카미 유키를 인터뷰하고 다카하시 책 이야기를 듣지 못했으면, 아마도 가쓰미는 알 수 없었을는지 모른다.

이처럼 여러 가지 일들이 서로 연결되고 있었는데, 이것은 단순한 우연 같지 않았다. 이러한 불가사의한 인연들을 생전에 케이는 미야모토 테루宮本輝의 소설에서 '별이 돌고 돌아'라는 표현으로 경험했을 것이다. 그 같은 흐름을 케이가 일으키고 있다고 생각하지 않을 수가 없었다. 케이의 혼은 우리 가까이에 있었다.

그것을 느낀 나는 무엇을 하면 좋을까? 그것은 전력을 다해 사는 것이리라. 케이가 한순간 한순간을 힘껏 살았듯이. 그런 생각이 굳어지고 있을 때 케이가 그리려고 하던 판드라의 등반 라인이 선명하게 눈앞에 나타났다. 그 라인에는 케이가 투영되어 있었다. 자신을 믿는 마음, 미지에 대한 호기심, 친구들과의 유대, 계속 꿈을 품는 것, 상식의 저편으로 뛰어 넘어가는 용기 등, 케이의 모든 것이 그 라인에 압축되어 표현되고 있었다.

와다 준지도 스즈키 히로키도 같은 심정으로 판드라를 보고 있을 것이다. 나도 그들과 함께 그 아름다운 라인을 오르고 싶다는 생각이 들었다. 그리하여 마침내 정상에 오를 수 있다면, 나 자신도 케이처럼 온갖 힘을 다한 인생을 보내게 되지 않을까 싶었다.

케이에게서 배운 등반기술을 나는 잊지 않고 있다. 앞으로는 나 자신의 의지가 문제일 뿐이다.

"앞으로 나가. 하고 싶은 일을 해. 쉬고 있을 틈이 없어."

구로다케 정상에서 케이가 가쓰미에게 했다는 그 말을 나는 여러 번 복기했다.

그리고 케이가 연 판도라의 상자에 들어 있는 것을 나도 보러 가고 싶다는 생각을 했다.

미완의 라인

와다와 스즈키는 2018년 가을 판드라에 갈 계획을 세우고 있었다. 나는 구로다케에서의 추모 등산을 끝낸 뒤, 두 사람에게 연락을 했더니 좋다며 흔쾌히 원정대원으로 끼워주었다.

나는 바로 와다와 함께 겨울 가이코마가다케甲斐駒ヶ岳에서 5일간 훈련등반을 했다. 그 후 주말에는 스즈키와 아이스 클라이밍 훈련을 거듭했다. 와다도 도호쿠에서 빙벽을 오르고 있었다.

케이와 와다는 판드라의 빙벽에서 실패했는데, 거기를 돌파하려면 빙벽등반에 더욱 숙달할 필요가 있었다.

2월의 어느 주말 신슈信州의 빙폭에서 훈련하던 저녁, 히라이데 카즈야의 시스파레 등정 장면이 TV에 나왔다. 케이와 가서 실패했던 그 산을 반 년 전 히라이데는 나카지마 겐로中島健郎[79]와 재도전했었다. 나는 훈련의 피로도 잊은 채 그 압도적인 등반 영상에서 눈을 뗄 수가 없었다.

눈보라 속을 뚫고 나가 기술적으로 암벽을 돌파하고 정상 바로 밑에까지 왔을 때 히라이데가 극한상황에 빠지고 말았다.

"지금까지 해온 등반 중에서 제일 힘들었습니다. 발이 움직이지 않았습니다…."

영상에는 나타나지 않았으나 히라이데는 그때 또 하나의 존재를 느꼈다고 했다. 케이가 카메트에서 보았다는 '제3의 인물'이었는지 모른다. 다만 히라이데는 자신이 그때 보고 있는 인물이 케이일 거라고 확신했다.

히라이데의 가슴 속에 선명하게 남아 있던 케이의 잔상이 현실처럼 눈앞에 나타나서 그를 정상까지 인도했다는 것이다.

"케이와 새로운 정상에 오르게 되어 그저 기뻤습니다."

눈보라가 휘몰아치는 시스파레 정상에서 히라이데는 그렇게 말하고, 케이의 사진을 거기 묻은 다음 조용히 두 손을 모아 합장했다.

케이에게서 힘을 얻고 앞으로 나아가려고 하는 사람은 히라이데만이 아니었다.

그해 여름, 온다 마사미는 시블링 옆에 있는 수다르샨파르바트Sudarshan Parbat(6,507m)를 목표로 하고 있었다. 하세가와 에리도 대학졸업 후 첫 원정으로 인도의 6천 미터급 봉우리를 노리고 있었다. 후시미 유키코는 일본에서 처음 열리는 어드벤처 레이스의 국제 레이스인 '닛산 엑스트레일 어드벤처 레이스 재팬 인 나가노Nisaan XTRAIL Adventure Race Japan in NAGANO'에 여성만의 팀으로 참가하고 있었다. 스즈키 가쓰미는 도호쿠를 가을에 오토바이로 주파하고, 삶과 죽음에 관한 새로운 논문을 구상하고 있었다. 이처럼 케이의 영혼은 여러 사람의 마음속에 살면서 그들에게 행동하도록 깨우쳐주고 있었다.

스즈키 히로키鈴木啓紀는 파타고니아 블로그에 이렇게 썼다.

=

그녀가 남겨준 에너지의 파편은 나에게 그대로 살아 있어, 이따금씩 나를 질타하고 용기를 주며 등을 떠밀고 있다. 그것은 마치 빨갛게 타고 있는 숯불과도 같다.

=

이처럼 케이와 인연이 있는 다른 많은 사람들도 그녀가 남겨준 에너지의 파편과 같이 숨 쉬고 있다고 모두 믿고 있었다.

그렇게 생전에 마치 태양처럼 우리를 비춰주었던 케이는 지금도 우리 마음속에서 계속 빛나고 있었다. 태양의 한 조각으로 불타고 있었다.

봄이 가고 6월 상순이 되었는데도 나는 스즈키와 후지산에서 빙벽등반을 몸에 익히고 있었다. 수년에 한 번밖에 얼지 않는 분화구의 거대한 얼음 기둥이 그해 6월 상순에는 아직 그대로 있었다. 그 얼음이 녹으면 고소훈련으로 후지산을 뛰어다녔다. 나는 케이가 보던 그 경치를 보고 싶었다. 또한 판드라 정상을 밟고 케이가 보지 못했던 경치도 보고 싶었다. 우리 훈련의 원동력은 바로 그런 마음이었다. 우리의 컨디션은 날로 좋아져서, 후지노미야富士宮 등산로 입구에서 쓰루기 정상까지 약 2시간에 왕복할 수 있게 되었다. 그리고 판드라의 자료를 보고, 장비를 점검하며 비행기 표를 구입했다.

출국까지 두 달이 남은 7월 하순 주말에 우리 셋은 호다카다
케穗高岳를 계속 등반할 예정이었다. 그러나 아무리 해도 서로의
일정이 여의치 않아, 결국은 각자 훈련을 하는 것으로 대체하고
말았다.

그 주가 끝난 월요일, 스즈키 히로키로부터 전화가 왔다. 전화
를 받자 급한 어조로 스즈키가 말했다.

"와다가 돌아오지 않았어."

와다는 11일 아사히연봉으로 혼자 계곡 등반을 갔는데 아직
내려오지 않았다고 했다. 가벼운 부상 정도면 얼마든지 자기 힘
으로 하산할 수 있었을 텐데, 내려오지 않은 걸 보면 와다가 어
떤 궁지에 몰렸을지도 모르겠다는 이야기였다. 또….

케이의 사고 생각이 났다. 산에서는 언제나 신중했던 케이가
구로다케에서 떨어졌을 때 설마 했는데. 정신이 나간 듯한 나에
게 스즈키가 말했다.

"경찰 헬기가 내일까지 뜨지 못하는 모양이야. 우리가 가는
수밖에 없지."

경찰에 구조 요청을 했다는 와다 친구에게 전화를 했더니, 역
시 화요일 아침까지 헬기는 뜨지 못한다고 했다. 나는 바로 등
산장비를 차에 실었다.

케이가 조난한 그날, 나는 온다 마사미에게 전화하고 홋카이
도에 가려고 하고 있었다. 그런데 온다로부터 케이가 산을 잘

타는 클라이머들과 같이 있었다는 이야기를 들었다. 그러니 우선 수색은 그들이 할 것이고, 우리가 가도 별로 할 일이 없다는 것이었다.

그런데 이번에는 사정이 달랐다. 와다는 혼자 갔다. 사태는 케이 때와 달리 긴박했다. 한시라도 빨리 현장으로 가는 수밖에 없었다.

내가 스즈키와 연락을 취하고 있을 때 와다는 미쓰케가와見附川의 지류인 다카마쓰高松 골짜기의 밑바닥에서 움직이지 못하고 있었다. 머리 위는 그가 떨어진 급사면이었다. 그 상단부를 조금 가로지른 와다는 거기서 10미터 정도 아래에 있는 강바닥으로 클라이밍 다운할 생각이었다. 한 손으로 잡은 관목이 약한 듯했지만, 부러질 것 같지는 않았다. 그런데 나무 전체가 그대로 뽑히고 말았다. 큰일났다고 생각하면서도 와다는 몸의 균형을 잡으며 미끄러지면 괜찮겠다고 생각했는데, 몸이 말을 듣지 않고 뒤로 넘어가고 말았다. 그 순간 바위에 내동댕이쳐졌던 것이다.

와다는 격심한 통증이 느껴지는 오른쪽 다리를 두려움에 떨며 살펴보았다. 허벅지 일부가 움푹 패였고, 그 아래부터 다리가 틀어져 있었다. 출혈도 계속되고 있었고, 뼈가 부러져 밖으로 튀어나온 상태였다.

와다는 소리를 질렀지만 아무 소용도 없었다. 통증만 더해갔다. 그때 그의 머리를 스친 것은 이제 판드라도 끝이라는 생각뿐이었다. 순간 와다는 머리의 헬멧을 벗어 내던졌다. 헬멧이 수 미터를 굴러갔다.

그때 언뜻 케이의 모습이 뇌리에 떠올랐다. 케이가 뭐라고 하는 것 같았다. 혹시 케이도 그때 관목을 잡았다가 나무가 부러졌던 게 아닐까 하는 생각이 문득 들었다.

머릿속에 케이의 모습이 계속 선명하게 떠올랐다. 틀림없이 관목이 부러졌을 것이다….

여느 때 같으면 생각하지도 않을 비논리적 사고가 와다의 머릿속에서 돌고 돌았다. 이렇게 추락해서 케이와 같이 저세상으로 가는 것이 아닌가 싶었는지도 모른다.

와다는 공포 속에 빠져들었다. 이대로 죽을지도 몰랐다. 와다는 정신을 차려보려고 혼자 중얼거렸다.

"이래선 안 돼. 절대로 안 돼."

와다는 시계를 보았다. 시간은 9시 40분이었다.

마음이 조금은 가라앉는 듯했다. 이제 어떻게 할 것인가. 우선 물이다. 물을 확보해야 한다. 와다는 기어서 5미터 앞의 물 있는 데로 갔다.

그러나 물이 튕겨서 흐르는 물 가까이에는 있을 수가 없었다. 그렇다고 더 이상 몸을 움직일 수도 없었다. 거기까지 5미터를 움직일 수 있었던 것은 아드레날린이 통증을 마비시켰던 것 같았다.

그는 되도록 몸에 충격이 가지 않도록 상체만을 조금 일으키고 두 손으로 오른쪽 다리를 끌며 이동했다. 그러는 사이 이따금 정신이 아찔아찔했다.

와다는 이러다가 죽겠다는 생각이 들었다.

오른쪽 다리가 제멋대로 굽어지고 피가 계속 흘렀다. 와다는 이것이 꿈이 아닌가 싶었다. 산에서의 조난 이야기는 수도 없이 들어왔고 눈으로 보기도 했다. 하지만 자신에게는 일어나지 않을 일이라고 와다는 생각하고 있었다. 그런데 이렇게 당하고 말았다. 몸에서 제일 큰 대퇴골이 순식간에 부러졌다. 이런 일을 그로서는 도저히 이해할 수가 없었다.

3미터를 이동했을 때 시계 바늘이 오후 1시를 가리켰다. 이런 이동에 3시간이나 걸렸다는 이야기다. 직사광선이 뜨거웠지만, 전과 달리 온몸에서 식은땀이 흘렀다.

어젯밤 산장에서 친구에게 메일을 보냈는데, 하강 루트로 이 계곡 이야기를 했었다. 그 친구가 구조 요청을 했는지도 모를 일이었다. 그러니 언젠가는 나타나겠지만, 그때까지 살아 있을지 와다는 알 수가 없었다.

배낭 속에 세끼 분 식량이 남아 있었다. 그것으로 화요일 저녁까지의 계획을 세웠다. 마침 손이 닿는 곳에 물이 흐르고 있으니 물 걱정은 없었다.

밤이 되자 칠흑 같은 어둠 속에 물소리만 들렸다. 골짜기 위로 밤하늘이 올려다보였다. 별이 보였다. 그러다가 구름이 흐르더니 빗방울이 떨어졌다. 그나마 방수포가 있어서 얼마나 다행인지 몰랐다.

하여간 냉정을 되찾아야 했다. 와다는 절대로 걱정 없다고 혼자 중얼거렸다. 그러나 온몸이 쑤시고 불쾌해서 잠을 잘 수가 없었다.

월요일 새벽이 밝았다. 운이 좋으면 오늘 구조대가 올지도 모른다. 그런데 정오가 지나도 아무런 소식이 없었다. 처음에는 오늘 중으로 구조대는 올 거라고, 그렇지 않으면 큰일이라고 생각했다. 그러나 와다는 생각을 바꾸어 오늘도 구조대는 오지 않을 거라고 마음을 고쳐먹기로 했다.

최악일 경우도 생각했다. 수요일까지도 구조되지 않을 수 있다고 보고, 식량을 조금씩 먹기로 했다. 한편 골절 상태가 무엇보다도 걱정이었다. 그러다가 감염이라도 되면 어떻게 하나 싶었다. 몸에서 열이 나기 시작했다. 모든 기능이 저하되고 있는 것이 분명했다. 이런 상태로 수요일까지 과연 견딜 수 있을까? 이제야말로 완전히 궁지로 빠져들고 있다는 생각이 들었다.

사고의 원인이었던 그 관목은 눈사태나 또는 어떤 일로 뽑혀서 그 자리에 그냥 놓여 있었던 것 같았다. 거기에 속은 셈이다.

와다는 죽음을 눈앞에 두고도 케이가 저세상에서 오라고 손짓한다고는 생각하지 않았다. 케이가 죽은 직후에 와다는 이 세상에 살아 있을 의미가 있을까 하고 생각하면서 언젠가 자신도 가야지 하는 생각을 했었다.

그러나 지금은 아니었다. 와다는 살기로 마음먹었고 미래를 향해 나아가고 있다. 판드라는 과거가 아니라 미래를 향한 과제인 것이다.

'지금은 케이와 만나지 않겠다. 반드시 살아남겠다.'

그렇게 생각하고 있을 때 능선 너머에서 헬기가 나타났다.

와다는 방수포를 흔들며 외쳤다.

"여기야, 여기! 제발 그대로 가지 마!"

그러자 헬기는 와다가 있는 곳을 향해 직선으로 날아왔다. 와다는 계속 고함을 질렀다. 그것은 환희의 고함이었다. 헬기는 와다 위에 떠 있었다. 그리고 구조대원이 내려왔다. 이제 와다는 살아남을 수 있게 되었다.

와다가 있는 곳의 조금 위쪽은 폭이 아주 좁은 협곡이었다. 만일 그가 그 협곡으로 떨어졌더라면 헬기에서 그를 찾을 수 없었을지도 모른다.

"방금 경찰로부터 연락이 왔어요. 헬기로 찾은 모양인데 부상은 입었어도 생명에는 지장이 없다고 해요."

스즈키로부터 이러한 내용의 문자를 받은 것은 도호쿠로 달리던 차 안이었다. 헬기가 화요일까지 뜨지 못한다고 했는데 월요일에 떴던 것이다. 나는 비로소 안도의 한숨을 내쉬었다.

와다의 부상은 오른쪽 대퇴골의 개방골절이었다. 입원해서 적어도 두 달은 누워 있어야 한다는 진단이 내려졌다. 바로 병원으로 달려간 스즈키가 와다의 병실에서 영상통화로 나에게 연결해주었다. 핸드폰에 비친 와다의 얼굴은 말이 아니었다.

"올해 판드라 계획은 포기야. 정말 할 말이 없다…. 나는 내년까지 재활에 전념해서 2년 후인 2020년에 갈 생각이야. 올해는 스즈키와 오이시 둘이서 도전할 수도 있겠지만…. 그 일은 너희들 판단에 맡기고 싶어."

와다가 아직도 판드라 재도전을 생각하고 있다니 나는 놀라지 않을 수가 없었다. 옆에서 듣고 있던 스즈키는 바로 이렇게 말했다.

"2020년이라면 도쿄올림픽이 있는 해가 아닙니까? 그때 셋이서 같이 가요."

그다음 날 나는 야마가타山形의 병원으로 갔다. 차창으로 넓은 논이 펼쳐지고 그 너머에는 자연림의 산들이 이어지고 있었다. 케이가 좋아하던 풍경이었다. 케이와 와다와 모두 함께 도호쿠의 산에 갔었더라면 얼마나 좋았을까 싶었다. 그런데 케이는 이제 없으며, 다시는 돌아오지 않는다.

병실에서 와다는 판드라에 가지 못하게 된 것에 대해 미안하다고 말했다. 그러나 판드라는 없어진 것이 아니고 그대로 있으며, 앞으로도 그 자리에 있다. 그리고 와다도 이렇게 살아 있다.

"헬기에서 찾기 쉬운 곳으로 추락한 것이 불행 중 다행이었어."

와다는 이렇게 말했는데, 케이가 어떤 힘을 빌려주었는지도 모른다고 나는 생각하지 않을 수 없었다. 와다는 회복을 잘해나갈 것이고, 2년 후에는 판드라에 다시 가게 될 거라고 나는 굳게 믿었다.

한참 이런저런 이야기를 하고 나서 와다는 조용히 이렇게 말했다.

"구조를 기다리면서 판드라 생각을 했지만, 지난번에 판드라는 아직 시기상조라고 케이가 말했던 것 같기도 해."

그것이 무슨 뜻인지 나는 굳이 되묻지 않았다. 나도 그 비슷한 느낌을 가지고 있었기 때문이다. 등반기술이니 체력부족 같은 것을 말하는 것이 아니다. 케이의 사람됨, 그것에 가까이 갈 수가 없다는 느낌이 들었던 것이다.

판드라에 새로운 라인을 그려 넣되, 케이와 같이 엄청난 라인을 목표로 하기 위해서는 우선 케이와 같은 큰 인간이 되어야 했다.

그리고 라인의 완성이 기다려지는 것은 굳이 판드라뿐만이 아니다. 여기저기를 여행하고, 많은 사람들과 만났던 케이는 목표를 향해 계속 전진하는 그 멋진 일을 우리에게 가르쳐주었으며, 누구나 자기의 산과 거기에 그려야 하는 자기의 라인이 있다는 것을 알려주었다. 사람들 각자가 가지고 있는 미완의 라인, 그것을 완성시키는 것이 우리에게 남겨진 사명이고 과제일 것이다.

케이가 쓴 글을 마지막으로 여기에 다시금 기록하고 싶다.

죽음과 접할 때마다 삶의 귀중함을 생각한다.
이런 것, 이런 인생, 이래서 되겠는가 싶지만, 삶이 얼마나 멋지고 소중한가를 실감한다면 얼마나 좋은 일인가 싶다.
끝내 살지 못했던 것까지 나는 살아보고 싶다.
순간순간을 모두 놓치고 싶지 않다.

케이를 아는 우리는 케이가 살지 못했던 인생까지 살아주어야 한다. 케이가 연 판도라의 상자. 그 속에 들어 있는 것을 확인하기까지 우리의 여행은 우리가 살아 있는 한 계속될 것이다.

해설: 다니구치 케이가 우리에게 남긴 것

2015년 12월 22일, 그날 나는 히말라야 원정차 카트만두 공항에 내렸다. 바로 호텔로 가서 체크인을 하고 한숨 돌리고 있는데 한 통의 메일이 왔다.

하나타니 야스히로花谷泰廣.

등산가 하나타니?

갑자기 심장이 뛰었다. 하나타니와 메일을 주고받은 적이 없는데…. 누군가 무슨 좋지 않은 일이라도 있는 건가?

나는 메일을 확인하기 전에 우선 화장실로 가서 얼굴부터 씻었다.

무슨 일일까? 도대체 누가?

순간 머릿속에 여러 사람의 얼굴이 지나갔다. 현역으로 열심히 활약하고 있는 하나타니가 굳이 카트만두에 온 나에게까지 메일을 보냈다면….

누구? 도대체 누구란 말인가? 설마… 그럴 리가 없다….

케이? 설마….

어찌된 일인지 케이의 얼굴이 바다에 떠돌고 있는 해파리처럼 머리 한구석에서 흐느적거리고 있었다.

나는 머리를 흔들고 흔들었다. 어떻게 해서라도 그 잔상을 지우고 싶었는데 잘 지워지지 않았다.

방의 조명을 낮추고 컴퓨터 앞으로 갔다.

ㅡ

겐 씨! 나마스테. 모처럼 네팔에 계신데 이런 연락을 하게 되어 마음이 아픕니다. 케이가 홋카이도 구로다케에서 행방불명이라고 해요. 정상 부근에서 상당한 거리를 떨어진 모양인데 현지로부터 받은 연락으로 봐서는 심각한 상태인 듯합니다.

…

ㅡ

자동차의 소음으로 가득했던 카트만두가 어느새 조용해지고, 마치 깊은 바다 밑에서 혼자 있는 듯했다. 조용하고 어둡고 무척 추웠다.

케이가 떨어졌다…. 구로다케에서…. 어디로…?

다시금 메일을 보니 분명히 홋카이도라고 했다.

어째서 홋카이도…? 어째서 구로다케…?

…

그나마 히말라야라면….

그러한 어리석은 생각이 머릿속을 지나갔다.

커튼 사이로 밤하늘이 보이고 별들이 총총했다. 이런 때도 별은 빛나는 것일까. 이런 때도 별들이 아름다워 보일까.

케이와 처음 만난 것은 약 20년 전, 어느 산 관계 모임에서였다. 친구가 데리고 왔는데, 그 많은 사람들 가운데서도 케이의 존재감이 특히 돋보이고 있었다. 장소도 장소여서 어쩔 수 없었지만, 여러 사람들과 이야기하고 있어서 내가 가까이 갈 기회는 좀처럼 오지 않았다. 어쩌다 눈이 마주치면 케이는 나를 보고 살짝 웃었다. 흔히 볼 수 없는 100점짜리 미소였다. 그것은 인위적인 웃음이 아니라 자연스러움 바로 그것이었다.

그날은 별로 말을 많이 하지 못했으나, 그녀에게서는 '흔들리지 않는 신념' 같은 것이 느껴졌다.

그 후 나는 케이에게 내 사무실에서 이벤트를 맡아주도록 부탁했고, 환경학교의 스텝으로도 같이 활동을 시작했다. 무슨 일을 상의하거나 잡담하는 경우에도 그녀는 조금도 빈틈이 없었다. 일을 하다 보면 뜻대로 되지 않을 경우도 있기 마련이며, 후원자라도 있으면 그쪽에서 무리한 요구가 있기도 한다. 경우에 따라 상대방에게 맞추어 나갈 수밖에 없다.

그런 경우에도 케이는 "그래도 돼요? 너무 대충 넘어가려는 거 아닌가?"라면서 은근히 문제를 지적하곤 했다.

케이의 기분을 달래려고 "이런 때는 상대방 입장에서 생각해 보도록 해요." 하고 한마디 하지만, 내 마음은 역시 케이 편이었다.

그런데 이 말이 케이에게는 불에 기름을 붓는 격이었다.

"겐 씨, 내 눈을 똑바로 봐요. 당당히 설명해야지 타협은 안 돼요. 상대방 입장에서 생각해보라는 건 무슨 뜻? 영합하라는 거예요? 그냥 끌려갈 수는 없지요. 겐 씨, 그러다간 쓸모없는 어른이 돼요! 그런 어른이 어떻게 아이들을 가르쳐요?"

케이의 사고방식은 단순하면서, 사회에 흔히 있는 이해득실과는 거리가 멀었다. 케이에게 가장 중요한 것은 '스스로의 힘으로 살아가는 것'이었다. 세상에는 취직하지 않고 '무법자의 길을 가겠다'고 꿈을 꾸는 젊은이들이 많다. 그러나 그들도 나이가 들면 결혼하고, 아이가 생기면 안정된 생활을 하려고 직장을 마련한다. 그것도 하나의 생활 방식일 것이다. 그러나 케이는 '나는 내 길을 간다'는 신념과 각오를 가지고 있었다. 그러다 보니 케이에게서는 인간의 매력과 그 깊이가 느껴졌다.

한번은 이런 일도 있었다.

무엇인가 흥정하고 있었을 때 케이에게 "보통은요, 그런 거예요." 하고 말하자 "보통이란 무엇인가요? 모두 보통, 보통 하는데 그래도 되는 거예요? 보통이란 말로 얼렁뚱땅 넘어가려는 것 아닌가요? 보통에는 자기란 없어요. 겐 씨는 정말 무엇을 하고 싶은 건지 모르겠어요. 도대체 보통이라니 겐 씨답지 않아요."라고 했다.

"나는요, 겐 씨가 쓴 에베레스트 이야기에 무척 감동했어요. 그 반골 정신에 감동했던 것이죠. 남이 깔아놓은 데로 가지 않고 스스로 길을 내며 가는 인생. 길이 없으면 자기가 직접 길을 내는 그런 겐 씨의 사는 방법에 끌렸었는데."

어떤 때는 이런 이야기도 했다.

"유명한 사람들이 다가와서 모두 듣기 좋은 이야기만 하며 겐 씨를 자기편으로 삼으려 하지만, 거기 이용당해서는 안 돼요. 요즘 겐 씨는 어딘가 들뜬 것 같아요. 아주 중요한 것을 잊은 듯해요. 『에베레스트에 빠져들고』를 썼던 겐 씨의 매력이 중요해요."

분명히 나는 남들의 말에 마음이 들떴는지도 몰랐다. 케이가 강조하는 그 말에 정신이 번쩍 들었는데, 그 말은 사탕발림 같은 공허한 것이 아니고 진실 그 자체였다.

그러면서 나는 케이에게만은 나의 약점을 그대로 드러내고, 진정한 의논을 할 수 있게 되었다. 내가 고민을 이야기하면 케이는 자기 고민처럼 심각하게 들어주고, 같이 고민하기도 했다.

"에베레스트 청소등반대에 같이 가주었으면 했을 때도 케이가 흔쾌히 같이 가겠다고 해서 안심이 되었다. 당시 케이는 통신부터 대원관리, 셰르파와의 커뮤니케이션 등 온갖 일을 적극적으로 담당하고 나섰다. 뿐만 아니라 무슨 일이든 스스로 찾았으며 부탁한 일도 아닌데 눈에 띄면 앞장서서 하곤 했다. 그러다 보니 어느새 케이는 노구치 청소등반대에 없어서는 안 될 존재가 되고 말았다.

케이는 다른 사람들에게 엄격했듯이 자기 자신에게도 엄했다. 매순간 자아를 성찰하며 더욱 더 엄한 미지의 세계로 발을 내딛었다. 격렬한 꿈에는 반드시 대가가 따른다. 아무리 몸이 단단해도 견디기 어려울 때가 오는 법이다. 케이는 낙빙에 머리를 다치고도 다음 주가 되면 산으로 갔다. 좀 쉬라고 경고하기도 했으나 케이는 침묵할 뿐 말이 없었다. 무릎에 물이 고여 부어올랐을 때도 "아, 한심스러워. 정떨어진다!"라고 할 뿐이었다.

2007년 에베레스트 등반 때에는 무산소로 해보고 싶다고 수차례 나에게 말했지만, 무산소 등반은 위험이 많이 따르기 때문에 대장인 나로서는 그저 간단히 좋다고 할 수가 없었다. 그러면서도 속으로는 '케이는 자기가 하려고 하면 그대로 하는 사람'이니 두고 보기로 했던 것이다. 사실 케이가 가장 믿고 있던 세르파인 펨바 도르제에게는 케이를 잘 부탁한다고 말하고, 산소를 여유 있게 가져가도록 했었다. 그리고 필요하면 억지로라도 좋으니 산소를 마시게 하라고 당부했었다.

그런데 케이가 공격에 나서기 직전에 문제가 생겼다. 당시 케이는 두 번째 공격조였고, 1차 공격조인 나와 카메라맨이 먼저 등정했다. 우리가 하산하기 시작하자, 다른 일본대의 대원 하나가 정상 바로 밑에서 피로와 산소 결핍으로 더 이상 걷지 못하게 되었다. 이런 때 방법은 두 가지, 그 죽음의 지대에서 같이 있는 것과 혼자 내려가는 것이었다.

이런 때 어떤 수단을 택해야 하는지 알지만 그것을 결정하기는 쉽지 않았다. 나는 어느새 케이에게 그런 사실을 무전으로 알리고 있었다.

"걷지 못하는 사람이 있다. 그런데 지금 상황으로서는 그들을 도와줄 수가 없다. 어떻게 하면 좋겠는가?"

조금 있으니 케이한테서 연락이 왔다.

"겐 씨, 그 마음은 알겠는데, 겐 씨에게도 산소가 얼마 없을 테니 그대로 내려와요."

그러자 바로 그 사람은 내 팔에 안긴 채 숨을 거두었다. 나는 정신이 나가서 멍하니 있을 수밖에 없었다.

"내 말 들려요? 들리면 대답해요. 당장 내려와야 해요. 겐 씨라도 살아야 해요!"

무전기에 대고 케이는 이렇게 말하고 또 말했다.

나는 정신이 퍼뜩 들었다. 그래서 내려가기 시작했다.

다음 날 최종 캠프에서 내려오다 사우스콜에서 올라오고 있는 케이와 만났다.

"정말 걱정했어요. 이젠 10년의 꿈을 이뤘으니 기뻐요. 사고는 안됐지만 겐 씨는 하는 데까지 했어요. 다음은 내 차례예요."

케이는 이렇게 말하고 나를 부둥켜안았다.

나는 케이의 말대로 살았지만, 이제 무산소 등반을 노리고 있는 케이가 걱정이었다. 그러나 케이야말로 무리하지 말라고 하는 것이 고작이었다.

결과적으로 정상을 바로 눈앞에 두고 케이는 산소를 마실 수밖에 없었지만, 지금 생각해도 그때 케이는 무산소 등정도 가능했을 것이다. 아마도 노구치 등반대의 멤버로서 조난이라도 있으면 곤란하지 않겠는가 하고 케이가 생각을 바꾸었는지도 모른다.

　전진 베이스캠프에서 만났을 때 케이는 "산소를 마셔버렸어요." 하며 웃으면서도 어딘가 멋쩍어하는 것 같았다.

　나는 모른 척하며 놀란 듯이 말했다.

　"아니, 그랬어요? 그래 정말 무산소로 오를 생각이었나요? 내가 그러지 말라고 했지요."

　그런데 며칠이 지났을 때 케이가 말했다.

　"겐 씨가 펨바에게 무슨 일 있으면 산소를 마시도록 하라고 지시했다면서요? 아, 무산소로 오르고 싶었는데."

　그리고 또 며칠이 지나자 이렇게 말했다.

　"그래도 겐 씨, 고마워요. 산소가 없었더라면 큰일날 뻔했을지도 모르니까."

　그러더니 귀국 직전 카트만두에서는 이런 말을 했다.

　"겐 씨, 에베레스트에 초대해줘서 고마워요. 내가 하고 싶었던 일을 이제야 하게 됐어요. 정말 고마워요. 에베레스트야말로 의미가 있었어요. 즐거웠어요."

　지난날 파티 장소에서 처음 만났을 때와 같은, 활짝 웃는 그 얼굴이 너무나 아름답게 보였다.

43년이란 결코 긴 인생은 아니었으나 케이는 자기 인생을 제대로 살았다. 마치 렌즈로 어느 한 점을 태우듯 진솔하게 살았다. 눈부실 정도의 빛을 발하며, 그 빛을 주위의 사람들에게 비춰주었다. 케이는 바로 우리의 태양이었다.

그녀는 우리에게 많은 표정을 보여주었다.

생글생글 웃는 얼굴, 엄하고 냉정한 눈매, 특히 인상적이었던 것은 맑은 눈동자로 조용히 먼 곳을 바라보던 그녀의 모습이었다. 그 멀리에는 무엇이 있었을까. 어디로 가려던 것이었을까.

사람은 누구나 나름대로의 어려움을 가지고 살고 있다. 케이는 그것이 무엇인지 그 핵심부분을 결코 말하려고 하지 않았지만, 나는 충분히 그것이 무엇인지 느끼고 있었다. 나와 통하는 그 무엇인가를 그녀도 가지고 있다는 생각이 들었다. 그래서 나는 케이에게 마음을 터놓고 이야기할 수 있었는지 모른다.

케이의 조난으로 곰곰이 생각하게 된 것이 있다. 산을 오르는 사람으로서 죽지 않는 방법이란 무엇일까?

인생에서 퍼펙트게임이라는 것은 없다. 일본을 대표할 정도의 클라이머가 예기치도 않았던 산에서, 생각지도 않았던 상황에서 추락했다. 아무리 일류 투수라고 해도 공을 던질 때 긴장이 풀리고 집중력이 약해지는 일이 있을 것이다. 투구에 실패하고 홈런을 맞게 되는 경우도 있다. 그러나 야구에서 사람이 죽는 법은 없다. 산에서는 조그마한 실수로 목숨을 잃기도 한다.

나는 케이와 자주 이야기한 적이 있다. 그것은 '절대로 산에서 죽어서는 안 된다'는 것이었다. 해마다 산 친구들이 하나씩 산에서 죽고 있는데, 그럴 때마다 우리는 산에서 죽지 말자고 이야기하고 또 이야기했다.

그러면서도 마음 한구석에는 '우리가 산에서 죽지 않는다는 보장은 없다'는 생각도 없지 않았다. 히말라야에 갈 때마다 '어쩌면 무슨 일이라도…' 하고 걱정하기도 했다. 그러다가 누군가의 죽음과 맞닥뜨리기도 했다. '머리로 생각하는 죽음'과 '감각으로 느끼는 죽음'은 확실히 다르다. 죽음이란 느끼면 느낄수록 무서운 생각이 든다. 친구가 그런 일을 당하면 산이 무서워진다. 그러면서도 산을 떠나지 못하니 이 또한 서글픈 운명이리라.

산을 오르기 시작했을 무렵에는 친구가 조난사하면 눈물이 났다. 그런데 지금은 '그 친구 가고 말았구나.'라는 아쉬움과 함께 그가 살아온 것을 이것저것 생각하게 되었다. 나도 그러면서 어느덧 감정이 메마르고 늙어간다. 한편 그 친구를 대신해서 열심히 살아야겠다는 생각도 든다. 이때 우리가 산다는 것은 산에서 산다는 뜻이다.

사람들은 '왜 그렇게까지 산을 오르는지' 물어 오기도 한다. 그런데 나 역시 그에 대한 정확한 답이 없다. 나에게는 몸속에 어떤 허전함이 있는데, 그 허전함을 하나하나 메꾸고 있는 것이 산을 오르는 일인 것 같다. 흔히 '산에서의 느낌'이라고 하는 존재가 그런 것이 아닌가 싶다.

앞으로 나는 케이를 잃고 어떻게 살아갈 것인지, 끝없는 상실감과 함께 어떻게 처신해야 할지 모르겠다. 그 해답을 찾아 실행해 나가는 것이 남겨진 우리들에게 주어진 과제일 것이다.

히라이데 카즈야는 2017년 8월 파키스탄의 시스파레(7,612m) 북동벽을 신루트로 재도전했다. 앞서 케이와 붙었다가 실패한 그 시스파레였다. 케이와 다시 오자고 약속했었던 그곳에 히라이데가 있었다. 그 모습이 TV에 방영됐는데, 계속해서 엄습하는 심한 눈보라 속을 조그마한 틈을 찾아서 정상으로 돌진하는 히라이데의 모습이 감동적이었다. '이런 악조건을 뚫고 과연 오를 수 있을까' 걱정스러우면서도, 이것이야말로 케이를 추모하는 싸움이라는 생각이 들었다. 히라이데는 마침내 정상에 올라섰다. 그리고 말없이 케이의 사진을 정상에 묻었다.

한편 와다 준지도 판드라(6,850m)에 재도전하려 하고 있었다. 2015년 케이와 같이 갔던 판드라에 대한 복수전인 셈이다. 와다는 2018년 10월의 재도전을 목표로 훈련 차 갔던 도호쿠의 아사히연봉 계곡에서 추락하여 생명은 구했으나 다리를 개방골절 당했다. 그때 와다는 단독산행이었고, 무전기도 휴대전화도 없어 연락할 아무런 방법도 없이 오랜 시간을 혼자 버텼다. 이제는 끝장이라는 순간, 헬기가 나타나서 와다를 구조했다. 그야말로 기적적인 생환이었다. 그렇게 되어 와다는 결국 2018년 판드라 재도전 계획을 연기했지만, 판드라에 대한 복수전을 단념한 것은 아니었다. 와다는 재활에 전념하며 다음 기회만을 노리고 있다.

이 책의 저자인 오이시 아키히로大石明弘도 다른 시각으로 케이와 마주하고 있었다. 케이의 조난이 있고 3년 후, 오이시로부터 케이에 대해 책을 쓰고 싶다는 이야기를 들었다. 그는 대학산악부 시절 나의 후배이고, 학생 때부터 히말라야에 도전하며 케이와 로프를 묶고 있었다. 그러한 오이시가 케이가 살아온 흔적을 남기고 싶다는 것이었다. 그는 자기 본업도 바쁜 가운데 케이의 가족과 친구들, 관계자들을 취재하고 이 책을 집필했다. 그러는 1년간 그가 얼마나 힘들었을까 싶다. 작가도 아닌 그가 책을 내 주겠다는 출판사도 정해지지 않은 가운데, 여기저기 혼자 뛰어 다니며 자료를 수집하고 정리해서 책을 만들었다. 결코 적당히 해서는 될 일이 아니었다. 그동안 얼마나 마음고생이 많았으며 중압감에 시달렸을까 짐작하고도 남음이 있다.

나는 그에게 왜 그렇게까지 노력을 해서 이 책을 쓰려 했는지 물어보았다.

"저는 케이 선배의 뒤만 보고 따라가다시피 했고, 끝내 대등 한 파트너가 되지 못했어요. 케이 선배의 그 강하고 밝은 천성 에 나같이 범속凡俗한 인간은 가까이 갈 수가 없었습니다. 물론 혼자 이 책을 쓰면서 무척 힘들고 외로웠지만, 등산가로 무명인 내가 케이 선배와 같은 분의 인생에 대해 쓴다는 것 자체는 우 선 용서를 구해야 할 일입니다. 그러나 "해봐야 하지 않겠는가." 하면서 케이 선배가 제 등을 밀고 있는 것 같았어요. 이 일을 하 고 나면 나도 무엇인가 하나를 넘어서게 되고, 비로소 케이 선 배의 파트너로 그분 앞에 설 것 같은 기분이었습니다. 케이 선 배에게 인정이라도 받는 것 같았습니다."

오이시가 책을 쓰는 1년 동안 나는 그를 바라보며 느낀 것이 있었다. 마치 케이의 혼이 오이시에게로 옮겨간 듯했다. 그야 말로 피나는 노력으로 이 책이 나오게 되었다. 이 책은 케이에 대해 쓰인 첫 책인 셈이다.

그리고 더욱 놀라운 것은 히말라야와 멀리 떨어져 있던 오이시로부터 '와다 준지와 함께 판드라에 도전한다'는 통보를 받은 것이다. 판드라 도전에는 적지 않은 위험이 따르는데, 정말 갈 생각인지 오이시에게 물었더니, 이런 대답이 돌아왔다.

"판드라에 가지 않는다는 것은 저로서는 상상할 수 없어요. 판드라에서 케이와 만나고 싶습니다."

그도 산 사나이로서 케이에게 매료되고, 케이에게 사로잡힌 것이다.

나는 이번 봄, 3년 만에 히말라야로 돌아갔다. 약 한 달 반 동안 내 배낭 속에는 케이의 유골 한줌이 들어 있었다. 그것을 나는 마나슬루가 보이는 초원에 남모르게 묻었다.

그러고 나서 한참 동안 나는 케이와 함께 마나슬루를 바라보며 느낀 것이 있었다.

나는 케이를 사랑하고 있었는지 모른다는 것이었다. 이성異性으로, 인간으로. 아니 그것을 넘어서서 케이를 그리워하고 있었던 것이다. 나뿐만 아니었다. 히라이데도 와다도 케이와 관계가 있는 사람은 그 누구나 같은 심정이었으리라고 생각한다.

어째서 케이에 대한 생각이 이렇게까지 각자의 인생에 영향을 미치고 있을까. 실은 모두가 케이처럼 살고 싶었기 때문일 것이다. 케이처럼 살 수가 없어 단념하고 잊으려 했던 것이 이제 그대로 외면으로 드러나면서 다시 한번 자신의 인생을 제대로 살아보자고 마음이 심하게 움직이기 시작했으리라. 태양 한 조각이 꾸준히 한 곳을 태우던 바로 그 심정처럼.

마나슬루를 올려다보며, 케이에게 부끄럽지 않은 인생을 살아가야겠다고 나는 마음속 깊이 다짐했다.

이제는 도망가지 않겠다.

나는 마나슬루를 바라보며 다시 한번 마나슬루와 마주설 것을 결의했다.

태양 한 조각을 마음속에 숨기고.

케이, 고마워요.

이제는 내 차례에요.

그때까지는

아직.

2018년 11월 1일

노구치 겐

옮긴이의 글: 이런 여성 처음 봤다

2019년 초 나는 뜻하지 않게 일본의 젊은 여성 클라이머와 꼬박 한 달을 보냈다. 정확히 말하면, 그 여성의 40년 인생에 끌려, 그녀의 평전을 읽다가 끝내 번역까지 하게 되었다는 이야기다. 그 책이 바로 『태양의 한 조각—황금피켈상 클라이머 다니구치 케이의 빛나는 청춘』이다.

겉으로 보기에는 산에 미쳐 살다가 뜻하지 않은 사고로 일찍 사라진 한 클라이머의 이야기인데, 그렇게만 여기기에는 너무나 진솔하고 보기 드문 여성의 생애가 책 속에 고스란히 담겨 있었다. 다니구치 케이는 일본인 최초이자 여성 최초로 황금피켈상을 받았지만, 그것과 비교할 수 없는 남다른 인간성의 소유자였다. 그녀의 죽음 이후 생전에 그녀의 파트너였던 동료들이 그녀에 대한 감회를 말하고 평전까지 내놓은 것은 흔한 일이 아니어서 그저 놀라울 따름이다.

평전의 주인공 다니구치松口 케이는 도대체 어떤 사람이었으며, 길지 않은 그녀의 인생에 무슨 일들이 있었던 것일까?

다니구치는 비교적 유복한 가정에서 태어났다. 아버지는 일본의 최고 학부인 도쿄대학을 나온 지식인이고 대기업의 간부였는데, 그녀는 고교시절 집을 나가 자립해서 혼자 살았다. 일정한 일터도 없이 아르바이트를 하며 누추한 곳에서 살았는데, 조금도 후회하지 않고 오직 자기 갈 길을 갔다. 그러다가 산과 만나 그 세계에 빠져들었는데, 이렇게 살아간 그녀의 청춘은 그야말로 빛났으며, 달리 비할 데가 없었다.

일찍이 유복한 가정과 등지고 산에 빠진 점은 리오넬 테레이의 젊은 시절을 연상케 한다. 그러나 리오넬 테레이에게 없는 것이 다니구치 케이에게 있었다. 다니구치는 산과 만나기 전에 넓은 외부세계로 나가 자전거 여행을 하고, 어드벤처 레이스를 즐기면서 이문화異文化와 접하고, 대인관계를 넓혀갔다. 그녀는 솔로 클라이머가 아니고 언제나 파트너가 있었는데, 특정한 조직에 얽매이지 않았고 등반기술도 선배로부터 습득한 적이 없었다. 이를 테면 산행을 같이한 파트너들이 그녀의 인생 동반자였던 셈이다.

다니구치 케이의 매력은 클라이머로서의 빛나는 성취에만 있지 않았다. 그녀의 죽음을 불러온 사고는 흔히 일어나는 종류의 것이 아니었는데, 그 원인은 끝까지 밝혀지지 않았고 그것을 추적할 일도 아니었다. 다만 그녀가 죽고 나서 그녀를 추억하는 동료들의 감회는 남달랐다.

케이가 없어지고 나서야 비로소 케이를 사랑하고 있었다는 생각이 들었다. 등산 파트너로, 마음이 통하는 친구로, 해외 원정의 스승으로, 그리고 무엇보다도 여성으로.

그러는가 하면 "등반기술이니 체력부족 같은 것을 말하는 것이 아니다. 케이의 사람됨, 그것에 가까이 갈 수가 없다는 느낌이 들었던 것이다."라고 한 사람도 있었다.

이 책의 표제는 『태양의 한 조각』인데, 도대체 태양에 무슨 조각이 있을까? 그러나 나는 이 평전을 읽어 나가며 그것이 무엇을 뜻하는지 알게 되었다. 다니구치는 언제나 태양처럼 사람들을 비춰주었으며, 그들의 마음속에서 태양의 한 조각으로 빛나고 있었던 것이다.

다니구치 케이는 산에서만이 아니라 일상생활 또한 한계적 상황일 때가 많았다. 그런 속에서 그녀는 대인관계와 자기관리에 철저했다.

그녀의 해외원정은 최고봉이 대상이 아니었다. 히말라야 자이언트에는 눈이 가지 않았고, 언제나 미답봉과 미답벽에 마음이 갔다. 그런 곳에 그녀는 자기만의 라인을 그리고 싶었던 것이다.

다니구치 케이는 깊은 눈으로 베이스캠프에서 벽에 붙기까지 이틀이나 걸렸으며, 나흘간의 식량으로 6박 7일이 걸리는 등반을 해내기도 했다. 이런 상황에서도 그녀는 그저 즐거워했으며, 늘 웃는 얼굴이었다. 그녀의 남다른 파트너십이 거기 있었다. 그렇게 다니구치는 도전에 도전을 거듭했다. 이러한 그녀를 받쳐준 것은 등반기술이나 체력이 아니고, 그 쾌활하고 명랑한 성격이었다. 그것에 끌려 여러 파트너들이 그녀와 함께했다.

해외원정 같은 규모가 큰 등산 활동에 리더십과 파트너십이 얼마나 소중한가는 새삼 이야기할 것도 없다. 우리 주변에서도 파트너십이 돋보이는 원정이 적지 않았지만 원정 후, 그러니까 그 어려움과 시련이 끝나면 그들의 유대는 그대로 그만인 경우가 많았다. 뿐만 아니라 뛰어난 클라이머들은 있어도 그를 그리워하고 그에 대한 회상이 글로 남은 경우는 거의 없었다.

나는 다니구치 케이의 평전『태양의 한 조각』을 한동안 우리말로 옮겼지만, 그것은 지금까지 해오던 번역작업과는 조금 달랐다. 작업을 끝냈을 때 나는 오직 그 속에 매몰되어 주인공과 같이 지내온 기분이었다. 그러다가 어느 순간 그녀가 눈앞에서 사라지자 나는 책상머리에서 고개를 들고 먼 산을 바라보았다. 망연자실茫然自失이라는 말이 이래서 있나 싶었다.

마흔셋에 마감한 인생은 결코 길다고 할 수 없다. 어찌된 일인지 일본의 유명한 탐험가 우에무라 나오미도, 일본의 톱 클라이머였던 어느 누구도 모두 같은 나이에 세상을 떠났다. 그런데 다니구치의 인생은 죽음으로 끝이 아니었다. 생전의 파트너들이 그녀가 남긴 공백을 채우려고 저마다 나름의 도전을 하고 있다. 그리고 이제 그녀의 평전까지 나오게 되었는데, 그 필자도 그녀의 파트너 중 한 사람이었다. 길고 긴 알피니즘 역사에 일찍이 없었던 일이 아닌가 싶다.

다니구치 케이는 사회에서나 산에서나 자기 식으로 자기만의 고유한 삶을 살았다. 언제나 그녀가 도전의 대상으로 삼은 것은 사회나 산이 아니고 '자기 자신'이었다.

사실 인생이란 누구에게나 필경은 자기와의 싸움이다. 그런 점에서 알피니스트의 삶은 가장 전형적이라는 것이 나의 생각이며, 그것을 우연히도 다니구치 케이라는 젊은 여성에게서 구체적으로 발견했다.

다니구치는 히말라야도 아닌 일본에서, 그것도 표고 1,984미터의 산에서 생을 마감했다. 그리고 그녀가 재도전하고자 했던 히말라야의 미답벽 '판드라'는 남은 이들의 과제가 되었다. 다니구치가 열어버린 판도라의 상자, 그 속에 들어 있는 것을 확인하기 위해 그녀 생전의 파트너들이 판드라로 떠나려고 하는 데서 이 평전은 끝난다. 그들의 배낭에는 '태양의 한 조각'이 들어 있었다.

김영도

다니구치 케이 프로필

1972년   7월 14일 와카야마현和歌山県 출생

1979년   지바현千葉県 아비코시립我孫子市立 아비코 제4초등학교 입학

1985년   지바현 아비코시립 시로야마중학교白山中學校 입학

1988년   지바현립 고가네고교小金高校 입학

1990년   미국 캔자스주 라이온스 하이스쿨Lions High School에 1년간
           유학

1993년   메이지대학明治大學 문학부 사학지리학과 입학, 메이지대학
           사이클리스트 투어링 클럽(MCTC) 입회

1996년   모로코 자전거 여행

1998년   메이지대학 졸업

2000년   케이오야마京葉山 산악회 입회

2001년   봄 미국 데날리Denali(6,193m) 등정
           여름 이즈伊豆 어드벤처 레이스 우승
           가을 뉴질랜드 에코 챌린지 11위

2002년   봄 에베레스트Everest 노구치 겐 청소대 참가
           가을 일본 산악 극한 레이스 여자 3위

2003년   봄 에베레스트 노구치 겐 청소대 참가
           가을 괌 익스트림 어드벤처 레이스 3위

2004년   여름 파키스탄 골든피크Golden Peak(7,027m) 북서릉 초등
           가을 파키스탄 라일라피크Laila Peak(6,096m) 동벽 신루트 초등
           가을 코스타리카 센트럴퍼시픽 챌린지 감투상

2005년   여름 중국 무즈타그아타Muztagh Atah(7,546m) 동릉 제2등

        가을 인도 시블링Shivling(6,543m) 북벽 신루트 초등

2006년   봄 마나슬루(8,163m) 등정

2007년   봄 초모룽마(8,848m) 등정

        가을 멕시코 엘 기간테El Gigante 등반

2008년   가을 인도 카메트Kamet(7,756m) 남동벽 초등

        • 상기 등반이 평가되어 이듬해 일본인 최초이자 여성 최초로 황금피켈상
수상 및 요미우리신문 일본 스포츠상 수상

2009년   가을 파키스탄 쿤양키쉬Kunyang Chhish 동봉(7,400m) 신루트
시도

        가을 티베트 가우리샹카르Gauri Shankar(7,134m) 북동벽 신루
트 시도

2011년   봄 미국 프랜시스봉Francis Peak 남서릉, 카힐트나퀸Kahiltna
Queen 서벽 등반

        봄 카힐트나피크Kahiltna Peak 동봉-서봉 종주

        가을 티베트 나이모나니Naimona'nyi(7,694m) 남벽 초등

2013년   가을 파키스탄 디란Diran(7,273m) 등정

        가을 파키스탄 시스파레Shispare(7,611m) 남서벽 시도

2014년   봄 알래스카 루스 빙하Ruth Glacier에서 신루트 네 곳 개척

        • 상기 등반이 평가되어 아시아 황금피켈상 수상

        가을 네팔 만세일Manshail(6,242m) 초등

2015년   가을 네팔 판드라Pandra(6,850m) 동벽 시도

        12월 21일 홋카이도 다이세츠산大雪山 구로다케黑岳(1,984m)
정상 부근에서 추락 사망(향년 43세)

이 밖에 어드벤처 레이스에서 여러 차례 입상했으며 세계 각지에서 트레킹과 등산을
했다.

후주

1 토비타 가즈오飛田和夫(1946~)
일본히말라야협회와 일본산악회 동해지부 소속으로 히말라야 등반만 32회를 했다.

2 데라사와 레이코寺澤玲子(1951~)
일본히말라야협회, 일본동경도산악연맹 해외위원. 1980년부터 2008년까지 20여회의 해외 원정등반을 했다.

3 노구치 겐野口健(1973~)
전 외교관인 아버지와 이집트인 어머니의 차남으로 미국 보스턴에서 태어난 일본 산악인. 도쿠시마德島대학 의학부 운동기능외과 외래교수. 초등학교 때 부모의 이혼으로 방황했으나 고등학교 때 우에무라 나오미의 저서『청춘을 산에 걸고』를 읽고 산에 빠졌다. 1999년(25세)에 에베레스트를 세 번 만에 등정함으로써 7대륙 최고봉 최연소 등정기록을 경신했다. 이후 환경운동에 관심을 갖고 NPO법인을 설립하여 히말라야와 후지산에서 청소활동 등을 했고, 조난이나 사망한 셰르파족 아이들에게 교육을 지원하는 '셰르파 기금'을 조성했으며, 히말라야에서의 학교 건설, 숲 만들기, 제2차 세계대전 전몰자의 유골 발굴 등 사회공헌 활동을 하고 있다.

4 히라이데 카즈야平出和也(1979~)
등반가 및 산악사진가. 중학교 시절 검도선수를 했고, 고등학교 때는 육상부로 전국대회 6위를 기록했다. 도카이東海대학 3학년 때 육상부를 탈퇴하고 산악부에 가입했다. 2001년 티베트 미답봉 쿨라캉리Kula kangri 동봉(7,381m) 초등으로 일본 스포츠상을 수상했다. 2008년 7월 ICI스포츠 소속으로 가셔브룸 I, II 연속등반에 성공하고, 같은 해 10월 인도 카메트(7,756m) 남동벽 초등으로 파트너 다니구치 케이와 함께 제17회 황금피켈상을 일본인 중 처음으로 받았다. 2013년 5월 80세에 에베레스트를 등정한 미우라 유이치로三浦一雄—郎(1932~)의 에베레스트 등정 촬영 스텝으로 참가해 2014년 NHK에서 방영했다. 2015년 12월 세계적인 산악등반과 독자적인 촬영기법이 평가되어 제17회 치치부노미야 기념 산악상秩父宮記念山岳賞을 수상했다. 2017년 2월에는 누구도 모방할 수 없는 모험과 촬영으로 제21회 우에무라 나오미 모험상을, 2017년 11월에는 그해 8월 22일 파키스탄 시스파레 Shispare(7,611m) 초등으로 파트너 나카지마 겐로中島健郎와 함께 제12회 아시아 황금피켈상을 받았다.

5 코갸르コギャル

1990년대 중반부터의 유행어이다. 1993년쯤부터 『프라이데이』 등의 매체에 등장하기 시작하는 말인데 본격적으로 쓰이기 시작했던 것은 1996년부터이다. 갈색 염색머리에 밝은 메쉬를 넣은 헤어스타일과 교복을 입고 헐렁한 양말인 루즈 삭스에 편한 구두인 로퍼를 신는 여학생을 말한다. 당시에는 코갸르 붐이라고 해도 좋을 정도로 폭발적으로 유행했다. 와이드쇼나 주간잡지를 비롯해 매스컴에서는 여고생·코갸르 특집이 연일 밤낮으로 성행했고 원조교제 등과 맞물려 다양한 코갸르상이 구축되었다. 그러나 2000년대에 접어들자 이 코갸르라는 말 자체가 매스컴에서 사라지고 현재는 거의 사어死語가 되어버렸다.

6 펨바 도르제Pemba Dorje

2003년 에베레스트를 12시간 45분 만에 등정하는 기록을 세웠으나 3일 후 셰르파 락파 겔루Lakpa Gelu(1967~)가 10시간 56분으로 그 기록을 깼다. 그러자 펨바는 2004년 5월 21일 8시간 10분으로 락파 겔루의 기록을 경신했다고 주장하여 기네스 인증을 받았지만 네팔 관광성과 기네스북위원회로부터 인정받지 못하여 기네스인증서가 취소되었다.

7 야마토 나데시코大和撫子

나데시코撫子는 패랭이꽃이라는 뜻이지만 그중 일본산 패랭이꽃을 특별히 야마토 나데시코라 지칭하여 정숙하고 청초한 일본 여성을 비유적으로 부르는 데 사용되었다. 나데시코는 이제 세계로 뻗어 나가는 강하고 아름다운 일본 여성을 상징하는 단어가 되었다.

8 카타오카 유키코片岡由起子(1970~)

일본의 울트라마라톤 여자 선수

9 호소야 하루나細谷はるな(1973~)

일본의 트라이애슬론 여자 선수. 2000년 시드니 올림픽에 출전했다가 도중에 기권했다.

10 나이모나니 Naimona'nyi

굴라만다타Gurla Mandhata라고 불리는 이 산은 티베트의 남쪽과 네팔의 북서쪽 변방이 만나는 곳의 날라칸카르 히말Nalakankar Himal에 있다. 이 근처에 있는 유명한 산이 카일라스Kailas이다.

11 쿤양키쉬 Kunyang Chhish

1971년 8월 26일 안드제이 자바다Andrzej Zawada가 이끄는 폴란드 팀에 의해 남릉으로 초등되었다.

12 가사마츠 미와코笠松美和子(1952~1993)

그랑드조라스 북벽 워커릉을 야마노이 다에코山野井妙子와 동계 여성 초등을 했으나 호켄다케에서 조난사했다.

13 야마노이 다에코山野井妙子(1956~)

그랑드조라스 동계 초등 이후 1991년 7월 30일 브로드피크를 무산소로 등정하고, 10월 7일 마칼루도 무산소로 등정했다. 이때 하산 중 폭풍우로 8,100미터 지점에서 비박 후 동상에 걸려 10개의 손가락과 8개의 발가락을 잘랐다. 1993년 가셔브룸2봉을 무산소로 등정하고, 1994년 9월 4일 초오유 남서벽을 엔도 유카遠藤由加와 함께 알파인스타일로 등정했다. 2002년 남편과 갸충캉Gyachung Kang(7,952m) 북벽을 제2등 했다. 이때 눈사태로 심한 동상을 입고 손가락을 깊게 절단했다. 2008년『백야의 대암벽에 도전한 야마노이 부부白夜の大岩壁に挑む─クライマー山野井夫妻』를 발간했다.

14 이시카와 노부요시石川信義(1930~)

도쿄대학 경제학부와 의학부를 졸업한 정신과 의사이자 등산가이며 탐험가. 도쿄대학 스키 산악부에 소속해 있던 1961년 제5차 남극지역관측대에 참가했다.

15 체커스CHECKERS

1983년부터 1992년까지 활동한 일본의 남성 7인조 록 밴드로 일본의 비틀즈라 불리기도 한다.

16 아스트리드 린드그렌 Astrid Lindgren(1907~2002)

스웨덴의 아동문학가. 1945년 동화 『말괄량이 삐삐』로 데뷔했다. 30권이 넘는 어린이 책을 썼으며 95개국 언어로 번역되어 세계에서 18번째로 가장 많이 번역된 저자이다. 그녀의 책은 약 1억6천5백만 권이 팔렸다.

17 미하엘 엔데 Michael Ende(1929~1995)

독일의 판타지 작가이자 어린이 동화 작가. 서사 판타지『끝없는 이야기The Neverending Story』가 가장 잘 알려져 있다. 그의 작품은 40개국 이상의 언어로 번역되었고 3,500만 권 이상이 팔렸다. 2013년 비룡소에서 번역 출간했다.

18 에코스ECHOES

일본의 보컬리스트 하루이토 소속 밴드 이름

19 시블링 Shivling

인도 북부 강고트리 빙하 서쪽에 있다. 1933년 영국이 강고트리 빙하를 탐사했고, 1938년 독일원정대가 정찰 후 등반이 불가능한 산이라고 보고했다. 1974년 6월 3일 후캄 싱Hukam Singh의 인도-티베트 국경 경찰팀에 의해 서릉으로 초등됐다.

20 히말라야 알파인스타일

스티븐 베너블스Stephen Venables와 앤디 팬쇼Andy Fanshawe가 지은 이 책은 2018년 알파인웍스(곽정혜 옮김)가 우리나라에 소개했다.

21 토마스 후버 Thomas Huber(1966~)

독일 산악인. 국가인증 산악스키가이드이다. 등반 파트너는 동생 알렉산더 후버Alexander Huber(1968년생)로서 고향 바이에른에서는 방언으로 "Huberbuam"(Huberboys)으로 불린다. 1999년 라톡4봉 남서벽을 재등하고, 2000년 시블링 북벽을 이완 울프Iwan Wolf와 함께 초등하여 황금피켈상을 받았다.

22 고무크 Gaumukh

인도 북부 바기라티강Bhagirathi River의 발원지. 바기라티강은 갠지스강의 주요 지류이다.

23 브이-스레드V- thread

빙벽 양쪽을 V자로 구멍을 뚫고 끈을 끼워 하강지점으로 사용하는 기술. 아발라코프 기술Abalakov thread이라고도 한다.

24 이치노쿠라사와—ノ倉沢

일본 암벽등반의 메카

25 이마니시 킨지今西錦司(1902~1992)

인류학자, 산악인, 도쿄대 교수. 일본 영장류학의 기초를 세우고 독자적인 진화론을 제기했다. 일본산악회 회장을 역임했으며, 내몽고와 아프리카 등을 탐험하고 1934년 12월 동계 백두산을 극지법으로 초등반했다. 1952년 일본 마나슬루 정찰대 대장을 역임했다.

26 고니시 마사쓰쿠小西政繼(1938~1996)

산학동지회 회장을 역임했다. 1967년 동계 마터호른 북벽, 1971년 동계 그랑드조라스 북벽을 등반하고, 1976년에는 히말라야 자누 북벽을 초등했다. 1982년에는 일본산악협회 K2 등반대장으로 원정을 성공시켰다. 1996년 마나슬루 등반에 성공하고 하산 중 조난사했다.

27 가미온유 다카시上溫湯隆(1952~1975)

일본의 모험가이자 탐험가. 고교를 중퇴한 1970년 2월 1일부터 1972년 4월 25일까지 세계 50여 개국을 방랑했다. 1974년 1월 25일부터 인류 최초로 낙타를 이용한 사하라 사막 횡단을 시작했다. 6월 1일 낙타의 죽음으로 중단하고, 1975년 5월 15일부터 사막 횡단을 재개하였으나 유골 상태로 유품과 함께 발견되었다. 여행 장비와 식량을 실은 낙타가 도망하여 굶어 죽은 것으로 추정되었다.

28 청춘을 산에 걸고靑春を山に賭けて

『내 청춘 산에 걸고』(1979년 평화출판사, 1994년 문고판 평화출판사), 『청춘을 산에 걸고』(2008년 마운틴북스)로 번역 발간되었다.

29 조시시銚子市

지바현 북동쪽에 위치한 항구도시

30 그 얼굴을 다시 한번…!

『あの笑顔をもういちど...!』(다카하시 료코高橋凉子, 와니북스ワニブックス, 1990)

31 요시무라 사쿠지吉村作治(1943~)

일본 이집트 고고학의 제1인자이며 와세다대학교 명예교수이다.

32 이즈칠도伊豆七島

도쿄에서 100킬로미터 떨어진 이즈 제도伊豆諸島 동쪽 끝에 있는 섬 오시마
大島의 전통적 이름

33 하세쓰네컵ハセツネ CUP

알프스 3대 북벽을 동계 단독 초등하고, 1991년 파키스탄 울타르 2봉Ultar II
(7,388m) 남동벽에서 눈사태로 죽은 하세가와 쓰네오長谷川恒男(1947~1991)를
기리기 위해 1993년부터 일본 도쿄도산악연맹이 매년 개최하는 극한 레이
스로, 2019년이 27회째였다.

34 다케우치 히로타카竹内洋岳(1971~)

2012년 일본 최초의 8,000미터봉 완등자. 제17회 우에무라 나오미 모험상,
제15회 치치부노미야 기념 산악상을 수상했다.

35 무사노코우지 사네아쓰武者小路実篤(1885~1976)

일본의 소설가이자 극작가로 인도주의와 이상주의를 내세운 백화파白樺派
(1910년대 문예잡지 백화를 중심으로 활동한 문인그룹)의 대표적인 문학가이다. 사
랑과 우정의 상극, 순수한 에고이즘과 우정의 갈등이 얽히는 과정을 묘사한
『우정友情』이 일본 100대 명작으로 꼽힌다.

36 쿨라캉리Kula Kangri

1958년 일본인 식물학자 나카오S.Nakao 교수가 처음 사진을 찍었다. 일본은
중국등산협회(CMA)와 1976년부터 등반과 과학적 연구 가능성을 타진한 끝
에 1986년 4월 21일 이타니居谷, 사카모토坂本, 오자키尾崎, 오타니大谷가 초
등하고, 다음 날인 4월 22일 모리나가森長와 하세가와長谷川도 정상에 올랐
다.

37 보이테크 쿠르티카Voytek Kurtyka(1947~)

폴란드 산악인. 1985년 오스트리아 산악인 로베르트 샤우어와 가셔브룸4봉
서벽을 등반했는데, 클라이밍 잡지에서는 20세기 가장 뛰어난 등반이라고
선언했다. 수많은 개인 인터뷰 요청과 강연을 거절해온 그는 황금피켈상 조
직위원회의 거듭된 요청 끝에 2016년 황금피켈상 평생공로상을 받았다. 그
는 알렉스 매킨타이어Alex MacIntyre(1977, 1978, 1980, 1981), 예지 쿠쿠츠카Jerzy
Kukuczka(1981, 1983, 1984), 더그 스콧Doug Scott(1993, 낭가파르바트 시도), 에르하
르트 로레탕Erhard Loretan(1988), 라인홀드 메스너Reinhold Messner(1982, 초오유
동계등반 시도), 야스노 야마노이Yasno Yamanoi(2000, 2001, K2 및 라톡 시도)와 같

이 금세기 가장 뛰어난 등반가들과 많은 등반을 했다. 또한 그는 1980년경 폴란드 자유등반 등급 시스템을 구축했는데, 이 시스템을 "쿠르티카 스케일 Kurtyka scale" 또는 "크라코브스카 스케일Krakowska scale"이라 부른다.

38 로베르트 샤우어Robert Schauer(1953~)
오스트리아 산악인이자 영화감독. 1978년 에베레스트를 무산소로 등정했다. 1986년 산과 탐험을 주제로 하는 영화제 그라츠Graz를 조직하여 2년마다 개최하고 있다.

39 안나 피우노바Anna Piunova(1970~)
〈Mountain.RU〉에서 20년 이상 편집 일을 했다. 프랑스어, 영어, 약간의 이탈리아어를 구사할 수 있으며, 특히 '등반 편집자에게 중요한 언어'인 폴란드어를 이해할 수 있고 수화도 알고 있다. 3년 전 암수술을 받은 그녀에게는 "인생은 정말 선물이며 낭비할 것이 없다"라는 어록이 있다.

40 나쓰메 소세키夏目漱石(1867~1916)
일본의 셰익스피어라 불리는 소설가이자 평론가이며 영문학자이다. 모리 오가이森鷗外와 더불어 메이지 시대의 대문호로 꼽힌다. 본명은 나쓰메 긴노스케夏目金之助이다. 『나는 고양이로소이다』, 『마음』, 『산시로』, 『문』, 『그 후』, 『만주와 한국 여행기』가 번역되어 있다. 그중 『만주와 한국 여행기』는 1909년 9월 2일부터 10월 14일까지 총 42일간에 걸쳐 만주와 한국을 다녀와, 1909년 10월 21일부터 12월 30일까지 51회에 걸쳐 『아사히신문』에 연재한 기행문이다. 『마음こゝろ』은 일본에서 천만 부 판매기록을 가진 작품으로 국내에서는 2016년 현암사에서 번역 발간했고, 2019년 유페이퍼에서 ebook으로 발간했다.

41 리처드 바크Richard Bach(1936~)
『갈매기의 꿈』을 발표함으로써 세계적인 작가로 이름을 떨친 미국의 소설가이다.

42 갈매기 조나단Jonathan Livingston Seagull
한국에서는 『갈매기의 꿈』으로 번역 출간되었다.

43 남십자성南十字星
남쪽 하늘의 은하수 가운데 위치하며 십자 모양을 이루는 네 개의 별을 말한다. 북반구에서 북두칠성北斗七星의 역할처럼 남반구에서 하늘의 남쪽을 알려주는 별자리이다.

44 오가와 히로시小川弘資

요코하마에서 실내 클라이밍 짐인 '알라딘 클라이밍'과, 어린이와 고령자, 노약자를 위한 비영리법인을 운영하고 있다.

45 다나카 칸야田中幹也(1965~)

1990년 그랑드조라스 북벽을 등반했고, 1995년부터 2014년까지 캐나다를 겨울시즌에 스키와 자전거로 22,000km 종주를 했다. 2013년 우에무라 나오미 모험상을 수상했다.

46 이치무라 후미다카一村文隆(1977~2018)

일본의 정예 등반가 그룹 기리기리보이스GIRI GIRI BOYS의 멤버이다. 알래스카 데날리 베어스 투스Bears Tooth에 루트를 개척하고 루트 이름을 "Climbing Is Believing"이라고 지었다. 인도 칼랑카Kalanka(6,931m) 북벽 초등으로 2009년 황금피켈상을 수상했다. 2018년 네팔 참랑Chamlang(7,319m)에서 조난사했다.

47 요코야마 가쓰오카横山勝丘(1979~)

등산용품 파타고니아 홍보대사이며 국립등산연수원 강사이다. 신슈信州대학 재학 중 산악부에 들어가서 엘캐피탄과 유럽 알프스 동계등반 등 각지에서 암벽 초등을 했고, 2005년부터 알래스카, 안데스, 히말라야, 파타고니아 등을 등반했다. 2011년 캐나다 마운트 로건Mount Logan(5,959m)의 남동벽(ED+M6 WI5)을 오카다 야스시岡田康와 함께 초등해서 그해 제19회 황금피켈상을 받았다. 저서로『알파인 클라이밍을 생각하다』가 있다.

48 부시도武士道

이치무라는 2009년 12월 7일 일본 동경 진보초神保町의 ICI스포츠 간다神田 본점에서 있었던 기리기리보이스의 슬라이드 토크쇼에서 "산을 오르는 데 가장 중요한 것은 영혼이라고 생각하기 때문에 일본의 영혼을 잊지 말라는 의미로 붙였다"고 말하며 루트 이름을 부시도라고 한 이유를 밝혔다.

49 스즈키 히로키鈴木啓紀(1980~)

대학산악부에 들어가면서 등산을 시작했다. 현재 파타고니아 일본 지사에 근무하면서「다니구치 케이 모험기금」지원활동을 하고 있다.

50 롤왈링 히말 Rolwaling Himal

롤왈링 히말에는 7,000미터 급의 산이 가우리샹카르와 멜룽체Melungtse(7,181m)뿐인데 멜룽체는 티베트령에 있다.

51 야마노이 야스시山野井泰史(1965~)

현존하는 세계 최고의 등반가 중 한 사람이다. 2011년 제2회 황금피켈상 공로상을 수상했다. 후원을 받지 않는 단독등반가인데 단독등반의 이유를 "산에 더 집중할 수 있고, 산을 즐길 수 있기 때문"이라고 했다. 저서로『수직의 기억』이 있다.

52 사카시다 나오에坂下直枝(1947~)

산학동지회 정예회원으로 자누 북벽을 초등했다. K2 북릉 루트를 세계 최초로 중국 쪽에서 무산소로 등정했으며, 등산장비 수입 대리점 '로스트 에로우'의 대표이다.

53 태즈메이니아 Tasmania

호주 남쪽 240km 지점에 있는 섬

54 야마다 다츠로山田達郎**, 이노우에 유토**井上祐人

이들은 2008년 5월 8일 카힐트나 빙하를 출발해서 5월 22일 돌아올 예정이었으나 등반 중 실종되었다. 이들의 시신은 2009년 6월 5일 캐신 리지 상단부에서 발견되었다. 야마다는 일본의 전위적 등반그룹인 기리기리보이스의 멤버였다.

55 라라 카레나 켈로그 Lara Karena Kellogg(1969~2007)

미국 등반가이자 과학자. 2007년 4월 23일 루스 빙하에 있는 웨이크 산Mt. Wake 북동 버트레스 돌파에 실패하고 하강하던 중 추락 사망했다(당시 38세). 하강지점을 찾다가 로프 끝이 빠져서 추락한 것으로 추정되는데, 이들이 사용한 로프는 8.5mm로 페츨 베르소 하강기에서 너무 미끄럽게 빠졌다. 사고 당시 남편 채드 켈로그Chad Kellogg도 중국에서 등반하고 있어 가족과 연락하는 데 며칠이 걸렸다. 등반 파트너는 제드 캘런 브라운Jed Kallen-Brown(당시 23세)이었다. 1994년에도 동일 지점에서 하강하다가 두 명의 사망자가 발생했다.

56 유이카와 케이唯川惠(1955~)

가나자와여자단기대학에서 정보처리학을 전공한 후 은행 컴퓨터실에서 10년간 근무했다. 1984년『바다 빛 오후』로 집영사集英社 주최 제3회 코발트노벨 대상을 수상하면서 본격적인 작품 활동을 시작, 이후 여러 연애소설과 에세이를 발표했다. 그녀의 소설과 에세이는 오늘날 직장여성의 일과 사랑, 결혼에 대한 현실감 있는 접근으로 "읽으면 기분이 좋아진다"는 평과 함께 폭넓은 연령층의 여성 독자들로부터 공감을 사고 있다. 2002년에는 『어깨 너머의 연인』으로 제126회 나오키상을 수상했다. 대표작으로는 『바다 빛 오후』(1984), 『어깨 너머의 연인』(1984), 『현기증』『5년 뒤 행복해진다』『싱글블루』(2000), 『그녀가 싫어하는 그녀』『지난밤, 더 이상 사랑 따위 하지 않겠다고 맹세했다』『점점 멀어지는 당신』(2002), 『백만 번의 변명』『봄 안개 피어나는 아침으로 가다』가 있다.

57 한 순간이면 돼—一瞬でいい

『한 순간이면 돼』 본문에서 발췌:

나는 죽는 건가? 소리를 내어 말해봤다. 이 세상에서 없어진다. 소멸한다. 불안과 공포가 한꺼번에 가슴을 짓눌렀다. 죽고 싶지 않다. 아직 살고 싶다. 하지만 대답은 정해져 있다. 이제 죽음은 바꿀 수 없는 현실로서 저기까지 와 있다. 눈물이 흘러 넘쳐 관자놀이를 타고 흘러내렸다. 소스케는 얼굴을 두 손으로 감싸고, 소리를 죽였다. 이제 와서 원하는 것 따위는 아무것도 없었다. 그래도 바라는 건 하나 있다. 마지막까지 남자로 있고 싶었다. 꼴사나운 모습을 보이는 짓만은 하고 싶지 않았다. 하찮은 남자의 허세라는 건 알고 있다. 그래도 남겨진 시간을 지탱해주는 것은 그것밖에 없는 것 같이 생각되었다. (김철용 번역/blog.naver.com/nasakenai)

58 베르크슈른트bergschrund

산 사면과 빙하 사이의 거대한 틈

59 온다 마사미恩田真砂美

회사원이자 일본산악회 회원으로 등산가이드와 요가강사로 활동하고 있다. 2002년 중일국교 정상화 30주년 및 국제 산의 해를 맞이한 중일합동초오유 여성합동원정대 대장을 역임했다. 2019년 9월 폴란드 등반가 보이테크 쿠르티카Voytek Kurtyka 평전 『Art of Freedom』을 번역해서 산과계곡사에서 발간했다.

60 윌 스테거Will Steger(1944~)

극지탐험가이자 교육자, 작가, 사진작가. 1986년 개썰매를 타고 보급 지원 없이 북극탐험에 성공하는 등 수많은 극지탐험과 저술활동을 했다. 1991년 햄라인대학교Hamline University와 세계환경교육센터(CGEE)를 공동 창립하여 전 세계 1,500만 명의 학생들을 대상으로 극지교육을 했다. 1995년 다시 개썰매와 특별히 개조된 카누를 이용하여 5명의 팀으로 러시아에서 북극해를 건너 캐나다 엘레스미어섬Ellesmere Island으로 돌아왔다.

61 샤쿠죠다케錫杖岳

일반적인 등산로는 없고, 동쪽으로 1927년에 초등된 에보시ㅗㅸ 바위가 있다.

62 마노메 히로요시馬目弘仁(1969~)

일본을 대표하는 등반가. 고교 산악부 출신으로 일반 산악회에서 활동했다. 2009년 네팔 히말라야 텡캄포체Tengkampoche(6,500m) 북동벽을 초등했고, 2012년 캬샤르Kyashar(6,770m, 일명 Peak43) 남릉 초등으로 제21회 황금피켈상을 수상했다.

63 와다 준지和田淳二(1975~)

2015년 다니구치 케이와 네팔 히말라야 판드라(6,850m) 동벽을 6,500미터까지 등반한 바 있다. 알래스카 루스 빙하 인근에서의 4개 초등을 비롯해 국내외에서 많은 등반을 했다. 일본 국내 산의 100km, 120km 등을 스키로 단독 종주한 기록을 갖고 있다..

64 지구를 위한 1퍼센트1% for the planet

국내에도 MYSC(㈜엠와이소셜컴퍼니)를 비롯하여 여러 기업이 가입해 있다. 현재 CWO는 케이트 윌리엄스Kate Williams로서, 1,400개 이상의 기업회원과 수백 명 이상의 개인회원, 60개국 이상에 걸친 수천 개의 비영리 파트너들이 함께하고 있다.

65 모리야마 겐이치森山憲一(1967~)

와세다대학 교육학부(지리역사 전공)를 졸업했다. 대학산악부 재학 중 4회에 걸쳐 10개월간 아프리카 여행을 했다. 졸업 후 산과계곡사에 입사해서 스노보드 동영상을 제작하고 편집부에 근무했다. 2008년 카이데枻出출판사로 옮겨 잡지 『PEAKS』의 창간에 관여했으며, 등산을 주제로 2013년부터 프리랜서로 활동 중이다.

66 보겐bogen

양쪽 스키 사이를 벌린 상태로 사면을 회전하며 활주하는 것

67 댄비어드Mt. Dan Beard

1910년 미국 화가이자 일러스트레이터이며, 미국 보이스카우트의 창립자인 대니얼 페인터 비어드Daniel Painter Beard(1850~1941)의 이름을 땄다. 1974년 피터 보드맨Peter Boardman(1950~1982)과 로저 오도노반Roger O'Donovan이 남벽

을 초등했다. 2015년 7주간(4월 21일~6월 6일)에 걸친 케이의 댄비어드 등반기는 2015년 AAJ에 실렸다.

68 이마이 겐지今井健司

2015년 11월 히말라야 참랑Chamlang(7,319m) 북벽 단독등반 중 실종되었다.

69 가토 나오유키加藤直之(1972~)

초등학교 시절 우에무라 나오미와 닛타지로新田次郎의 책을 읽고 산을 동경하게 되었다. 일본에서 대학을 졸업하고 알래스카 페어뱅크스대학에 입학해서 스키와 히말라야 등반에 몰두했다. 일본 백컨트리 스키가이드협회 회장이자 일본 산악가이드협회 스키가이드이며 국립등산연수원 강사이다.

70 다른 3명

이노우에 유키코井上由樹子(대장), 나카무라 마리코中村眞理子, 미시마 카호三島夏帆를 말한다.

71 하기와라 히로시萩原浩司(1963~)

1982년 아오야마青山학원대학 법학부 졸업과 동시에 산과계곡사에 입사했다. 하기와라 코지라는 애칭이 있으며, 저서로 등산 입문서인 『산주쿠山塾』가 있다.

72 알렉산더 켈라스Alexander Kellas(1868~1921)

스코틀랜드의 화학자, 탐험가, 산악인으로 고소생리학 연구로 잘 알려져 있는데, 에베레스트와 같이 높은 고도에서 산소를 사용해야 한다고 한 최초의 과학자 중 한 명이다. 파우훈리Pauhunri(7,128m) 등정을 비롯해서 6,100미터 이상의 봉우리를 10개 이상 올랐다. 1921년 시킴Sikkim에서 에베레스트로 향하던 중에 티벳 캄파쫑Kampa Dzong 마을 근처에서 심장마비로 사망했다.

73 자낙 출리Janak Chuli

2006년 5월 6일 슬로베니아의 안드레이 스트렘펠Andrej Stremfelj과 로크 잘로카르Rok Zalokar가 초등했다.

74 판도라

판드라Pandra를 일본인들은 '판도라'라고 발음한다. 저자가 그리스 신화의 판도라Pandora와 발음이 같다는 데서 착안하여 '열어버린 판도라의 상자' 등으로 글을 계속 이어가고 있다.

75 사다마사시さだまさし

일본에서 4,000회 이상의 단독 콘서트를 가진 포크송 가수 겸 탤런트이자 소설가

76 하나타니 야스히로花谷泰廣(1976~)

2004년 인도 히말라야 메루 중앙봉 북동벽 등반 중 중상을 입었다. 2007년 일본 산악가이드협회 인증 등반가이드로, 2012년 마노메 히로요시馬目弘仁, 아오키 타츠야青木達哉와 함께 캬샤르Kyashar(6,769m) 사우스필라South Pillar를 알파인스타일로 초등하여 2013년 제21회 황금피켈상을 수상했다. 국립등산연수원 강사, 파타고니아 앰버서더, 프로트렉PRO TREK 앰버서더, 팀엘에이스포르티바Team LA SPORTIVA 선수, 산의 날 앰버서더이다.

77 사사키佐々木(1977~)

사사키 다이스케佐々木大輔. 국제 산악스키가이드. 우에무라 나오미의『청춘을 산에 걸고』를 읽고 산을 동경했다. 2017년 6월 알래스카 데날리 남서벽 표고 3,000미터를 스키로 활강했다.

78 미야모토 테루宮本輝(1947~)

일본 순수문학을 대표하는 소설가. 국내에『환상의 빛』『풀꽃들의 조용한 맹세』『반딧불 강』『오천 번의 생사』『금수』등이 번역되어 있다.

79 나카지마 겐로中島健郎(1984~)

산악가이드이자 산악사진작가. 간사이関西학원대학 산악부 OB. 사진작가로 초오유와 다울라기리 등반에 참여했고, 2012년부터 일본 TV 기획물「세계의 끝까지」의 참가작가로서 2015년 데날리 등반 시 정상부 운해로 촬영을 못하게 되자 단독으로 재등정하여 촬영에 성공했다. 2014년에는 에베레스트에서의 대규모 눈사태로 기획을 포기했고, 2017년에는 히라이데 카즈야와 시스파레 초등에 성공하여 제12회 아시아 황금피켈상을, 제26회 황금피켈상 본상을 받았다.

찾아보기

세로 토레
등반사 史 시리즈 1

메스너, 수수께끼를 풀다

체사레 마에스트리의 1959년 파타고니아 세로 토레 초등 주장은 오랫동안 논란을 불러일으켰다. 라인홀드 메스너가 세로 토레 초등의 진실을 추적했다.

라인홀드 메스너 지음 | 김영도 옮김 | 26,000원

Fallen Giants
등반사 史 시리즈 2

히말라야 도전의 역사

높고 위험한 히말라야의 여러 산에서 기술과 담력을 시험하려 했던 많은 모험가들. 생생하고 풍부한 삽화, 사진과 함께 50년 만에 최초로 히말라야 도전의 방대한 역사를 정리했다.

모리스 이서먼, 스튜어트 위버 지음 | 조금희, 김동수 옮김 | 62,000원

FREEDOM CLIMBERS
등반사 史 시리즈 3

자유를 찾아 등반에 나서는 폴란드 산악인들의 놀라운 여정

제2차 세계대전과 그에 이은 억압적 정치상황을 뚫고 극한의 모험을 찾아 등반에 나섰던 폴란드 산악인들. 이들은 결국 세계에서 가장 강인한 히말라야 산악인들로 거듭났다.

버나데트 맥도널드 지음 | 신종호 옮김 | 43,000원

중국 등산사
등반사 史 시리즈 4

중국 등산의 기원과 발전 과정에 대한 철저한 기록

다음 세대를 위한 역사적 근거와 간접 경험을 제공하고자 중국 국가 차원에서 기획하여 고대, 근대, 현대를 아우르는 등산에 관한 자료를 최대한으로 수집하여 정리했다.

장차이젠 지음 | 최유정 옮김 | 47,000원

일본 여성 등산사
등반사 史 시리즈 5

후지산에서 에베레스트까지 일본 여성 산악인들의 등산 역사 총망라

7년에 걸쳐 방대한 자료를 수집하고 정리하여 완성한 최초의 일본 여성 등산사이다. 부조리와 난관을 극복해가는 일본 여성 산악인들의 위대한 발걸음의 궤적을 확인할 수 있다.

사카쿠라 도키코, 우메노 도시코 지음 | 최원봉 옮김 | 31,000원

더 타워

등반사 史 시리즈 6

세로 토레 초등을 둘러싼 논란과 등반기록

자만심과 영웅주의, 원칙과 고생스러운 원정등반이 뒤범벅된 이 책은 인간의 조건을 내밀하게 들여다보게 하며, 극한의 노력을 추구하는 사람들의 존재 이유를 적나라하게 파고든다.

켈리 코르데스 지음 | 권오웅 옮김 | 46,000원

산의 전사들

등반사 史 시리즈 7

슬로베니아 알피니즘의 강력한 전통과 등반문화

국제적으로 명성이 자자한 산악문화 작가 버나데트 맥도널드가 슬로베니아의 알피니즘이 그 나라의 험난한 정치 역사 속에서 어떻게 성장하고 발전했는지 읽기 쉽게 정리했다.

버나데트 맥도널드 지음 | 김동수 옮김 | 37,000원

에베레스트 정복

등반기 記 시리즈 1

에베레스트 전설적인 초등 당시의 오리지널 사진집
〈흑백사진 101점 + 컬러사진 62점〉

에베레스트 초등 60주년 기념 사진집. 초등 당시 등반가이자 사진가로 함께했던 조지 로우가 위대한 승리의 순간들을 찍은 뛰어난 독점 사진들과 개인 소장의 사진들을 모아 펴냈다.

조지 로우, 휴 루이스 존스 지음 | 조금희 옮김 | 59,000원

꽃의 계곡

등반기 記 시리즈 2

아름다운 난다데비 산군에서의 등산과 식물 탐사의 기록

뛰어난 등산가이자 식물학자이며 저술가였던 프랭크 스마이드가 인도 난다데비 산군에서 등산과 식물 탐사를 하며 행복하게 지냈던 넉 달간의 이야기가 펼쳐진다.

프랭크 스마이드 지음 | 김무제 옮김 | 43,000원

캠프 식스

등반기 記 시리즈 3

에베레스트 원정기의 고전

1933년 에베레스트 원정대에 대한 따뜻한 기록. 프랭크 스마이드가 마지막 캠프까지 가져가서 썼던 일기를 토대로, 등반의 극적인 상황과 산의 풍경에 대한 생생한 묘사를 담았다.

프랭크 스마이드 지음 | 김무제 옮김 | 33,000원

하늘에서 추락하다

등반기 記 시리즈 4

마터호른 초등에 얽힌 소설 같은 이야기

동반자이자 경쟁자였던 장 앙투안 카렐과 에드워드 윔퍼를 주인공으로 하여, 라인홀드 메스너가 마터호른 초등에 얽힌 이야기를 소설처럼 재미 있고 생생하게 들려준다.

라인홀드 메스너 지음 | 김영도 옮김 | 40,000원

무상의 정복자

등반가 家 시리즈 1

위대한 등반가 리오넬 테레이의 불꽃 같은 삶과 등반 이야기

그랑드조라스 워커릉, 아이거 북벽에 이어 안나푸르나, 마칼루, 피츠로 이, 안데스, 자누, 북미 헌팅턴까지 위대한 등반을 해낸 리오넬 테레이의 삶과 등반 이야기가 펼쳐진다.

리오넬 테레이 지음 | 김영도 옮김 | 46,000원

나의 인생 나의 철학

등반가 家 시리즈 2

세기의 철인 라인홀드 메스너의 인생과 철학

칠순을 맞은 라인홀드 메스너가 일찍이 극한의 자연에서 겪은 체험과 산 에서 죽음과 맞서 싸웠던 일들을 돌아보며 다양한 주제로 자신의 인생과 철학에 대해 이야기한다.

라인홀드 메스너 지음 | 김영도 옮김 | 41,000원

엘리자베스 홀리

등반가 家 시리즈 3

히말라야의 영원한 등반 기록가

에베레스트 초등부터 현재에 이르기까지 히말라야 등반의 방대한 역사 를 알고 있는 엘리자베스 홀리의 비범한 삶과 세계 최고 산악인들의 이야 기가 흥미롭게 펼쳐진다.

버나데트 맥도널드 지음 | 송은희 옮김 | 38,000원

RICCARDO CASSIN

등반가 家 시리즈 4

등반의 역사를 새로 쓴 리카르도 캐신의 50년 등반 인생

초창기의 그라냐와 돌로미테 등반부터 피츠 바딜레, 워커 스퍼와 데날리 초등까지 상세한 이야기와 많은 사진이 들어 있는 이 책은 리카드로 캐신 의 반세기 등반 활동을 총망라했다.

리카르도 캐신 지음 | 김영도 옮김 | 36,000원

하루를 살아도 호랑이처럼

등반가 家 시리즈 5

알렉스 매킨타이어와 경량·속공 등반의 탄생

알렉스 매킨타이어에게 벽은 야망이었고 스타일은 집착이었다. 이 책은 알렉스와 동시대 클라이머들의 이야기를 통해 삶의 본질을 치열하게 파헤쳐 들려준다.

존 포터 지음 | 전종주 옮김 | 45,000원

마터호른의 그림자

등반가 家 시리즈 6

마터호른 초등자 에드워드 윔퍼의 일생

걸출한 판각공이자 뛰어난 저술가이며 스물다섯 나이에 마터호른을 초등한 에드워드 윔퍼의 업적에 대한 새로운 평가와 더불어 탐험가가 되는 과정까지 그의 일생이 담겨 있다.

이언 스미스 지음 | 전정순 옮김 | 52,000원

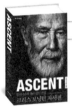

ASCENT

등반가 家 시리즈 7

알피니즘의 살아 있는 전설 크리스 보닝턴의 등반과 삶

영국의 위대한 산악인 크리스 보닝턴. 사선을 넘나들며 불굴의 정신으로 등반에 바쳐온 그의 삶과 놀라운 모험 이야기가 가족에 대한 사랑과 더불어 파노라마처럼 펼쳐진다.

크리스 보닝턴 지음 | 오세인 옮김 | 51,000원

프리솔로

등반가 家 시리즈 8

엘 캐피탄을 장비 없이 홀로 오른 알렉스 호놀드의 등반과 삶

극한의 모험 등반인 프리솔로 업적으로 역사상 최고의 암벽등반가 지위를 획득한 호놀드의 등반경력 중 가장 놀라운 일곱 가지 성과와 그의 소박한 일상생활을 담았다.

알렉스 호놀드, 데이비드 로버츠 지음 | 조승빈 옮김 | 37,000원

산의 비밀

등반가 家 시리즈 9

8000미터의 카메라맨 쿠르트 딤베르거와 알피니즘

역사상 8천 미터급 고봉 두 개를 초등한 유일한 생존자이자 세계 최고의 고산 전문 카메라맨인 쿠르트 딤베르거. 그의 등반과 여행 이야기가 흥미진진하게 펼쳐진다.

쿠르트 딤베르거 지음 | 김영도 옮김 | 45,000원

황금피켈상 클라이머 다니구치 케이의 빛나는 청춘

太陽의 한 조각

초판 1쇄 2020년 5월 7일

지은이   오이시 아키히로 大石明弘
옮긴이   김영도

펴낸이   변기태
펴낸곳   하루재 클럽
주소   (우) 06524 서울특별시 서초구 나루터로 15길 6(잠원동) 신사 제2빌딩 702호
전화   02-521-0067
팩스   02-565-3586
이메일   haroojaeclub@naver.com
출판등록 제2011-000120호(2011년 4월 11일)

편집   유난영
디자인   장선숙

ISBN   979-11-90644-01-3 03900

* 책값은 뒤표지에 있습니다.